中国渔文化研究：
基于连云港发展实践

路吉坤　于　飞　张宏远◎著

中国农业出版社
北　京

序

渔文化是人类文明中最具悠久历史的文化之一，自远古时代就开始萌动发展和繁荣演进。在长期的历史演变中，中国渔文化内涵丰富、形式多样、表现独特，成为中华文化的重要组成部分，深深根植于广大人民心中，并不断渗透到各个类型的文化中。

连云港渔文化，顾名思义，就是连云港人民在渔业实践过程中所创造的物质与非物质文化的总称，尤其是在渔业活动中所创造的精神财富总和。广义而言，是连云港人民在渔业活动中所创造出来的人与渔业资源、人与渔业、人与人之间各种有形的和无形的关系与成果，既包括渔船渔具、渔风渔俗、渔业信仰、渔业禁忌、渔歌渔号等文化事项，也包括有关鱼类、贝类、蟹类、虾类、藻类等渔业资源及生产生活方面的文化事项。

作为国家首批沿海开放城市和新亚欧大陆桥东端起点，连云港位于中国东部沿海地区的脐部，地处中国最发达的沿海经济带与带动中国东、中、西区域共同发展的陇海线经济带交汇处，是连接环太平洋地区与亚欧大陆的海陆枢纽，拥有全国八大渔场之一的海州湾渔场，一直以来在国家生产力布局中居于重要位置。一方渔业孕育一方渔文化，连云港自古就是鱼米之乡，渔业生产历史悠久。建立在渔业经济发展基础之上的连云港渔文化，独具特色，是极具开发潜力的文化金矿。

中华优秀传统文化是坚持文化自信与促进中国式现代化建设的强大精神动力和智力支持。作为中华优秀传统文化的重要组成部分，渔文化也需要在新时代不断地被挖掘、整理、研究与弘扬。因此，重视发挥地域渔文化资源的作用，对于加快连云港中国式现代化建设具有重要的意义。深入探讨和研究连云港渔文化的内在价值，其主旨正在于此。

《中国渔文化研究：基于连云港发展实践》以"科普宣传＋学术探讨"的双重视角，系统地、分门别类地介绍连云港渔文化的知识，阐释渔文化的内涵，这是当前我国文化建设中一项颇有益处的工作。完成这一部著作，方知渔文化有那么丰富的内容，甚至可以说这些内容呈现了斑斓的色彩，涉及多方面的话题有待人们发掘。同时也相信，《中国渔文化研究：基于连云港发展实践》不仅对于连云港人民了解本地区的历史文化会有很大的帮助，而且对所有关心与热爱连云港渔文化、关心与热爱中国渔文化的人来说，也会是有意义的。

有感于斯，写了上述这段话，是为序。

著　者

2023 年 11 月

目　录

序

第一章　导　言 ……………………………………………………… 1

第二章　中国渔文化的内涵演绎 …………………………………… 4
　　第一节　文化与渔文化 …………………………………………… 4
　　第二节　渔文化的内涵与构成 …………………………………… 5
　　第三节　其他文化与渔文化的关系 ……………………………… 6
　　第四节　影响渔文化形成与发展的主要因素 …………………… 9

第三章　中国渔文化的历史演变、类型与特征 ………………… 17
　　第一节　渔业发展史 ……………………………………………… 17
　　第二节　渔文化的主要类型 ……………………………………… 24
　　第三节　渔文化的基本特征 ……………………………………… 26

第四章　因渔而生：连云港渔文化的精神与特征 ……………… 28
　　第一节　连云港渔文化的主要精神 ……………………………… 28
　　第二节　连云港渔文化的主要特征 ……………………………… 32
　　渔文化小故事 …………………………………………………… 34

第五章　渔镇渔港：连云港渔文化的历史变迁 ………………… 35
　　第一节　渔文化的历史沉淀 ……………………………………… 35
　　第二节　风情渔镇历史 …………………………………………… 48
　　第三节　美丽渔村历史 …………………………………………… 56
　　第四节　特色渔港历史 …………………………………………… 65
　　渔文化小故事 …………………………………………………… 70

第六章　艺乐传承：连云港渔文化的璀璨多姿 ······ 72

　　第一节　渔文化中的曼妙诗词 ······ 72

　　第二节　渔文化中的优美歌曲 ······ 82

　　第三节　渔文化中的特色舞蹈 ······ 88

　　第四节　渔文化中的传承工艺 ······ 93

　　第五节　渔文化的时代传承人 ······ 102

　　渔文化小故事 ······ 109

第七章　地域人文：连云港渔文化的习俗特色 ······ 112

　　第一节　连云港渔民的崇拜习俗 ······ 112

　　第二节　连云港渔民的传统风俗 ······ 118

　　第三节　连云港渔民的渔俗传说 ······ 132

第八章　渔业生产：连云港渔文化的实践演变 ······ 145

　　第一节　渔具的时代变化 ······ 145

　　第二节　渔船的更新迭代 ······ 157

　　第三节　渔业生产的创新发展 ······ 169

　　渔文化小故事 ······ 183

第九章　亲近体验：连云港渔文化的创新实践 ······ 184

　　第一节　渔文化与休闲渔业 ······ 184

　　第二节　休闲渔业的基本内涵 ······ 187

　　第三节　连云港休闲渔业的探索发展 ······ 191

　　渔文化小故事 ······ 194

第十章　舌尖美食：连云港渔文化的历久弥新 ······ 196

　　第一节　独具特色的渔民饮食文化 ······ 196

　　第二节　让人流连忘返的鱼味佳肴 ······ 202

　　第三节　琳琅满目的海味海鲜 ······ 209

　　渔文化小故事 ······ 220

参考文献 ······ 222

后记 ······ 224

第一章 导 言

　　文化是人类在社会历史实践中创造的物质财富和精神财富的总和，是社会意识形态方面的精神财富。渔文化是中华文化的重要组成部分，它与中华民族的文明历史一脉相承，涵盖了淡水渔文化和海洋渔文化，其中海洋渔文化更显久远，也更凸显特色。海洋渔文化是中国海洋文化的历史积淀，始于远古时期以海岸采贝及近海、浅海捕捞等方式猎取海生食品的海洋渔猎活动，后来又逐步发展成为规模化的渔业捕捞和养殖业，与之伴随的是出现专业从事此项工作的渔民，渔业的开展以及渔民的聚集得以进行更多的渔业活动，进而发展出渔场、渔村等，在这一过程中不断孕育出丰富多彩的渔文化。

　　渔文化是一个比较宽泛的概念，虽然目前没有统一的定义，但是普遍能达成共识的是，包括渔业的渊源和发展，与渔业活动有关的文化遗址，不同时代传承下来并不断发展的各种渔业生产的渔具、渔船和捕捞方法，各地渔场和渔村中渔民的生活习性、风俗习惯，反映渔民生产和生活的典故、传说、故事、渔谚语、渔民画、渔歌，以及各类渔业资源的加工、烹饪技艺，工艺美术，景观景物等。渔文化是物质文化与非物质文化的有机结合，是历史演绎的沉淀积累。

　　作为国家首批沿海对外开放城市和新亚欧大陆桥东端起点，连云港位于中国东部沿海地区的脐部，南连长江三角洲区域，北接山东半岛城市群，东与日本、韩国隔海相望，西凭新亚欧大陆桥与中国中西部地区乃至中亚地区、西亚地区、欧洲相连，地处中国最发达的沿海经济带与带动中国东中西区域共同发展的陇海线经济带交汇处，是连接环太平洋地区与欧亚大陆的海陆枢纽，一直以来在国家生产力布局中都占有重要位置。

　　丰富的渔文化背后是发达的渔业经济。渔业为中国原始生业之一，陆地以狩猎为生，沿海则用木石击鱼，捕而食之，其起源远早于农耕。连云港渔业经济的发展离不开自古传承下来的繁荣的海洋商业与运河商业。连云港古称海州，它的历史可追溯到黄帝时代。早在四五万年前，先民就在这块土地上繁衍生息。始皇帝曾三次东巡至此，秦代统一交通所修筑的驰道，连接了当时的都城咸阳和在连云港设置的秦东门，这奠定了面向大海的连云港地区成为秦王朝东大门的战略基础。东魏孝静帝武定七年（549 年）设海州，这是历史上第一次出现"海州"这个名称，元、明两代，时人称海州为"淮口巨镇"。连云港自古为我国重要通商口岸，从云台山下的大村和朝阳等地发掘的商周遗址、春秋战国遗址及汉墓群、石刻等，说明连岛和陆上的交往相当频繁。海州胸港在秦汉时就开始与越南、缅甸、印度、斯里兰卡等地区有往来，素有"海道一第程"之称。唐宋年间，海州胸港可沟通外海和内河，北通登、荣、胶、烟，南连通、泰、江、浙，让连云港地区成为海上丝绸之路和陆上丝绸之路的交汇点。在唐代，海州开凿了 80 千米长的官河，沟通运河和大海，使海州胸港成为繁华的商港、南北货运集散的码头和海上补给粮饷的军港，宿城出现了新罗人居住的村落。

发达的渔业经济活动也离不开港口码头的建设。孙中山先生于 1919 年撰成《建国方略》，提出中国经济建设的设计。在第二部分"实业计划"中，提出在我国沿海建设 3 个头等大港、4 个二等海港、9 个三等海港，连云港被列为二等海港。1934 年老窑港开港，为了支撑港口的发展，南京政府于 1935 年设立连云市，一个东方大港的蓬勃发展拉开序幕。2021 年，中共中央、国务院印发《国家综合立体交通网规划纲要》，连云港港被列为全国沿海 27 个主要港口之一，并正式被确定为国际枢纽海港。更需要看到的是，连云港是一个海洋城市，有海域 7 516 平方千米，海岸类型齐全，有组合深水大港，有标准海岸线 162 千米，其中 40 多千米长的基岩海岸为江苏省各地级市独有，还拥有 480 平方千米滩涂，现代海洋渔业的发展空间广阔。也正是这一重要战略地位和区位优势，不断推动连云港现代渔业产业快速发展，并凝炼出蕴意丰富、形态多样的渔文化系统，展开了生动丰富、立体多元的连云港渔文化灿烂画卷。

连云港域内名胜古迹众多，是一座有着深厚历史底蕴的文化名城。距今约 1 万年的将军崖岩画被誉为"东方天书"，被考古学家苏秉琦评价为"中国古代文明多元化起源的物证"。二涧遗址、大伊山石棺墓证实 6 000 多年前此地受北辛文化和青莲岗文化影响，形成了独特的地域文化。藤花落遗址证实此地在 6 000 多年前已跨入早期文明的门槛。孔子登山望海、秦始皇东巡等脍炙人口的故事，中国富有浪漫主义色彩的古典名著《西游记》《镜花缘》，均诞生于连云港，尤其是"徐福东渡"和"佛从海上来"具有颇高的知名度。徐福东渡日本在 2 000 多年前是空前的壮举，促成了弥生文化的诞生，给日本带去了文字、农耕和医药技术。为此，徐福成了日本人民心目中的"农神"和"医神"。另外，"佛从海上来"，从 20 世纪 70 年代末开始，我国考古界和佛教界对连云港的孔望山摩崖造像研究证明，佛教文化有一条从海上传入我国的路径，最早登陆的地方就是连云港。"东渡""西游"等历史文化元素，在山海相拥的地理条件下以及交融与碰撞中形成了独具港城特色的渔文化特质。这种特质有利于打造连云港开放包容的城市形象，有利于培育市民的全球视野、包容意识和开放思维。

连云港渔文化是港城从古至今海陆一体文化的重要保障，增强了地方文化的丰富性；连云港渔文化处于南北方文化的交界处，形成了南北交融与同步发展的文化特质；连云港渔文化蕴含了丰富的港城人民精神，如奋发向上、协调相处、吉祥等文化精神；连云港渔文化是一种历史的积累，又是当今时代的一种创造。随着渔业转型升级的稳步推进，渔文化的内涵和形态也在逐步发生变化，它是滨海旅游的重要元素、养生休闲的重要载体以及科普教育的重要内容。连云港渔文化的历史积淀和现代化传承发展，正在成为一种文化优势，不断与国家和省、市的发展战略及目标定位相结合，不断地优化中国式现代化生产与生活，成为连接历史、现实、未来的独具港城魅力的文化纽带。

第二章 中国渔文化的内涵演绎

在漫漫的历史长河中，鱼类早已成为中华先民有意识、有心智的劳动实践与艺术想象的对象，是人寄托着融合自然、联结生死、壮大族群信仰观的对象。渔业作为人类最早的经济形态之一，随着人类对鱼类习性与捕捞技术的深入了解，从简单到逐渐复杂的生产活动中，渔文化也随之发展和积累。渔文化作为中华文化的重要组成部分，与整个中华文化密不可分，二者相得益彰、共同发展，都是激励中华民族不断前行的精神力量。在漫长岁月的渔业发展基础上形成的渔文化，是一代又一代的人们从事渔业生产实践所取得的物质与精神总成果，进而形成了影响和推动时代进步的精神动力。

第一节 文化与渔文化

文化用英语表示是"culture"一词，而"culture"的意思挖掘到词源来看，则是农业、耕种和养殖的意思。对此可以这样理解：人们利用工具在大地上从事生产活动的内容可以称农业，在此过程中产生的人文内容即为文化。从人类的发展历史来看，文化在最原始的采集与渔猎中产生，后来才延伸到畜牧和农作。根据《辞海》的释义，广义的文化指人类社会实践过程中所获得的物质、精神的生产能力和创造的物质、精神财富的总和；狭义指精神生产能力和精神产品，包括一切社会意识形式（自然科学、技术科学、社会意识形态），有时又专指教育、科学、文学、艺术、卫生、体育等方面的知识与设施[1]。文化是人类与自然相处、适应自然与社会并改造的活动、过程、成果等多方面内容的总和，可以将文化分为物质文化、精神文化和哲学思想。

渔业是人类早期直接向大自然索取食物的生产方式，是人类最早的产业行为。先民以水域为依托，利用水生生物的自然繁衍和生命力，通过劳动获取水产品，谓之渔业。在漫长岁月的渔业发展基础上形成的渔文化，是人们从事渔业生产实践所取得的物质与精神的总成果，进而形成了影响和推动时代进步的精神动力。渔文化是中华文化的重要组成部分，是中华民族的伟大创造。在数千年的历史演进过程中，中国渔文化呈现出盛衰交替、螺旋上升的演进趋势，内涵不断地得到延伸与发展，亘古绵延。陶思炎认为："可以毫不夸张地说，浓聚着中华民族创造精神的各类鱼图、鱼物、鱼俗和鱼话，构成了我国渔文化史上历时最久、应用最广、民俗功能最多、艺术特征最强的一条文化长链。"[2]渔文化跨越浩瀚历史长河能够不断发展与延伸，得益于内容与内涵的不断丰富延伸，时代进步给渔文化的发展给予源源不断的生命力。

第二节　渔文化的内涵与构成

与文化的概念同样，人们对于渔文化的概念也有各种各样的说法，莫衷一是。对于渔文化的概念这一课题，不同学者从不同的视角探究，主要有以下 4 种观点：

（1）渔文化指劳动人民在长期的渔业生产活动中所取得的具有传承性的物质和精神成果。主要包括渔业的起源及发展历史，不同时代的各种渔具、渔法，有关鱼类、渔船、捕捞工具的化石和渔村的遗址，因地理和历史因素形成的和渔业生产生活相关的风土人情，历代文人雅士描写渔事、渔村、渔民的文章、诗词、书画，有关渔业生产和渔民生活的历史典故、传说，与各种鱼类的烹饪技术和饮食习惯相关的饮食文化、观赏鱼文化等[3]。

（2）广义而言，渔文化指人类在渔业活动中所创造出来的人与经济水生生物、人与渔业、人与人之间的各种有形无形的关系与成果。比如渔神信仰、渔船、渔具、渔歌、渔号子、渔风渔俗、渔业伦理及渔业法规与制度等文化形式。狭义而言，渔文化主要指人类在渔业活动中所创造的精神财富的总和[4]。

（3）渔文化属于文化范畴，是人类文化的重要组成部分。包括鱼类的养殖、捕捞与加工，也包括渔民在此过程中形成的生活、生产、习俗、信仰等内容。随着时代的发展，对于渔文化的研究不能仅仅局限于渔业生产和渔民生活的领域，渔文化对于促进渔业发展、促使渔民增收以及开发渔村旅游文化资源等具有非常重大的意义[5]。

（4）渔文化是渔民在长期的渔业生产活动中创造出来的具有流转性和传承性的物质和非物质方面的成果。物质方面主要有渔船、渔具、民居及捕捞和养殖技术，非物质方面主要有渔歌、渔俗、渔禁，与渔有关的典故传说、诗词歌赋等[6]。

通过上述 4 种主流观点，可以这样理解渔文化：渔文化是人类以江河湖海为依托，在长期的渔业生产活动中所创造出来的具备传承性的物质形态与非物质形态的文化成果。这些文化成果涵盖渔民生活与生产的各个方面，其中物质形态的文化成果主要包括渔村、渔具、渔船、渔衣、渔味等；非物质形态的文化成果主要包括渔俗、渔画、渔歌、渔舞、渔文化精神等。另外，为规范渔民和渔业相关活动，而主动创造出来的具备指导与规范意义的条文也是渔文化的一部分，主要包含与渔业相关的法律条文、政府部门规范性文件与规范制度（表 2.1）。

表 2.1　渔文化的主要形态与基本构成

主要形态	基本构成
物质形态	涵盖渔民生活与生产的各个方面，主要包括渔村、渔具、渔船、渔衣、渔味等
非物质形态	主要包括渔俗、渔画、渔歌、渔舞、渔文化精神等
制度形态	主要包含与渔业相关的法律条文、政府部门规范性文件与规范制度

第三节　其他文化与渔文化的关系

鱼文化与渔文化、海洋文化与渔文化是两组十分相似的词语，无论在学术研究还是日常生活中经常会被混淆。因此，对这两组词语分别进行辨析与区分具有必要性。

一、鱼文化与渔文化

鱼文化作为中华文化中的一个组成部分，是以鱼为核心形成的文化。著名的文化学者陶思炎认为，鱼文化是"以人类有关鱼的认知、阐释、幻想、沟通等精神与心理活动为主的精神文化，具有突出的哲学的、审美的、信仰的成分。它不仅以无形的精神形态存在，例如鱼的神话、传说、巫术、禁忌等，而且也以静态的物质形态和动态的风俗活动而显现出来，例如各种鱼的文化造物和社会习俗与仪典等。作为鱼的观念的再现，'鱼文化'超越了对食物资源的简单追求，鱼往往作为某种理念或信仰的符号，具有果腹之外的象征意义"[7]。鱼文化是人类在与鱼虾蟹贝藻等水生生物相互影响、相互作用的自然氛围中产生的，是人类创造的一种独特的物质和精神财富，影响着全世界的社会风尚、民族风俗、审美观念、文化艺术等。鱼文化依据自身折射的价值取向，推进社会和经济的发展[8]。通过以上对鱼文化定义的理解，可以将鱼文化定义为人类在长期的历史发展与生产活动中，赋予鱼及与鱼相关的物质或非物质形态的文化蕴含。主要内容包含与鱼相关的习俗、传说、信仰、艺术等，比如鱼俗、鱼图、鱼信、鱼物等。

唐人陆德明说"渔本亦作鱼。"在古文里，鱼与渔是同一个字，因此两者之间一定存在关联。在日常生活甚至学术研究中，鱼文化与渔文化经常被混淆，但实际上，二者之间有一些共同的文化体现，但又不完全一样，是一种交集关系。

鱼与渔两个字共同的部分就是"鱼"，鱼文化是建立在鱼的基础上而形成的，渔文化是以渔业为基础而形成的，而渔业又是以鱼为主要对象进行的生产活动。鱼文化和渔文化共同包含一部分和鱼有关的物质与非物质文化产品。在物质形态上，体现为鱼味、鱼画、鱼雕、捕鱼的作业工具等；非物质形态上，包括渔歌、渔号子、渔诗、渔舞、与鱼相关的习俗传说等，在渔民的生活与生产中得到了代代传承。

鱼文化与渔文化属于文化体系中的两个不同部分，可以从文化角度进行辨析与区分。首先，鱼文化属于民俗文化的范畴，而渔文化属于农业文化的范畴。从文化的形成上看，渔文化侧重于以鱼为中心而形成，形成过程相对静止；渔文化侧重于在人与自然相互作用的动态过程中而形成。鱼文化最初产生于有鱼生存的江河湖海地区，但在传播与传承过程中，并非必须依托水域，在陆地也能够发展和传播鱼文化，分布在全国各地；渔文化依托水域而形成，主要分布在沿海地区、河流沿岸等有水的地方，形成与传播局限于渔业活动地区。从文化的内容上看，鱼文化更多是以鱼为中心的象征意义的体现，比如灯谜会上与鱼相关的词语，每逢佳节张灯结彩时的鱼形象等，春节时"年年有余（鱼）""金玉（鱼）满堂"的美好寄愿等；渔文化更多是渔业生产功能的体现，比如渔业生产活动中的渔船、渔具、渔歌、神明崇拜，渔民的生活习惯与风俗，描写渔业活动的诗词、舞曲等。从文化对经济社会的作用上看，鱼文化可对水产养殖业有直接的带动作用。其一，在人工观赏鱼方面，金鱼作为主要的观赏鱼种，姿态优美、颜色艳丽，且与"金玉"谐音，承载着人们对美好富足生活的寄愿；其二，鱼鲜不仅是优质的蛋白质来源，而且味道鲜美、寓意吉祥，对水产养殖业、水产加工业和餐饮业的发展有良好的推动力。鱼的文化性、知识性、趣味性可以拉动相关文化旅游业等业态的发展，比如文化馆、博物馆、文化旅游节等，既弘扬和传承了中华优秀传统文化，也带动了社会的经济发展与人们精神层次的提高。渔文化对经济社会的带动作用主要体现在休闲渔业的发展上。利用渔船、渔村、渔港等渔业设施，加以整合并进行趣味性改造，打造渔文化风情村、渔文化小镇，开发渔文化特色旅游项目，建设集休闲、餐饮、住宿、娱乐等功能为一体的休闲渔村。"连云港之夏"旅游节从1997年开始，截至2022年已成功举办了23届，依托连云港"渔"的景观和文化，打造出"旅游＋文化＋休闲"的融合发展旅游品牌，串联起游客的游、吃、住、行、娱、购，带动产业和经济的高质量发展。

鱼文化与渔文化之间是一种交集关系，将两者的区分与联系进行梳理，具体如表2.2所示。

表 2.2　鱼文化与渔文化的区别与联系一览

		鱼文化	渔文化
不同之处	文化分支	民俗文化	农业文化
	文化的形成	以鱼为中心；相对静止	以渔业为基础；动态的生产活动过程
	文化的传播	并非必须依托水域	局限于水域和渔业活动地区
	文化的内容	更多是以鱼为中心的象征意义的体现	更多是渔业生产功能的体现
	对经济社会的作用	对水产养殖业、水产加工业和餐饮业的发展有良好的推动力	主要体现在休闲渔业的发展上
相同之处		和鱼有关的物质与非物质文化产品，如鱼味、鱼画、鱼雕、捕鱼的作业工具、渔歌、渔号子、渔诗、渔舞、与鱼相关的习俗传说等	

二、海洋文化与渔文化

海洋文化，就是以海洋为基础而形成的和海洋有关的文化，属于民族文化的分支，是人类认识、把握、开发、利用海洋以及调整与海洋关系的过程中形成的精神成果与物质成果的总合，具体包括人类对海洋的观念、心态、思想以及由此形成的生活方式等。人类的生命源于海洋，海洋占地球面积约四分之三，由海洋而生成与创造出来的文化都属于海洋文化，其内涵主要包括 4 个层面：一是物质层面，即一切与海有关的物质存在与生产；二是精神层面，即一切与海有关的意识形态；三是社会层面，即一切因时、因地制宜形成的社会典章制度、组织形式、生产方式与风俗习惯；四是行为层面，即一切受海洋大环境制约与影响的生产活动与行为方式。

将海洋文化的内容进行分类，主要有以下几种：海洋渔文化、舟楫文化、海港文化、海岸文化、航海文化、海洋移民文化、海洋生物文化、海洋精神文化。渔文化是依托水域而形成的，其中依托海域而形成的渔文化则是与海洋文化相关联的纽带。渔文化与海洋文化也是一种交集关系，在物质形态上，体现为海洋鱼种和鱼鲜、依托海域而形成的渔港和渔村、适合在海岸生产作业的渔具和渔船等；非物质形态上，体现为渔民在海域生产作业过程中而产生的渔俗信仰、心态与精神、渔歌渔舞、艺术作品等（图 2.1）。连云港东濒黄海，有 170 多千米的海岸线。区别于淡水渔文化，连云港的渔文化更多是海洋渔文化，不仅渔具、渔船更适合在海上作业，渔民精神也多了一分海的勇猛和宽阔。

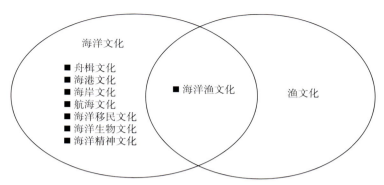

图 2.1　海洋文化与渔文化的联系与区别

第四节　影响渔文化形成与发展的主要因素

　　影响文化形成与发展的因素有很多，但择其大者，莫过于时代、地理、民族、经济四者。渔文化是属于文化的一个分支体系，它形成与发展的影响因素与文化形成与发展的影响因素不会存在较大差异。从时代来看，不同时代的社会环境、技术水平都会影响文化的形成，并随时代变迁一起变化，展现出不同的表现形态；从地理来看，我国幅员辽阔，经度、纬度的跨度极大，不同的地理位置，其气候、地形、河流流量、水质等条件也存在差异，直接造成栖息生物物种的不同，更深一层次还决定了在不同地理环境下捕鱼方式与饮食偏好的不同；从民族来看，我国民族众多，在不同类型地理环境下居住着不同的氏族部落，渔文化在不同民族群落中发展，折射出多样的色彩；从经济来看，经济发展为文化发展奠定了物质基础，文化的发展是以社会文化消费需求的存在和增长为前提的，文化消费需求的变化对文化的发展有必然影响。

一、时代因素

　　人类以鱼为主要对象的生产活动历史悠久，在原始社会，人类就已经将鱼作为捕猎对象和食物来源，随着时代发展，渔文化也不断发展进步。每个时代都有其独特的时代烙印，不同的社会环境、价值导向等因素微妙地影响着一个时代的文化，渔文化也不例外。时代，即历史上以经济、政治、文化等状况为依据而划分的各个时期。我国渔文化发展至今，除了近现代时期外，还主要经历了原始社会时期、古代王朝更迭时期和社会革命时期，这些时期对渔文化的影响体现最多的是渔具、渔船和渔业发展方面的不同。

　　原始社会时期是从人类出现到国家形成的这段时期，从距今约 170 万年一直到公元前 21 世纪。在这一时期，人类完全受大自然的支配，生产力极其低下，捕鱼是为了满足生存需要，渔具是由天然材料加工而成的简单工具。科学研究表明，人类是从古猿进化而来的。古猿从树到地面生活，并逐渐学会使用工具进行捕食。依靠能够从环境中获取的天然材料比如石头、木头以及猎取野兽后的遗骨等，将这些材料制作成方便捕鱼和狩猎的工具，并在使用过程中不断加以优化，便出现了最简单的独木舟、鱼钩、鱼镖、鱼枪、鱼叉等。人类也学会了用网捕鱼，出现了石制和陶制的网坠。在这一时期，出现了原始宗教崇拜和图腾崇拜，比如仰韶文化中的人面鱼纹，是具有特殊意义的图案，寓意鱼神保佑夭折孩童往生（图 2.2）；大溪文化遗址中，墓主口咬两条大鱼尾，鱼分两边放在墓主遗骸上，则是对鱼强大生殖力的原始崇拜与祈愿[9]。

到了我国古代王朝更迭时期，即从夏朝开始的朝代更替阶段，不同朝代社会环境不同，受政治制度、规章、社会思想、文化浪潮等因素影响，渔文化在不同朝代展现出不同面孔。在这一时期，渔文化随着时代演进不断得到发展和丰富，人们对自然与生产活动的认识逐渐深化，对鱼与渔也赋予了更深的文化色彩。夏商周时期是渔业发展的萌芽时期，人类捕鱼工具的制作技艺逐渐提高。夏朝生产工具较为原始简陋，多为木器、石器或骨器，骨鱼镖、骨鱼钩和骨网坠是当时

图 2.2　人面鱼纹

盛行的捕鱼工具（图 2.3、图 2.4）。随着时代发展，人口不断增加，对食物的需求量不断上涨，加之人类文明的进步，青铜渔具逐渐取代了石质、骨质的渔具。到了春秋战国时期，由于铁器的推广及使用，也为渔业活动注入了全新的活力。

池塘养鱼在商代末期始有记载，当时可能主要是养鲤。春秋末年范蠡所著的《养鱼经》总结了当时劳动人民的经验，是中国最早的养鱼专著。到了汉代，养鲤技术取得了更大进步，所谓千石鱼陂和利用昆明池养鱼都是大水面养鱼的方式。利用水獭捕鱼、利用鸬鹚捕鱼都始于秦汉。到了宋代，鱼类的饲养有了更大的发展，九江的鱼苗已成专门产业，从此转运到江西的内地、浙江和福建，就在这些地区逐渐发展成食用鱼的饲养业。进入明代，鱼类饲养的经验更加丰富。自鱼苗一直到食用鱼的饲养过程中，如鱼池的建造、放养密度、搭配比例、分鱼、转塘、饲料、施肥等都积累了较好的经验。黄省曾的《种鱼经》是明代的养鱼著作，主要记载了鱼苗培育、成鱼饲养及长江下游海水鱼类和淡水鱼类的性状，反映了明代后期苏南地区的养鱼技术已经达到了比较成熟的状态。

图 2.3　骨鱼镖　　　　　　　　　　　　图 2.4　骨鱼钩

二、地理因素

　　中华大地幅员辽阔，不同的地理位置，其气候、地形、河流流量、水质等条件也存在差异，使渔文化在不同地理位置上呈现不同的面貌。捕鱼方式、鱼的物种和食鱼偏好深受地理因素影响。

　　冬季时我国北方地区气温较低，因而导致水面结冰。严寒的冬季食物非常有限，为了能够获取更多的食材，湖面凿冰捕鱼的方式被创造了出来，尤其以东北地区、内蒙古、新疆居多。中国北方地区冬季的最低气温曾低至零下 30 摄氏度，冰面厚度可达 50 厘米，许多冰下捕鱼的作业工具随之产生。从青铜器时代使用的青铜斧等工具，到现在的冰镩、"冰蹦子"、扭矛、走钩等。冰镩用来凿开冰面，重量足足有 20 千克，凿冰的整个过程要持续 3～4 小时，边凿还要边用"冰蹦子"跟着掏冰，沿袭着原始的捕鱼方式，沿用着古老的捕鱼工具，呈现捕鱼活动在冬季北方地区的独特魅力（图 2.5）。

图 2.5　水面凿冰捕鱼

而南方地区气候温暖，即便是冬天，湖面也不会结厚达几十厘米的冰。网具是南方地区使用频率最高的捕鱼器具，主要的网具有充气抬网、推网、拱兜网、拉网、流网、粘网、刺网、挂网、地网、拖网、打网、旋网、张网等。其中拉网和流网常用于远海捕捞，粘网多用于内河和近海捕捞。刺网、挂网则要求在捕鱼时将其横亘于河道或湖中，使用得当可将围住的大部分鱼类捕起，但若水温过低，鱼类活动量少，会难以上网。地笼网是适宜在池塘、河沟、湖泊等水域对鱼、虾、蟹类特种水产进行捕捞的高效率网具，鱼、虾、蟹以为地笼网是很好的筑巢场所，便纷纷游入网内，但地笼网有进无出，将鱼、虾、蟹集中于囊袋而捕获。由于地笼网容易破坏水域生态，目前已在多地的渔业管理条例中被列为禁用渔具。鸬鹚栖息于温暖的沿海海滨、河流、湖泊、池塘、水库等及这些区域的沼泽地带，是捕鱼能手。在南方水乡，渔民外出捕鱼时常会带上驯化好的鸬鹚，渔民发现鱼时吹一响哨，鸬鹚便会跃进水里捕鱼，由于渔民给鸬鹚戴着脖套，使它们即便捕到鱼也无法吞咽下去，便会叼着鱼给主人。

不同的地理位置，其气候、地形、河流流量、水质等条件也存在差异，直接造成栖息生物物种的不同。北方地区冬季寒冷而漫长，年内温差较大，导致栖息鱼类的物种数量比较少，多很耐寒。南方地区水域分布广、气候温暖湿热，长江和珠江水系鱼类的物种多样性明显比北方地区丰富。连云港处于南北过渡的地理位置，北方的寒冷与南方的温热皆在此地交汇，鱼种组成以淡水鱼类为主，兼有少量海洋性鱼类，暖温性鱼类分布不多。沙光鱼是连云港的特色物种，它既不能承受南方地区的炎热高温，也忍耐不了北方地区的严寒霜冻，连云港的过渡性地理位置和适中的气候条件，使沙光鱼成为连云港的特色物种。

一方水土养一方人，不同地域间人们的口味和饮食习惯差别很大，在吃鱼这件事上也体现得非常明显。江河湖泊地区居民吃河鲜比较多，内陆远海地区吃鱼较少。东北地区气候寒冷且持续时间比较长，因此鱼类在冷水中生长期长，大鱼、杂鱼多，肉质也会更加肥美，人们在烹饪时喜用酱烧以去掉鱼的腥味；因大鱼不方便烹饪，便成就了东北的特色菜——铁锅炖大鱼（图2.6）；鱼肉因低温被冻，便创新出刨鱼花的吃法（图2.7），用刀或刨子将鱼削成刨花一样的薄片，蘸韭菜花、辣椒与食醋，吃起来凉滑爽口、鲜而不腥[10]。云贵一带，气候温暖潮湿、阴雨连绵，酸辣有助于帮助身体祛滞除湿，人们喜食酸辣口味的食物，红酸汤鱼则成为云贵地区具有特色的菜肴（图2.8）。东南地区临海一带，海鲜获取十分便利，时令水产丰富新鲜，吃的就是一个"鲜"字，再多的调味料都显多余，清蒸、生食最为地道。

连云港由于它适中的地理位置和气候条件，沙光鱼产量高，有多种烹饪方法。肉味鲜美，嫩而富有弹性，既可红烧，又可做汤。当地有"十月沙光赛羊汤"的民谚，可见秋冬季是食用沙光鱼的最佳时节，将沙光鱼做成汤浓而不腻，暖中益气，很有滋补营养价值（图2.9）。

图 2.6　东北铁锅炖大鱼

图 2.7　东北刨鱼花

图 2.8　贵州红酸汤鱼

图 2.9　连云港沙光鱼汤

三、民族因素

不同的民族和群落，生活习惯和认知系统存在差异，因而渔文化在不同的民族和群落中折射出独特色彩，在对鱼的寄寓、捕鱼习俗等方面都有所体现。

以秦岭—淮河为分界线，以北地区冬季气候寒冷，冬季时北方民族会将动物的皮毛做成衣服抵御风寒，有的民族甚至能够将薄且易破的鱼皮制成衣服。萨满教作为北方民族的重要信仰，崇尚敬畏大自然及虔诚供奉神灵，人们在捕鱼过程中也极具民族特色，在进行捕鱼之前，集体祭祀是必不能少的首要环节，世代传承，祈求神灵赐福，保佑群体丰产丰收、人畜平安（图 2.10）。北方民族对养育他们的江河充满崇敬与感恩，感激自然对他们的恩泽，所以对鱼形纹、浪花纹极为崇尚。治病作为萨满的主要职能之一，跳神治病是较普遍的现象，祈求神灵治病消灾，随之也诞生了用鱼皮制成的"神服"：一种是萨满法师穿着的，另一种是生病的患者穿着的，具有医疗功能（图 2.11）。在萨满跳舞时，患者穿上绣有辟邪图案的"神衣"，病情便会有所好转。南方民族同样也崇拜鱼类，但被人们寄托的信仰有所不同，一些民族认为鱼类是母系社会基本的食物保障和父系社会爱情的象征。他们在衣服上用蜡染的方式印上的鱼纹，多是繁衍子孙和配偶婚姻的象征，鱼纹的形状、鱼的多子与润滑，都表明它隐喻女性。南方民族对服饰中鱼纹的理解和寄托，更多是求孕多子，想要借助鱼极强的繁殖力祈求族群繁荣昌盛（图 2.12）。

图 2.10　捕鱼前的集体祭祀

图 2.11　鱼皮衣

图 2.12　服饰图案之鱼纹

四、经济因素

　　经济是价值的创造、转化和实现，人类通过生产、流通、分配、消费等经济互动形式来创造、转化、实现价值。文化是在经济活动和社会实践中产生的，包括价值观、世界观等意识形态部分和技术、工具等非意识形态部分。渔文化的产生离不开渔业经济活动，并且其内容随着渔业经济活动的升级不断得到丰富。渔文化的发展需要经济提供物质基础，需要资本的投入，文化发展与资本投入具有直接相关性。而经济对渔文化的发展起支撑作用，在一定程度上靠文化消费需求的刺激和拉动来实现渔业经济繁荣。因此，经济发展的情况决定渔文化发展的类型，经济发展水平不同、发展思路与重心不同，渔文化产业发展的结构与水平必然不同。

　　传统渔业的重心是发展生产，指的是利用水域等资源，捕捞和养殖有经济价值的水生动植物，从而满足人们对水产品的需要并得到经济收益的一种产业。文化消费和文化产业结构随着经济繁荣而升级，而二者的升级从饮食、旅游、休闲、学习等方面扩展了渔文化的内涵。渔业产品供应的富足化和渔业经济的快速增长，使人们的消费需求不仅停留在产品满足阶段，而且向文化层面不断延伸。人们产生文化消费需求，对"渔"提出了实现精神满足和文化追求的需求，渔业需要多元化发展以适应经济增长的需求。渔文化的内涵和形式更加丰富多彩，在生态、经济和文化方面的功能得到拓展，旅游观光、游艇冲浪、垂钓赶海、渔文化博物馆、风情渔村、渔文化节等与其他产业的结合，则是渔文化适应经济趋势

15

时期的各种捕鱼工具如骨制的鱼镖、鱼叉、鱼钩及石网坠、陶网坠等，可以推断这一时期已有多种捕鱼方法。除用手摸鱼、用棍棒打鱼和用弓箭射鱼外，已能用鱼镖叉鱼和进行钩钓、网捕等。以兽骨或兽角磨制的鱼镖有多种形式，多具有倒钩，尾可以固定在镖柄上，或拴以绳索，成为带索鱼镖，鱼被刺中挣扎，鱼镖和镖柄脱离，可以持镖柄拉绳取鱼。当用鱼钩钓鱼时，钓钩有的具有倒刺，西安半坡遗址出土的钓钩制作精巧，相当锋利，可与现代钓钩相媲美。用网捕鱼的记载见于《易经·系辞下》："作结绳而为网罟，以佃以渔。"各地出土的许多石质、陶质网坠也说明当时的人们已经使用渔网捕鱼了，而渔网上使用网坠是捕鱼技术上的一大进步。网坠形式的多样化和普遍使用，也大体上反映了多种渔网的存在。此外，浙江吴兴钱山漾新石器时代遗址还出土了具有倒梢的竹制鱼笱，这是利用狩猎陷阱的捕鱼工具。

在浙江吴兴钱山漾新石器时代遗址出土的文物中，还有长约 2 米的木桨和陶桨、石网坠、木浮标、竹鱼篓等，反映了当时已有渔船到开阔的水面进行较大规模的捕捞，太湖地区的渔业已相当发达。同时，沿海地区除采捕蛤、蛏、牡蛎等贝类外，也已能捕获鲨鱼那样的凶猛鱼类。

二、古代渔业发展

古代渔业发展可以从水产捕捞和水产养殖两个方面来介绍。

（一）水产捕捞

夏代生产工具较为原始简陋，多为木器、石器或骨器，骨鱼镖、骨鱼钩和骨网坠是那时盛行的捕鱼工具。到了商代，渔业在经济中占有一定地位，甲骨文中的"渔"字形象地勾画了手持钓钩捕鱼或操作网具捕鱼的情景。随着时代发展，人口不断增加，对食物的需求量不断增加，加之人类文明的进步，青铜渔具逐渐取代了石质、骨质的渔具。河南安阳殷商遗址出土的文物中，除了青铜鱼钩，还有可以拴绳的骨鱼镖，这些骨鱼镖较为特殊，经鉴定，其材质包括青鱼骨、草鱼骨、鲤骨、赤眼术骨和鲻骨，此外还有鲸骨，而鲻和鲸都产于海中。据《竹书纪年》中的相关记载，夏商周时期就"东狩于海，获大鱼"，说明当时可能已有了在海边捕捞大鱼的渔具和技术。周代是渔业发展的重要时期，捕鱼工具有了很大的改进。其中潜是一种特殊的渔法，将柴枝置于水中，诱鱼类聚集栖息其下，而捕围之。网具和竹制渔具种类的增多以及特殊渔具、渔法的形成，反映出人们进一步掌握了不同鱼类的生态习性，捕鱼技术有了很大的提高。由于夏季是鱼鳖繁殖的季节而不能捕捞，当时对捕捞和上市的水产品规格也有限制，即"禽兽鱼鳖不中杀，不鬻于市"。

从春秋战国、秦汉到南北朝，人们积累了更多的鱼类品种知识和生态习性知识。许慎《说文解字》所载鱼名达到 70 余个。当时对渔业资源也实行保护政策，如规定"鱼不长尺不得取"（《文子·上仁》），"制四时之禁"（《吕氏春秋·上农》），禁止竭泽而渔等。在春秋战国时期，由于铁器的推广及使用，青铜工具越来越少，以铁器文化为代表的时代已悄然来临。铁器作为更加先进的工具，相对于青铜器而言更加坚硬耐用。到了战国中期，铁器遍布七国，被广泛应用到包括农业、手工业、军事等领域，也为渔业活动注入了全新的活力，至东汉时期，铁器几乎完全取代了青铜器在生产工具中的主导地位。渔具的升级配合着钓鱼饵料的优化，王充《论衡》记载，东汉时期还创造了采用拟饵的新钓鱼法，用真鱼般的红色木头鱼置于水中，以之引诱鱼类上钩。这一时期海洋捕鱼也有很大发展，汉武帝时已能制造"楼船""戈船"等大战船，从而推动了海洋捕捞技术的发展，使鲌、鲭、鲫、石首鱼等中浅层和深层鱼类的捕捞成为可能。

　　唐代的淡水捕捞很发达。内陆水域捕鱼已有专业渔民，当时的诗人称之为"渔人""渔父""渔翁"。渔具则鱼叉、弓箭、钓具、网、筋、梁、笼都已具备。当时的钓具已很完备，有摇钓线的双轮，钩上置饵，钓线缚有浮子，可用以在岸上或船上钓鱼。唐代渔法之多超过之前历代，如用木棒敲船发声以驱集鱼类，用毒药毒鱼或用香饵诱鱼进行捕捞等，鸬鹚捕鱼也已出现。

　　到了宋代，据邵雍《渔樵问对》中的相关记载，当时的钓具已与现今形制基本相同，范致明的《岳阳风土记》还表明当时已有了延绳钓，钓具的装置相当复杂，作业技术也很高超，能钓重几百斤的大鱼。湖泊捕捞的规模十分可观，如鄱阳湖冬季有时集中几百艘船，用竹竿搅水和敲鼓，驱赶鱼类入网，当时还使用围网捕捞江豚。此外据《辽史·本纪》中的相关记载，北宋时辽国契丹人已开始冰下捕鱼，辽主曾在游猎时凿冰钓鱼；此外还有凿冰后用鱼叉叉鱼的作业方法。在海洋捕捞方面，宋元时期有的海船已实行带有几只小船捕鱼的母子船作业方式。据宋代周密《齐东野语》中的相关记载，宋代捕马鲛鱼的流刺网的长度数十寻（寻为古代长度单位，两臂为一寻，还有说八尺为一寻），用双船捕捞，说明捕捞已有相当规模。明代淡水渔具的种类和构造，生动地反映在王圻和王思义的《三才图会》中，该书绘图真切，充分显示了广大渔民的创造性。它将渔具分为网器、翼器、钓器、竹器四大类，很多渔具沿用至今。

　　明代已使用滚钩捕鱼，捕得的鳄小者 100～150 千克，大的 500～1 000 千克。《宝山县志》介绍了明清时期上海宝山已有以船为家的专业渔民，他们使用的渔具有攀网（扳罾）、挑网、牵（拉）网、捞网等，而半渔半农者则使用撒网、搅网、罩或叉等小型渔具。明清时期湖泊捕鱼的规模也相当大，山东微山湖以及湖南沅江、洞庭湖一带都有千百艘渔船竞捕。太湖的大渔船具 6 个帆，船长八丈四五、宽二丈五六，船舱深丈许，可见太湖渔业的发达。在东北地区，边疆少数民族部落每当春秋季节男女都下河捕鱼，冬季则主要是冰下捕鱼。明清时期的海洋捕鱼业尽管受到海禁的影响，仍有很大进步，出现了专门记述海洋水产资源的专著，如林日瑞的《渔书》、屠本畯的《闽中海错疏》、杨慎的《异鱼图赞》等。

这一时期的渔具种类，网具有刺网、拖网、建网、插网、敷网，钓具有竿钓、延绳钓以及各种杂渔具等。渔具的增多表明当时的人们对各种鱼类习性的认识更加深化，捕捞的针对性增强。当时已经出现了有环双船围网，作业时有专人侦察鱼群。南海还有人用带钩的标枪系绳索捕鲸。东海黄鱼汛时，人们根据黄鱼习性和洄游路线，创造了用竹筒探测鱼群的方法，用网截流捕捞。声驱和光诱也是常用的助渔方法。

（二）水产养殖

池塘养鱼在商代的末期始有记载，当时可能主要是养鲤。《诗经·大雅·灵台》，其中有云："经始灵台，经之营之，庶民攻之，不日成之……王在灵沼，於牣鱼跃。"这篇诗叙述的是周文王的事情。周文王征民工建造灵台、灵囿、灵沼和辟廱，在灵囿中养了鸟兽，在灵沼中养鱼。他到灵沼游玩，看见灵沼中养的鱼在跳跃，这里明白地记载了凿池养鱼，满池鱼蹦蹦的画面。灵沼中的鱼是庶民替周文王养的，因此可见当时民间凿池养鱼已经比较常见，从天然水体中捕捞鱼类到人工建池养殖鱼类是渔业生产的重大发展，中国是世界上最早开始淡水养鱼的国家。

从周初到战国时期，池塘养鱼发展到东部的郑国、宋国、齐国以及东南部的吴、越等国，这段时期，人们喜用鱼作为祭品和馈赠的礼物，将鱼看作珍贵的肉类，池塘养鱼业逐渐发展起来，生产经验也日益丰富，养鱼成为富民强国之业。据《史记》《吴越春秋》等著作的相关记载，春秋末年越国大夫范蠡曾养鱼经商致富，相传曾著《养鱼经》，该书反映了公元前6世纪以前养鱼技术的若干面貌。

汉代及以后，池塘小水面养鱼发展为湖泊、河流等大水面养鱼。与大水面养鱼有关系的大型网具以及在大水面中的特种渔法，在汉代甚至更早的时期就已经出现了。据《汉书·武帝纪》和《西京杂记》中的相关记载，汉武帝在长安（今西安市）开挖了方圆40里的昆明池，用于训练水师和养鱼，所养之鱼除供宗庙陵墓祭祀用外，多余的在长安市场销售，致使当地鱼价下跌，可见数量之多。《史记·货殖列传》有"水居千石鱼陂，……此其人皆与千户侯等"的记载，说明可产千石鱼的大水面陂塘获利之厚。南朝齐时有了河道养鱼，据《襄阳耆旧记》中的相关记载，湖北襄阳诂山下汉水中所产鳊鱼肥美，以木栅拦河道养殖，禁人捕捞。刺史宋敬儿贡献齐帝，每日千尾，可见鳊鱼产量不小。稻田养鱼在东汉末年可能已出现，《魏武四时食制》中称："郫县（今成都市郫都区）子鱼，黄鳞赤尾，出稻田，可以为酱"其中的小鲤鱼虽未说明一定是养的，但据出土的东汉墓葬中的水田陂塘模型推测，当时稻田养鲤鱼是可能的。到了唐代，据《岭表录异》中的相关记载，广东一带将草鱼卵散养于水田中，草鱼取食田中杂草长大，"既为熟田，又收渔利"。用这种水田种稻无稗草，所以被称为"齐民"的良法。隋、唐、宋时期，皇室宫廷养鱼也很盛行，隋炀帝筑西苑，内有池种荷、菱及养鱼。唐代的定昆池、龙池、凝碧池、太液池等都是竞渡和养鱼之所。宋代皇室也筑池训练水师及养鱼。

关于养殖的种类和技术，池塘养鱼在隋唐以前以养鲤为主，此后有了变化。隋炀帝时，西苑内之池就饲养太湖白鱼。唐末就有购买（草鱼）苗散养于水田的记载。宋代青鱼、草鱼、鲢鱼成了新的养殖对象。据宋代《避暑录话》中的相关记载，宋末浙东陂塘养鱼是到江外买鱼苗，再将鱼苗用木桶运回放于陂塘饲养，鱼则3年长到1尺长，南宋时期福建、江西、浙江等地养殖的鱼苗多来自九江一带。当时对鱼苗的存放、除野、运输、喂饵以及养殖等都已有较成熟的经验，对鱼病也有一定的认识，苏轼《格物粗谈》中提到"鱼瘦而生白点者名虱，用枫树叶投水中则愈"。对属于观赏鱼类的金鱼的饲养也始于宋代，这在世界上是最早的。古文献所指金鱼常与鲤、鲫混称，宋代则明确指出饲养金鱼，开始是池养，之后才发展为盆养。宋高宗定杭州为行在后，金鱼饲养盛极一时。因宋高宗非常喜爱金鱼，德寿宫建有专门养鱼的碧池。岳珂[11]的《桯史》中记载，有官吏到四川赴任，还专门用船装金鱼带去饲养，可见当时金鱼饲养的盛况。

元代的养鱼业因战争受到很大影响。为此元代大司农司下令"近水之家，凿池养鱼"。王祯《农书》的刊行对全国养鱼也起了促进作用，书中辑录的范蠡的《养鱼经》，介绍了有关鱼池的修筑、管理，以及饲料投喂等方面的方法。

明清时期淡水养鱼有了更大发展。明代黄省曾《种鱼经》、徐光启《农政全书》，清代《广东新语》及其他文献都总结了当时的养鱼经验，从鱼苗孵化、采集到商品鱼饲养的各个阶段，包括放养密度、鱼种搭配、饵料、分鱼转塘、施肥、鱼病防治和桑基鱼塘综合养鱼等都有详细记述，达到了较高的技术水平，至今仍有参考价值。明代外荡养鱼也有发展，尤以浙江绍兴一带为最盛。黄省曾《种鱼经》记述了饲养鱼的情况，"鲻鱼，松之人于潮泥地凿池，仲春潮水中捕盈寸者养之，秋而盈尺，腹背皆腴，为池鱼之最"。《广东新语》则称"其筑海为池者，辄以顷计"，可见规模之大。金鱼饲养在明清时期发展更为普遍，进入了盆养和人工选择培育新品种的阶段。明代李时珍在他的《本草纲目》中说："自宋始有畜者，今则处处人家养玩矣。"当时金鱼的花色、品种之多已难胜计。

除主要养鱼外，中国古代还养殖贝类和藻类。早在宋代已用插竹法养殖牡蛎，明清时期牡蛎养殖更加广泛，清代广东采用投石法养殖，如乾隆年间东莞县（今东莞市）沙井地区的养殖面积约200顷。明代浙江、广东、福建沿海已有蜡子养殖业，明代屠本畯的《闽中海错疏》记载四明（今浙江省宁波市一带）有在水田中养殖的泥蜡以及天然生长的野蜡，人们已能对两者加以准确判别。明代福建、广东已有蟶蛏养殖。《本草纲目》《正字通》《闽书》等都记载了蟶蛏滩涂养殖的方法。

第一次鸦片战争后，西方工业技术逐渐传入我国。1904年，清末南通实业家、翰林院修撰张謇经清廷批准，与苏松太道袁树勋等筹建江浙渔业公司，购买德国单拖网渔轮"福海"号在东海捕鱼。1921 年，山东烟台商人集资从日本引进了双拖网渔船"富海"号、"贵海"号。1905—1936 年，民营的单拖网和双拖网渔船逐渐超过 250 艘，这是中国机轮渔业发展的初期和兴盛阶段。

三、近代渔业发展

近代渔业发展时期指从 1840 年鸦片战争到 1949 年中华人民共和国成立前这段时间，这一时期，社会动荡不安，中国封闭发展的局面逐渐被打破，也开启了渔业技术发展的新时期。西方的渔业技术在中国得到传播，国人学习到新的渔业养殖和捕捞技术并对传统技术加以改进，中国的渔业技术得到突破性发展。1904年，实业家张謇从青岛购入一艘德制渔轮从事拖网渔业。在南方，张謇以上海港为基地，自 1905 年至 1936 年，先后新建、改建以及从国外购入单拖渔船 15 艘、双拖 21 渔船。在北方，1921 年，山东有人集资自日本购入单缸 30 马力双拖网渔船 2 艘，这是中国历史上首次经营双拖网渔业的渔船。淡水渔业，除江湖捕捞业外，还有在长江、珠江流域捕捞鱼苗，在沿江一带发展出较大规模的商品鱼养殖业。抗日战争全面爆发后，中国沿海的许多地区被日本帝国主义侵占，很多渔业港口成立了所谓的渔业株式会社，渔业资源遭到掠夺，渔轮被征为军用或毁于战争炮火，中国渔业生产因此遭到严重破坏。渔民们谋生无路，粮食供应不足，不得不用鱼塘改种粮食，渔业发展严重受阻。战争导致人口减少，抗日战争胜利后剩余的渔业人口比抗日战争全面爆发前减少了数十万人，渔船数量比之前减少近一半，渔业恢复缓慢。而且官僚地主、地痞流氓、宪警等黑恶势力相互勾结，渔业受到残酷压榨和剥削，水产供销被"渔霸"势力控制，他们根据势力划分范围，渔业生产受到摧残。

四、当代渔业发展

中华人民共和国成立以来，渔业有了很大发展。1949 年全国水产品产量只有 45 万吨。1986 年，全国水产品总产量达到 823.5 万吨，使中国仅次于日本、苏联而居世界第 3 位。1952 年年底时，国营渔业在沿海地区主要有分别分布在旅大、烟台和上海的 3 个综合性水产企业，年总产量为 4.9 万吨。到 1982 年年底，全国沿海地区共有大小国营捕捞企业 43 个，拥有生产渔轮 1 100 多艘，总吨位 20 多万吨，50 多万匹马力，水产品年总产量近 80 万吨。此外还有更加庞大的集体所有制渔业企业，其总产量占全国海洋捕捞产量的 80％～90％，已成为中国海洋捕捞业的主要组成部分。

近几十年来渔业的发展也经历了曲折的过程。

在海洋捕捞方面，20 世纪 50 年代初，国家通过发放渔业贷款、建设渔港、避风港湾和渔航安全设施，并在渔需物质的供应和鱼货运销等各方面给予支持，使渔业生产迅速得到恢复和发展。50 年代中后期，因过度捕捞等原因使近海渔业资源特别是幼鱼资源遭到破坏，导致 60 年代传统主要经济鱼类产量在总渔获量中的比重大幅度下降。1979 年以来，海洋捕捞实行保护资源、调整近海作业结构、开辟外海渔场的方针。从 1985 年起，分别分布在上海、大连、烟台、舟山、福建、湛江的 6 个国营海洋渔业公司派出渔轮，采取多种形式在三大洋 7 个国家的专属经济区内捕鱼，使远洋渔业有了良好开端。

淡水捕捞业在 20 世纪 50 年代发展很快，1950 年产量为 30 万吨，1960 年增加至 66.8 万吨。此后由于许多内陆水域兴修水利设施、围湖造田、水质受到工业污染等，水域生态平衡遭到破坏，加之毒鱼、电鱼、炸鱼等有害渔具、渔法的使用，经济鱼类的幼鱼和成鱼被过度捕捞，加剧水产资源的枯竭，使得 1978 年的淡水捕捞产量低于 30 万吨。1979 年以来，国家调整渔业政策，资源保护和渔政管理措施得到加强，人工增殖放流渔业资源的措施也开始实行，渔业资源又有所恢复。1986 年的淡水捕捞产量达到 53.02 万吨。

水产养殖业在新中国成立前发展缓慢，1950 年以来，国家通过建立养殖场等措施，使传统养鱼地区的产量迅速提高，1957 年的全国产量达 56.5 万吨，特别是 1958 年后中国主要淡水养殖鱼类的人工繁殖获得成功，为淡水养鱼特别是池塘养鱼在全国范围内得到迅速推广打下了坚实基础。1978 年后，随着农村经济体制改革的实行，淡水渔业养殖蓬勃发展，1983 年的全国产量达 142.8 万吨，1986 年达到了 295.15 万吨。在海水养殖方面，1958 年海带的人工育苗、施肥养殖以及南移养殖试验获得成功；自 1959 年起，国家也在紫菜养殖领域的人工采苗、育苗和养殖方面相继取得重大进展，使藻类的养殖产量大幅度提高。贝类养殖领域，主要种类牡蛎、蟶蛏、蚶、蛤、贻贝等的产量也有稳步的增长。对虾养殖自 20 世纪 80 年代初工厂化育苗技术成功以来，迅速在全国许多省份得到发展，成为出口的重要水产品。此外，从 70 年代末以后，海珍品扇贝（干贝）、鲍、海参等的养殖也有发展。

在水产品保鲜与加工方面，1957 年全国水产系统拥有制冰 709 吨/日、冻结 428 吨/日、冷藏 17 702 吨/次的生产能力。1972 年后，随着灯光围网渔业的发展，制冰能力与冷藏能力有了较大发展。至 1982 年，全国建成大小冷库 250 座，制冰能力达 7 000 吨/日，冻结能力 8 000 吨/日，冷藏能力 25 万吨/次。1980 年后，集体渔业社队冷藏业也得到了发展，沿海省份建成小型冷库 129 座，冷藏能力达 3 万吨/次，成为国营冷藏业有力的补充。水产加工制品除传统的腌、干制品外，水产罐头、冻鱼、鱼粉、鱼油、鱼肝油、鱼糜制品等的产量也开始迅速增加。1982 年，全国国营水产加工厂加工产品 130 万吨左右，海带制碘已形成完整的加工体系，各种生熟水产品小包装加工已经成为水产加工的重要方式。之后，全国水产品加工业的发展步入快车道，技术不断进步，水产品企业数量不断增加，规模不断扩大。2016 年，全国有水产品加工企业 9 694 个，水产品总产量 6 901.25 万吨，用于加工的水产品 2 635.76 万吨，加工率为 38.2%；出口额

207.38 亿美元，占农产品出口总额的 28.4%。2019 年以后，全国水产品加工企业维持在 9 300 个左右，其中 2021 年全国有水产加工企业 9 202 个，同比增长 0.7%；水产冷库 8 454 座；水产加工品总量 2 125.04 万吨，同比增长 1.64%。其中 2021 年中国海水加工产品 1 708.81 万吨，同比增长 1.76%；淡水加工产品 416.23 万吨，同比增长 1.15%。

第二节　渔文化的主要类型

中国海岸线长达 3.2 万千米，其中大陆海岸线 1.8 万千米，岛屿海岸线 1.4 万千米。正所谓"百里而异习，千里而殊俗"，拥有如此得天独厚的地理条件，自然拥有丰富多彩的渔文化，而地域（民族）特点、渔业生产方式、渔文化功能等都体现了不同类型的渔文化。

一、地域（民族）特点与渔文化类型

渔文化具有显著的地域及民族特点。不同的民族或族群，对渔业的感受和认知存在差异，表现出来的民族文化或族群文化也有不同。

汉族等大多数民族认为鱼是珍贵、吉祥的象征，自古有"年年有余（鱼）"的说法。我国大部分地区都有"无鱼不成宴"的习惯，鱼是逢年过节等喜庆日子里不可缺少的美食，甚至有的地区有木头鱼的故事：旧时乳山西北部的山区离海比较远，交通运输不便，在这些地方待客，想吃到新鲜的海鱼异常困难。但家里待客的酒桌上没有鱼是件很没面子的事情，当地人就发明了木头鱼，所谓木头鱼，就是用木头刻制一条鱼，像真鱼一样放在盘子里，上面盖上炒鸡蛋、葱花等各种食材和佐料，端到桌上看不出是真鱼还是假鱼。此时主人往往要开始劝酒，不惜把自己喝倒，把客人喝醉、喝跑，为的是不让客人看出破绽，保全一点面子。很多时候，客人连鱼都没看见，就被喝跑了。所以就流传出一个经典故事：有个人吃了一辈子酒席，可从没吃过酒席上的鱼。但在一些地区，因传统文化、习俗或信仰等因素，当地人基本不吃鱼。

不同地区有不同的捕鱼工具、技巧，鱼的加工方法也各不相同。例如，北方渔民的服饰一般采用挡风、防寒、防水设计。在北方地区冬季寒冷的气候条件下，为了生产生活方便，北方渔民选择的衣服对保暖性、防水性要求更高，如赫哲族的鱼皮衣既轻便、保暖、耐磨，又防水抗湿，还不会硬化或结冰。而南方渔民的服装则更加宽大、舒适、透气性强，服装既要方便生产，又要适应南方地区的湿热气候。如太湖渔民一般穿特制的包裤，又名灯笼裤。包裤用厚实耐穿的蓝色土布制成，特点是裆深腰大，裤管肥大，方便起蹲作业，穿着时可将上衣束于裤腰内，这样捕捞作业时渔网篾缆等渔业用具不会在身上挂缠，又可保护上衣不受鱼腥、鱼水的浸润侵蚀。此外，中国许多民族都拥有各自不同的渔文化，渔文化呈现出多彩的民族特色。

二、渔业生产方式与渔文化类型

从渔业生产方式的发展来看，渔业经历了从野外捕捞到人工养殖的转变。野外捕捞就是在水体中的采猎活动，这一活动的对象是生活在水体中的各类水生动植物，捕捞对象包括鱼类、爬行类、两栖类、哺乳动物以及水生植物等。当渔猎生产由手工捕捉、棒打石击、作栅拦截、围堰竭泽，发展为钩钓矢射、刺叉网捞、镖投笼卡、舟桨驱取时，渔业开始成为人类最早的经济形态之一[12]。在此活动中，各地渔民根据水流、地形特点、季节变化及鱼的特性，逐渐发明创造出各种渔船、渔具以及各式渔法。如东北地区的旋网、挂子网、趟网及冬捕常用的大拉网，江浙一带使用的卡具、撒网，广东的吊网捕捞装置，湖北的麻罩和洪湖捕鱼工具，云贵高原的扳罾，四川的鱼笼子、虾耙、鱼罩子、鱼榫榫，重庆的溪流笼网捕鱼等。随着人类对鱼的了解加深，慢慢识别了鱼的品种、习性，继而开始适时捕捞与畜养，水产养殖业逐渐兴起。随着经济社会发展和技术进步，又发展出相应的养殖技术、渔业工程等，并随着时间推移，逐步形成专门的学科门类，使水产养殖业成为一大产业部门。改革开放之后特别是进入 21 世纪，加工业、休闲渔业等获得长足发展，出现了新的产业文化，我国渔文化融合了现代科学技术、新闻媒体和市场经济精髓，内涵迅速膨胀、功能更为显著、交流日益频繁，形成强大的产业带动效应，经济社会效益逐渐增长。如广东阳江的南海（阳江）开渔节、广西阳朔的漓江渔火节、海南博鳌渔家的平安节、台湾台东的旗鱼文化节、浙江舟山的海鲜美食节、江苏泗洪的金秋螃蟹节、山东田横岛的祭海民俗节等，渔文化的类型、层次也日渐丰富。

三、渔文化功能与渔文化类型

渔文化具有多重功能。依据功能来划分，渔文化可以包括饮食、服饰装饰、劳动工具、景观、建筑风格与格局、遗址等物质文化，以及观赏、垂钓、游船等感受式、体验式的看得见、摸得着的浅层次休闲渔文化；诗词歌赋、画作、舞蹈、音乐、民间故事等艺术形态，民间习俗、历史轶事、宗教信仰、节日、生命礼仪、民间技艺等风俗时尚，古籍典藏、宗法制度等涉及观念、制度、精神等体现人类思维活动、美学思想和审美情趣以及改造客观世界的创造力的深层次渔文化等。渔文化反映了人们的生活方式、生产方式和价值理念，按照功能划分，渔文化可分为以下 4 类：

1. 具有教化功能的渔文化

文化的本质是以文"化"人，通过智慧的启迪、知识的传授、环境的熏陶、情感的诱导等途径，促进人的发展和社会全面进步：燧人氏教人捕鱼；伏羲氏教人结网；舜"渔雷泽；雷泽之人皆让居"；吕尚受封齐后兴渔之利，使齐成为大国；范蠡著作《养鱼经》，开创世界渔书之先河；里革"断罟匡君"之忠；羊续"悬鱼"之廉；王祥"卧冰求鲤"之孝；庄子"濠梁观鱼"之乐等，均以熏陶、濡染、启迪、激励等方式，发挥其教化功能。

2. 具有认知功能的渔文化

老子曰"治大国若烹小鲜"，孔子"子钓而不纲"，周代渔人置柴木于水中、诱鱼栖息围而捕取的渔法，是今日人工鱼礁的雏形；汉代渔人置木制红鱼于水中、引鱼上钩，成为后世拟饵钓之先导；东晋渔人以长木击板、惊吓鱼类入网的"鸣"渔法，成为后来的声诱渔法；东海渔民以绳编连植于滩涂的竹子、捕获退潮时被竹枝所阻鱼类的"沪"渔法，成了上海的简称。我国周代关于禁渔期、禁止毒鱼和密网捕鱼等方面的规定，正体现在现行《中华人民共和国渔业法》对渔具、渔法的限制上。

3. 具有游乐赏玩的满足功能的渔文化

具有游乐赏玩的满足功能的渔文化，其内容五花八门、丰富多彩：古时的人们捕鱼摸虾掌握水性后，出现古称"水嬉"的游泳、弄潮、戏水、赛舟；体形像"文"字、被《山海经》称为"文鱼"的金鲫鱼，形态优美、娇姿艳体的金鱼，绚丽多彩、婀娜多姿的热带鱼，点缀庭院雅室、美化人们的生活；五彩斑斓、富贵华丽的锦鲤，寓意吉祥幸福、象征和平友谊。除了饲养"水中宠物"、养殖与观赏外，垂钓、斗鱼等更是人们喜闻乐见的娱乐项目。

4. 具有社会生产价值功能的渔文化

古往今来，渔业生产包括捕捞、养殖、加工，为社会提供了丰富的水产品，为中华民族的繁衍作出重大贡献。在长期生产实践中创造的渔文化，以雄厚的物质基础作为舞台，导演了灿烂的历史篇章。当前我国在渔业发展中提出的休闲渔业，利用水域、资源、设施、渔村村舍生产器具和渔产品，结合当地的生产环境、人文景观、宗教信仰等，设计相关的活动和休闲空间，为大众提供渔业的活动，从而达到休闲、娱乐的目的，有别于养殖、捕捞、加工等传统渔业。休闲渔业不仅为渔文化增添了新的内涵和经济价值，而且拓展了渔区发展新空间、开辟了渔业发展新领域，对渔业结构的战略性调整和渔民转产转业，起到积极的推动作用。

第三节　渔文化的基本特征

随着人类对鱼类习性的了解和捕捞技术的进步，从简单到逐渐复杂的生产中，渔文化的积累和发展也相应随之而来。作为中华文化的重要组成部分，渔文化一经形成，便与整个中华文化密不可分，二者相得益彰，共同发展。渔文化的基本特征概括为以下 4 个方面：

1. 地域性

渔文化作为具有地方特色的文化形态，推动着各地历史的演进和文化的传承。在幅员辽阔的中华大地，渔文化呈现出千姿百态：香港渔民的天后诞、澳门百姓的妈祖祭、太湖渔家的献头鱼、湖南汉寿的鱼龙会、山东即墨的上网节、天津北塘的"跑火把"、青藏高原的牛皮船、安徽黄山的蚌壳舞、浙江温岭的大奏鼓、江西鄱阳湖的渔鼓、福建浦源的鱼溪和鱼冢、白洋淀渔家的船轿迎亲、新安江"九姓渔民"的抛新娘。以上多姿多彩的特色风俗，正是当地人在接受形形色色具有地域特色的渔文化熏陶的结果。江河湖海，钩捞叉钓，人们根据自然资源调整渔业生产方式，自然衍生出了具有地域特色的渔文化。

2. 历史性

长期以来，中国先民们留下不少极为珍贵的渔文化遗物：周口店山顶洞人钻上小孔、涂上红色的草鱼上眶骨，新石器时代的鱼钩、鱼叉、鱼镖、鱼枪及石制、陶制网坠，仰韶文化的人面鱼纹彩陶盆，殷商时代"贞其雨、在圃渔"的甲骨卜辞，象征双手拉网捕鱼、用手持竿钓鱼的甲骨文字"渔"。挂在山顶洞人脖子上、用野藤串的贝壳项链，不亚于当今的金银首饰；古人"以贝为钱"，影响到"财""贸""贵""贱""赚""赔"等字的形成。历史文物是过往人们生产生活的缩影，通过研究渔文化遗物，我们能够再现渔文化发展的历程与中华大地上渔文化不断演变的脉络。历史文化是中华文明的见证人，来自远古的渔文化遗物自然也为我国渔文化具有历史性提供了有力支撑。

3. 民族性

我国各民族在不尽相同的地理环境、气候条件下繁衍生息，形成各自不同的风俗习惯、文化心理，使渔文化具有浓郁深厚的民族特色：高山族的渔祭节、苗族的杀鱼节、白族的渔潭会、满族的鱼图腾、维吾尔族的鱼生肖、黎族的鱼茶、侗族的酸鱼席、撒尼人的酸菜鳅、布朗族的卵石鲜鱼汤、达悟人的拼板舟、摩梭人的猪槽船、藏族的马头木船、赫哲族的鱼皮衣。民族性文化是世界性文化的基础和前提，民族的就是世界的。

4. 时代性

在新时期，中国渔文化增添了现代科学技术、新闻媒体和市场经济的精髓，内涵迅速膨胀、功能更为显著、交流日益频繁：浙江舟山的海鲜美食节、江苏泗洪的金秋螃蟹节、山东田横岛的祭海民俗节、广西阳朔的漓江渔火节、海南博鳌渔家的平安节、台湾台东的旗鱼文化节等，呈现出大型化、现代化和国际化趋势。在"两个一百年"奋斗目标的指引下，我国的渔文化传承历史文化，结合当地特色，借势自然资源，吸收时代养分，中国具有时代特色的渔文化已然成为世界渔文化的一个重要组成部分。

第四章 因渔而生：连云港渔文化的精神与特征

连云港古称朐、海州等，因依山傍水，当地先民就以水域为依托，利用水生生物的自然繁衍与生命力，通过劳动获取水产品，即为渔业。俗语谓"靠山吃山"，那么"靠水吃水"指的就是捕鱼。渔业是人类早期直接向大自然索取食物的生产方式，是人类最早的生产行为。千百年来，连云港以水为脉络，以渔为载体，在历史长河中展开了一幅绚烂精美的画卷。勤劳朴实的连云港先民，不仅创造了丰富的物质文明，还创造了璀璨的连云港渔文化，并在生产过程中塑造出连云港渔文化的精神与特征。

第一节　连云港渔文化的主要精神

地理环境与人类活动的相互作用，产生了独特的文化和精神。渔业是连云港人生息繁衍的重要产业，在漫长的时代变迁和历史演进过程中，深刻影响了连云港人的思想，逐步塑造与锤炼出连云港渔文化的多种精神。

一、勇敢开拓

渔民不断开发新渔场、围垦海涂、进行远洋捕捞等行为体现出敢为天下先的开拓精神。新中国成立之初，渔民一般只在近海捕捞。正如东海渔谚中的"不到外海洋，难识大风流""不入深海，难捕大鱼""捕鱼没有大胆子，难吃外洋黄鱼子"，渔民面对广袤无垠且变幻莫测的大海，想要有渔获，便需要勇敢开拓的精神（图 4.1）。

二、协作团结

捕鱼过程中，许多环节需要渔民相互配合与协作（图 4.2）。不同于内陆江河湖泊的作业方式，渔民只有相互协作、依靠团队力量才能在浩瀚的大海中有所获取。俗话说："一人难以背船过海。"渔船出海，对船上人数和分工都有规定。比如"四大员"（老大、多人、出网、伙浆仔），这"四大员"是必不可少的。生产过程中，抬船需要大家劲往一处使，拨篷也是群体行动，起网也是群体行动，

图 4.1　赣榆渔船集体出海捕鱼

即使古代时渔船起锚，也要 4 个人推着车轮子转，才能把铁锚从海底拉上来，也是群体行动。"众人划桨开大船"，渔民在生产过程中相互协作、朝着共同的目标一起努力，促使团队精神和相互交流理念的形成，成为渔民世代传承的美好品德。

图 4.2　渔民协作拉大网

三、勤恳吃苦

勤恳能吃苦也是渔民身上突出的优良品质。东海渔谚中的"早出晚归勤下网""若要富，下海涂；想发财，种紫菜""千网万网，候着一网"等，讲的就是连云港渔民在生产中的辛勤劳作。渔民想要提高产量，就必须为之付出相应的努力，而且在生产活动中顶风浪冒霜雪，常年在风吹日晒中劳作，几十年的生产如一日，也不曾喊苦叫冤。在渔产品加工上，晒鱼干、加工紫菜、加工海蜇等，制作工艺繁琐复杂，从捕捞养殖到产品加工，每个环节都体现着渔民勤恳吃苦的优良品质（图4.3）。

图4.3　渔民在大浪中克服困难

四、敬畏自然

大海汪洋，水天相接，浩瀚汹涌。在古代的中国人看来，大海是一个充满黑暗和恐怖的所在，人们对之敬畏又倍感神秘而不可探求。"海"，从水从晦，"晦"，便是晦暗的意思。又有记载，"海之言，晦昏无所睹"。所谓无所睹，表示了不可知、不可探求，可见当时的人对海洋的敬畏程度了，因而古人对海洋充满了好奇、神秘和"渤海之东不知几亿万里"的充分想象，把它描述为神仙秘境，出海有出海酒，谢洋有谢洋酒，祭神有祭神酒（图4.4）。海洋上的环境充满不确定，驾船出海或是"一网千金"，或是"一网清水"，或是"暴富回家"，或是"葬身大海"。海面波涛起伏，海底暗潮汹涌，大自然的力量值得渔民敬畏。

图 4.4　举办开渔节

五、乐观向善

　　从古迄今，渔文化都表现出积极乐观、求真向善的文化样态。在年画中会有鱼、虾、蟹、渔民等题材，寓意着连年有余、金玉满堂等。在一些以渔文化为题材的绘画中，也传达了追求和谐幸福的美好愿望，鲤鱼、莲花和童子为题材代表着子孙绵绵，以荷花与河蟹为题材代表着美满幸福，以金鱼、锦鲤等为题材意为向美求善等。特别是在一些渔船、房屋等设施上雕刻大鱼在碧海中畅游的图案，生动反映了渔民不畏惊涛骇浪，在大海里追求美好幸福生活的拼搏精神（图 4.5）。

图 4.5　渔民趣味运动会

第二节　连云港渔文化的主要特征

连云港毗邻海州湾，而海州湾也是我国八大渔场之一，这里的渔民世世代代以出海捕鱼为生，在长期的生产实践中，形成了一系列具有鲜明地域特色的渔民风俗。

一、南北交融性

在地理位置上，连云港处于中国版图的南北交界处，北接山东，南揽江淮，所以连云港集合了南北方渔文化的特征，形成了独具一格的连云港渔文化。

连云港渔文化具有北方渔文化不违农时、因地制宜的特征。连云港四季分明，虽一年四季均可捕鱼，但往往多集中在春秋季节。春季一开河，在冰下生活的鱼一个冬天没有进食，腹内杂物几乎为零，此时鱼的肉质最肥厚鲜嫩，开春后捕捞上来的第一批鱼被誉为"开春第一鲜"。夏天虽然也可捕鱼，但鉴于夏季鱼易腐烂，且鱼的繁殖期多在夏天，渔民往往不在这个季节捕捞，而是利用这段时间修补渔具。秋季是鱼类较为肥美的季节，也是捕鱼的黄金季节，渔民们会利用各式渔具渔法进行捕捞。

连云港渔文化又具有南方渔文化起步早、精细化发展的特征。连云港渔文化发展的自然条件优越，起步更早。与东北地区农业相比，我国长江中下游地区农业开发相对较晚。东汉以后，北方战乱频繁，黄河水患加剧，人口大量南迁，长江中下游地区的农业才有了比较稳定的持续发展。连云港热量、水分条件较好，背靠海州湾渔场，河海皆有、水源充足，自身发展渔业的条件优越，渔业发展也相对更加精细化。连云港临近重要粮食产区苏州府，古有"苏湖熟，天下足"的俗语，可见该产区粮食供应能力之强大，因此连云港地区没有粮食危机，生存压力相对较小。"仓廪实而知礼节"，正是得益于较好的物质条件，连云港才有更多的时间、精力进行文化建设，渔文化也依托这种地方特质，具有精细化、细腻化的特征。如对鱼、虾、蟹、贝的神明崇拜，光怪陆离的禁忌传说，"同来半是乘槎客，谈到瀛洲我问源"的渔文化相关诗词，口口相传的渔歌音乐，向海而舞的特色舞蹈，千年不朽的渔文化石刻，精雕细琢的黑陶、贝雕等，种类如此全面，内涵如此丰富，底蕴如此深厚，这与连云港渔文化起步早、精细化发展的特征息息相关。

二、生产实用性

海州湾位于江苏省东北部，苏、鲁两省交界处，海洋渔业生产历史悠久，《南齐书·州郡志》记载："郁州（今云台山）在海中，周回数百里，岛出白鹿土，有田畴鱼盐之利。"

连云港渔文化与渔业生产紧密相关，所以当地的渔文化具有实用性强的特征。在北起连云港市赣榆区柘汪镇绣针河河口，南到灌河河口的沿海一带全长170多千米的海岸线上，自古便形成了无时不有、无时不在、较为稳定的系列传统习俗。贯穿这些习俗的主线，是顺从性强、实用性强、避区忌讳多、吉利彩话多、信仰崇拜多。渔民认为不吉祥的话和事，绝对不说和不做。开口讲究"彩字"，如取鱼叫"取彩"、馈赠叫"彩头"、船上作业都唱号子等。渔文化本身就是在渔业生产过程中产生、沉淀、积累下来的，虽然连云港地区的海岸线不断变迁，孔子望海之地的孔望山早已沧海变桑田成为陆地，但是连云港地区的渔业生产从未断绝，所以连云港渔文化才能一直具有保持其本色的实用性。

三、古今融汇性

连云港的渔文化，历史悠久且源远流长，在新时代背景下，体现出古今交汇的文化特色。连云港在秦汉时期称朐县，东魏武定七年（549年）始称海州，自秦汉以来，一直是海、赣、沭、灌地区乃至周边更广阔区域的政治、经济、文化中心，素以"淮口巨镇""东海名郡"著称。生于海，长于海，长期与海洋为伴，自然产生有别于内陆文化的生活方式与文化习俗。即使生产方式不断革新、生活方式世代交替，一些海洋民俗经过不断补充、完善仍延续至今，因而保持了海洋社会文化的连续性，如沿海及岛屿对海龙王信仰的崇拜延续至今。在连云港，渔民将船首、船尾、船舱和桅杆等各部位漆成各种颜色，并赋予各部位神性。整条船的装饰似海中蛟龙，其目的在于与龙王结缘，避免因惹怒海龙王而遭祸害。海龙王信仰在无形中影响、规范着滨海岛屿百姓的行为，从日常的吃穿住行到婚丧嫁娶，从生产劳作到思维模式，都留下了海龙王信仰的痕迹。但随着时代的发展，渔业养殖方兴未艾，出海捕捞的渔船抛弃了原有的五彩斑斓，替换为现代化的钢质渔船。但民俗又具有相对的稳定性，一旦产生，就会伴随着人们的生产及生活方式长期相对地固定下来，成为人们日常生活的一部分。即使是当下时日，开渔也是连云港地区一个盛大的节日。渔家汉子双手托起一只大海碗，面对着广阔的大海，高声喊诵："一敬酒，祝福海洋；再敬酒，波平浪静；三敬酒，鱼虾满仓。"祭乐响起，舞者向大海献祭舞。青山碧海间，鱼灯队、龙灯队、马灯队穿梭往来，腾挪跳跃，人灯共舞，四海共欢……

在这里，他们因渔而生，借渔而兴，也在默默地沉淀，产出了令人惊叹的渔文化，每一项都源于千百年来的代代相传，都是来自胸腔深处的海洋之声，都是来自血液深处的海洋之魂。

 渔文化小故事

盖房不打"名石"

渔民的房子多用石头盖成，一来石头结实，经风雨，耐腐蚀；二来连云港沿岸多山，石头易得，就地取材，可降低建筑成本。但连云港沿岸居民有一个传统，即盖房取石头不打"名石"。所谓"名石"，指造型奇异、有名称、背后有些说道的石头，打了这些石头，于主家不利。

连岛上有一块"美女石"，据说是天上玉女所化，此女本是玉皇大帝灵霄宝殿的一名侍女，与金童一起，为玉皇大帝接待各方神灵。后来随金童去连云港办事，见到这里风景秀丽，男人捕鱼，女人织网，一家人早出晚归，感情极好，故而留在连云港，宁可去死，也不愿回到天庭，后被天兵分尸殒命。金童变成了秦山岛上的"将军石"，而玉女变成了连岛上的"美女石"。这两块石头与当地的石头有很大的不同，不过这可以用科学的观点来解释："将军石"和"美女石"都是一种海蚀柱，石头里面的软性物质被海水侵蚀，残留下来的岩石和周围的岩石就有一些不同，它们更加坚硬，更加明亮。民间则认为，这两块石头分别是金童和玉女所化，一到晚上，"美女石"就会浑身发光。傍晚，那些劳碌了一天、归心似箭的渔民在辽阔的海面上看到"美女石"，就看到了家、看到了希望。所以，在连岛上，这块"美女石"千百年来一直都是受人尊敬的。

第五章　渔镇渔港：连云港 渔文化的历史变迁

第一节　渔文化的历史沉淀

连云港依山傍海、山海相拥，特殊的地理环境孕育出丰富多彩的渔文化，连云港渔文化是当地具有鲜明地方特色的区域文化。绚丽多彩的自然景观在岁月洗礼中愈发生气灵动，深厚的人文底蕴造就了港城斐然的人文之景，而其中包含的渔文化元素可以证明连云港渔文化历史悠久，也更能让人感悟连云港景观与渔业深厚的渊源。

一、彰显渔文化特色的自然景观

连云港的渔湾、高公岛、秦山岛等，一步一景，令人心旷神怡，除了展示着处处生机盎然的自然美景外，也在向世人宣扬着连云港渔文化。

（一）渔湾

渔湾风景区，位于江苏省连云港市海州区云台山东南侧，它在1712年前后与大陆连接而形成神奇之景，古时渔人于此揽舟避风，故称之为渔湾，现因怡人景色而被游人誉为"江苏的张家界"。清代诗人吴进在游览渔湾之后，写下了《渔湾》一诗以表达对渔湾的赞美。岁月被时间长河冲刷，变化的是美丽渔湾之景，不变的是景致背后蕴含的人文底蕴。渔湾在云台山三十六景中被称为"三潭汲浪"，景区以瀑布、峭壁、怪石等自然景观为主，由三龙潭、二龙潭、老龙潭、藏龙洞、绿水汪、清水汪、黄水汪等自然之景构成，景区中的标志性建筑就与渔文化有关。"神鱼化龙"雕塑由铜打造而成，全身高达8.2米，是目前世界上最大的鲤鱼化龙雕塑，被誉为"天下第一龙首"（图5.1）。鲤鱼活灵活现，立于滔滔波浪之中，其头部则变为怒目神龙，瞪视前方，寓意鲤鱼跃龙门，这既有蟾宫折桂之意，又有平步青云之愿。因其美好寓意，每到高考前夕，总有满怀期待的学生和家长到此祈福，期望学生最终金榜题名。

图 5.1　"神鱼化龙"雕塑

（二）羊山岛/高公岛

羊山岛和高公岛原先并不是一个整体。在 20 世纪 70 年代末，当地修建了一条石堤，这条石堤将羊山岛与高公岛连接起来，从此二者融合发展，之后二者常常被当地渔民当作同一个地区。

羊山岛，也称阳山岛，位于江苏省连云港市区东约 30 千米、高公岛南300 米处，面积约 315 亩，海岸线长 2 685 米，是江苏省少有的拥有岩基海蚀地貌的岛屿，也是国家级森林公园和自然生态风景区（图 5.2）。"风光旖旎羊山岛，整日徜徉竟忘返。"《梦溪笔谈》中的这两句诗赞美的正是这充满自然气息的羊山岛。"在昔曾远游，直至东海隅。"这首陶渊明《饮酒》诗中的东海一隅就是位于连云港东部的羊山岛一带，兴许是渔歌相随、自然古朴，给陶渊明留下了"世外桃源"的独特印象。从朝阳到黄昏，喷薄出绵绵不绝的诗意，给精神思绪留下了憩息的空间。

作为江苏省少有的具有岩基海蚀貌的岛屿，羊山岛沿岸景观形形色色，别具一格。从岛的海岸边至岛顶，分布有大量的海蚀凹痕和海蚀洞。经历 150 万年的冲刷磨砺和溶蚀，海岸布满了花纹独特别致的岩石，一块一块形成了幻化多彩的

图 5.2　涨潮中的羊山岛

糜棱岩海蚀地貌，颇具观赏性（图 5.3）。

图 5.3　羊山岛海蚀景观

　　羊山岛上建有一座博物馆，其建筑面积 1 200 余平方米，分为"羊山文化""海之精灵""海蚀奇观""黄海渔歌""紫菜小镇"5 个展厅，集中展示了羊山岛的文化历史、风土人情、科普教育和产业资源，凸显海洋地域特色。沿着北码头一路上山，映入眼帘的是一座五彩斑斓、造型别致的集装箱酒店（图 5.4）。这是近年来新增添的休闲渔业产业，为小岛增添了一抹新的色彩，也使羊山岛多了一些现代化的气息。

图 5.4　羊山岛集装箱酒店

　　高公岛西北与连云港港口相邻，西倚云台山，西南与田湾核电站相接，是一个三面环海，一面向山的半岛地形，地域总面积 10.9 平方千米，海岸线总长 10 千米（图 5.5）。南侧的高公岛渔港发挥着外侧挡浪、内侧停靠渔船的渔港作用。从它正式开港以来，渔港水陆交通便捷，能够联通沿海各大港口，是连云港的一个重要的渔业集散地。渔民仍保留着出海捕鱼的传统，他们以木船为主，开展近海捕捞。远处骄阳似火，如长虹般横跨于海面的跨海大桥和近处的点点白帆构成了一幅静谧的美景，彰显了滨海特色风情小岛的魅力，能让游人充分享受亲海的乐趣。

图 5.5　夕阳下的高公岛

高公岛是一个优美的风景游览区，是国家级风景名胜区——海上云台山景区海滨景区的重要组成部分。其中，凰窝风景区是集山海风光于一体的风景区，也是高公岛的重要组成部分，这里的自然景观因稀、奇、古、怪、美的特色而闻名（图5.6）。这里有一株远近闻名的情侣树，此树同处扎根，相依相伴，像一对情侣，传说是龙凤的清泪所化，已成为见证爱情的吉祥树。登上天公石梯，远眺蓝天碧海、群山绵延，美不胜收。

图5.6　高公岛凰窝风景区

（三）秦山岛

秦山岛，位于江苏省连云港市赣榆区，全岛狭长呈单面山形态，东西长1 000米，南北宽200米，海岸线长约2.8千米，面积虽仅有0.19平方千米，但其地理位置相当重要，是江苏省为数不多的近岸海岛（图5.7）。从空中俯瞰，秦山岛就像一条吐着泡泡的娃娃鱼，传说是由徐福东渡船队掉落下的娃娃鱼幻化而成的，横亘于大海中，渔帆作伴，架起了秦山岛与渔文化的历史渊源。秦山，俗称奶奶山，又名神山。明代顾乾《云台山志》："墟沟西北二十里，上有碧霞宫，僧人守之。先名秦山，后因春融屡现楼台人物之状，与蓬莱海市无异，故以神名。"这便是神山之名的来历。因山形东大西小，宛若一张横卧海天之间的瑶琴，所以《云台新志》又称其为琴山。秦山岛上自然资源丰富，四季分明、风景如画，四周海域盛产 100 余种海洋产品，是黄海中不可多得的一座天然宝库，素有"秦山古岛，黄海仙境"的美誉。

图 5.7　秦山岛

秦山岛虽小，岛上的古迹却相当丰富。秦山岛上名胜有"三绝"，即神路、"将军石"、海市蜃楼。还有"三奇"，即郎君子、仆马藤、相思豆。其中神路、海市蜃楼更被誉为"华夏之绝"。

"三绝"之一的神路，它是一条砾石连岛坝，自岛向陆地方向延伸，全长约2.6 千米，是中国最长的海上石路，是独步华夏、绝无仅有的海蚀奇观，也是秦山岛"三绝"之最，"娃娃鱼"的小尾巴，就是传说中的神路。

"将军石"为秦山岛第二绝。此景为秦始皇登山所封，秦始皇命丞相李斯写碑文："高一丈，厚一尺二寸，镌七字大如斗。"在东峰悬崖下，耸立约 20 米的两尊威如将军的海蚀岩柱，当地渔民称之为"大将军""二将军"（图 5.8）。因

图 5.8　秦山岛的"将军石"

巨浪的惯性，"二将军"被拦腰截断，而"大将军"巍然屹立，成为游人摄影的亮点。因海蚀继续，被剥离的沙土砾石中裸露出新生的石叠柱；故又有"三将军"之称。这些岩柱不仅是连云港和江苏省海山风光的一绝，在全国沿海风光带中，似如此的海蚀型岩柱也是为数不多的奇特景观。

　　海市蜃楼为秦山岛自然风光的第三绝。从古至今，秦山岛海域的海市蜃楼就在民间流传，并且志书中也有相关记载。1985年9月13日，董淑毅先生写的一篇报道刊登在《连云港日报》："早晨4:30到6:00，赣榆城东下口到海头东部海面出现海市蜃楼。海市仿佛一幅横展的巨大画轴，青白底色，背景广阔。画卷上巨石嶙峋，变幻莫测。山村古刹，惟妙逼真，皆成黛色，与背景形成鲜明对比，立体感极强……当太阳从海市北端主峰背后喷薄而出之际，霞光万道，给画卷上的巨石峰峦、山村亭塔染上了红霞，蔚为壮观。直到太阳升高，才逐渐消失。"登临秦山岛东、中、西3座峰顶，只见海天烟岚四起、雾雨蒙蒙，有缘者可亲睹秦山岛海市蜃楼的美幻景观。据岛上原住民说，这一奇景在秦山岛一年四季都可观赏，就看天气和游客的运气了。

　　"三奇"分别为郎君子、仆马藤、相思豆。一为郎君子，即神路上生长的一种微型软体小动物。状若半豆，色呈微红，有雌雄之分，置醋中便蠕行求偶，颇有情趣，是一种稀有的中药，故又名"醋鳖"，入药可助孕妇分娩。二为仆马藤，其叶茎作茶饮，有清热解暑、消淤化积之效。三为相思豆，一种红色的野生豆类，即多生于南方诸省的红豆，今生于此孤岛上，真乃神助仙葩。

　　2022年，国家公布第七批国家级海洋牧场示范区名单，秦山岛东部海域为本批江苏省唯一入选的海洋牧场示范区海域（图5.9）。秦山岛东部海域环境良好，分布有多种底栖鱼类、贝类等动植物，是多种经济水生生物的栖息场所。秦山岛东部海域也是钓鲈鱼的天堂，那里水浅，暗礁林立，各种贝类及浮游生物丰

图5.9　秦山岛的海洋牧场

富，是鲈鱼生长的最佳栖息地。同时该示范区为增殖型海洋牧场，管理维护单位共投放人工鱼礁3.3万空方，建设海上综合管护平台1座，成立增殖放流驯化基地1个。这些举措有利于保护该海域海洋生物资源，增强其物种多样性，促进海洋生物资源改善，有效改善海州湾渔业生态环境。

二、孕育渔文化特点的人文景观

（一）"鱼跃龙门"潮河湾

潮河湾位于江苏省连云港市灌云县杨集镇境内，南接新沂河，现为国家4A级旅游景区和江苏省四星级乡村旅游区（图5.10）。景区按照"乐游伊水畔，乡约潮河湾"的旅游规划定位，以"自然、生态、野趣"为特色，坚持"景点为纲，活动为线"的理念。景区由潮河湾滨水公园、花溪小镇、美丽乡村、渔家花湾、香味金田湾、归园田榴湾、荷溢蟹塘湾、滨河风光带、沂河淌风光带等组成，致力打造百亩葵花带、千亩水卉园、万亩油菜花等花卉景点，培育"魅力潮河"系列旅游品牌。其中潮河湾滨水公园始终坚持以亲水为主线，以休闲为目的，以生态为基础，突出强调"绿野和碧水"，将人的活动与自然生态有机结合。

图5.10　潮河湾景区

作为传统渔村，潮河湾在发展旅游业的同时也不忘传统渔业捕捞方式的传承。在风车花田东侧景区设置了扳罾捕鱼体验区。所谓扳罾，就是一种古老的捕鱼工具，它制作简单却很高效，将渔网吊入水中，待鱼游到上方时，提网，再用抄网收鱼，这就是它完整的捕鱼方式。而为了给游人带来最原生态的渔村体验，更好地向游人们展示鸬鹚捕鱼这种传统捕鱼技艺，景区将养殖的鸬鹚驯化，恢复其捕鱼的能力，使游人能够目睹鸬鹚捕鱼的精彩场面（图 5.11）。

图 5.11　驯化鸬鹚

　　景区内标志性建筑为 2017 年设计的潮河湾"鱼跃龙门"雕塑（图 5.12）。该雕塑依据灌云县经纬度坐标，同时结合功能美学和人体工程学设计而成，雕塑高度为 11.952 9 米，最大宽度为 11.925 0 米，底部宽度 3.411 45 米。这尊雕塑表达了灌云县杨集镇人民对渔文化的热爱，也寄寓了杨集镇人民逆流而上、鱼跃龙门的雄心壮志。

图 5.12　"鱼跃龙门"雕塑

（二）海州湾海洋乐园

　　海州湾海洋乐园，位于江苏省连云港市赣榆区海头镇的海州湾旅游度假区，海州湾海洋乐园总占地面积约 4 万平方米，建筑面积约 1.4 万平方米，是集科普教育、旅游观光、主题游乐为一体的大型海洋主题公园，也是国家 3A 级旅游景区（图 5.13）。海州湾海洋乐园将海洋渔业文化与海洋活体生物展览融为一体，是江苏省沿海地区展示面积最大、展示品种最全的海洋科普场馆。景区共有海底隧道、梦幻水母宫、珊瑚生物馆、欢乐剧场、萌宠乐园、两栖爬虫馆等十六大主题、七大展厅。

图 5.13　海州湾海洋乐园

　　海州湾海洋乐园馆内海水储量为 6 000 余吨，展出各类海洋生物 600 余种、1 万余尾（只）。在这里，游客可以亲密接触海洋动物，近距离参与动物喂养、游戏互动，观看完动物表演后还能摄影留念。海州湾海洋乐园配备先进的潜水装备，在专业潜水教练的指导陪同下，游客可以亲自潜入海底探险，漫步在海底隧道中，鲨鱼、海龟、鳐鱼等时而从头顶游过，各色的水母一闪一闪如同天然的画卷，抬眼望去，仿佛置身于海底世界，实在轻松惬意。

　　海州湾海洋乐园另一大特点就是可以探究连云港渔文化的历史，体验地方独特的渔文化展馆。通过木桥走进一艘木船内，渔业文化之行就此展开。进入木船，映入眼帘的是我国 20 世纪 60 年代至 21 世纪造船方式的演变图，对应的模型船也展现了我国造船技术的更新换代历程。再往展馆内深入，《渔网归港》《网中岁月》《海天岚影》《备跷采海》等照片是连云港传统渔业的缩影。秦代时，海洋捕捞开始与传统农耕分离，而徐福东渡则是黄海造船业的肇始，从柘汪造船遗址及其出土文物可以推断出，赣榆地区一带的造船业已经相当发达。新中国成立后，赣榆地区于 1954 年始建造船厂，厂址设在海头镇，为江苏省造船行业的基点厂。我们还能看见当时渔民出海捕鱼的渔具，也能看见历经岁月冲刷的渔业制品，这是一段跨越时空的交流。展馆内部设有渔俗展厅，渔民海祭的场景颇为壮观，赣榆海祭始于秦汉、兴于唐宋、盛于明清，具有悠久的历史，这象征着当地人对人海和谐的向往，对构建和谐社会具有积极意义（图 5.14）。在大厅墙壁上挂有瑰丽神奇的渔业传说，这为连云港渔业发展蒙上神秘气息。

图 5.14　渔民海祭场景

（三）具有渔文化元素的博物馆

中国的各类博物馆不仅是中国历史的保存者和记录者，也是当代中国人民为实现中华民族伟大复兴的中国梦而奋斗的见证者和参与者。连云港有很多博物馆都设有以海洋文化、渔文化为背景的展厅，以人文历史为滋养，刻画出了港城独有的渔文化气质。

1. 赣榆区紫菜博物馆

为了进一步宣传紫菜文化，赣榆区精心打造了紫菜博物馆，博物馆位于江苏省连云港市赣榆区紫菜交易中心内，展馆面积约为 500 平方米。"海珍纫紫菜，仙品渍黄精"，连云港市赣榆区凭借自身发达的紫菜产业享誉全国。博物馆以"紫菜的前世今生"为核心，立足全球产业高度，以严谨的科学视角着手，对紫菜进行了多维度的专业剖析，并借助最新的数字化交互技术，带领游客踏上一段神奇而有趣的紫菜探秘之旅。馆内以"天人合一"的视角为切入点，由此形成 4 个布展篇章，序厅"海天之子向潮而生"讲述了关于紫菜的故事，展示出紫菜的独特属性。第二展厅"紫菜文化百年传承"详细阐述了紫菜的发展历史与其相关文化。第三展厅"耕海牧菜踏浪而歌"深度诠释了紫菜具有的经济效益与价值。第四展厅为紫菜实物展示区，游人能够在此身临其境体验与创作，感受紫菜独有的魅力（图 5.15）。

图 5.15　赣榆区紫菜博物馆

2. 连云港市博物馆

连云港市博物馆成立于 1973 年 5 月 8 日，博物馆内现藏文物 1 万余件，集中展示了连云港底蕴丰厚的灿烂历史文化，是连云港的地方综合性历史艺术博物馆，也是连云港文物收藏、研究、展示和教育的中心。馆内的"西游记文化"专题陈列是国内第一个全面展示西游记文化及其相关研究的精品陈列，与连云港渔文化紧密相连。陈列板块分为"千年源流归大海""吴承恩的海州情怀""石头里蹦出一个孙悟空""《西游记》艺术品展示"四大部分。展馆通过对"玄奘西行""吴承恩的家世""《西游记》成书背景""吴承恩与连云港""《西游记》与花果山"等相关资料的论述，以图片与实物相结合的形式为观众详细展示了西游记文化及吴承恩与连云港之间的历史渊源，让观众感受到一个充满神奇色彩的西游世界（图 5.16）。

图 5.16　"西游记文化"专题陈列

馆内的"彦涵美术作品"专题陈列是为纪念艺术家彦涵而设立的艺术作品专题陈列。彦涵先生是中国最著名、最具时代精神和影响力的版画家之一。彦涵先生的创作经历也和他的故乡连云港有着深刻的联系。《活蹦乱跳的鱼》《渔港》等作品都是彦涵先生对海洋、对渔业的感悟，他将内心的思想糅合进这一幅幅渔业画作中，更形象地表现出现实情感（图 5.17）。尽管彦涵先生离开了我们，但他的作品就是历史的记录和时代的写照，也是民族精神的写照，他的每件作品都在或隐或显地指向特定的历史事件，使我们看到中国共产党领导的民族解放事业是怎样经过血与火的洗礼，逐渐熔铸为胜利的丰碑。

图 5.17　彦涵 1976 年作品《渔港》

3. 连云港市民俗博物馆

　　位于江苏省连云港市海州区，该博物馆的建筑始建于 1919 年，曾被称为"东亚旅社"，这座博物馆是民国时期砖木结构的四合院式连体建筑。博物馆通过三百余件民俗物品、近百件"非遗"展品，细致地展现了连云港地区从明代晚期至 20 世纪 40 年代的民俗文化样貌，也生动地展现了连云港沿海渔业灿烂而辉煌的发展历史（图 5.18）。

图 5.18　连云港市民俗博物馆

进入大门后，映入眼帘的是挂满院子的大红灯笼，整齐地排列在房屋两层，给人以喜庆的欢愉感受。展厅共分为两层，一楼主要是百业展厅、岁月节庆及民间信仰展厅、农耕展厅，二楼主要是渔业和盐业展厅、教育展厅、人生礼仪展厅及衣食住行展厅。其中较为重要的是木质妈祖塑像，它反映了连云港沿海地区的民俗崇拜。连云港的发展与妈祖密不可分。连云港从荒凉的渔村发展成繁荣的港口城市，是以妈祖庙的兴建为标志的。妈祖象征着沿海劳动人民对美好生活的向往，寄托了他们辛勤劳动获得丰收的美好愿景。除妈祖塑像外，展厅内也记录了连云港渔民海祭、开海的仪式，走上二楼，我们首先看到的便是渔业和盐业展厅。连云港渔业拥有悠久的历史，光是赣榆地区制造木质渔船的历史就可以追溯到秦代。千百年来，连云港渔民以实践铸成沿海渔业的发展之路。进入新时期，沿海开放数十年以来，连云港海洋经济由传统渔业向新型海洋产业转型升级。通过这些渔业器具，我们能够深刻地感受到连云港渔业发展及其变迁过程，赓续了数千年的连云港海洋渔业文化在历史长河中留下了诸多灿烂的明珠。

第二节　风情渔镇历史

渔镇是渔文化的集聚地，悠久的渔业历史和繁荣的经贸给渔镇留下了深厚的渔文化底蕴和内涵。连云港有很多独具特色的渔业风情重镇，其中较为著名的有青口镇、海头镇、柘汪镇等。

一、青口镇

青口镇地处连云港市赣榆区中部偏东，东临黄海，南临墩尚镇、宋庄镇，西接城西、沙河两镇，北连赣马镇、海头镇。行政区域面积约 87.29 平方千米，截至 2019 年年末，辖区户籍人口约 22.56 万人。

青口很久以前是一个渔村，由附近一些小村落组成。其地在汉代属青州，以"青州入海口"之意而得名，为水陆交通要道。宋元时期属金国南界，归海州府管辖。史料记载，诗人元好问从长安出发到达青口，曾在青口饮酒后作七言律诗《横波亭为青口帅赋》："孤亭突兀插飞流，气压元龙百尺楼。万里风涛接瀛海，千年豪杰壮山丘。疏星淡月鱼龙夜，老木清霜鸿雁秋。倚剑长歌一杯酒，浮云西北是神州。"明嘉靖年间，朝廷设立的盐场"兴庄场"（海头镇），曾是淮北地区五大盐场之一，岁办 25 180 引（"引"是盐的计量单位，大引 400 斤，小引 200 斤）。此后，原盐海运就成了青口港货物进出的大宗。也就是说，朝廷每年要向"兴庄场"征税盐 4 000 吨，这些海盐多从青口港运出。"紫阳之桥始见虹，青口春潮帆若鸿"，明嘉靖年间，赣榆文人董志毅曾这样描述青口港千帆竞发的繁忙景象。清乾隆六十年（1795 年）的《赣榆县志》对当时青口古镇这样描述："青口镇，东滨海，南至范家口，距城十二里，烟火万家，商贾辐辏。"《嘉庆海州直隶州志》亦云："（海州）镇三十，青口殷富。山东、山西、江南诸贾贸迁于此，海沭士民所需食货取给焉。"促进青口商业贸易极度繁荣的主要因素就是港口。《赣榆旧志》记载，当时赣榆沿海港口达 15 处之多，包括青口、获水口、柘汪口、三洋港、范家口等，另外还有秦山岛南"英、法、青岛、烟台、宁波海船停泊处"，以及青口河口外"胶州、威海海船停泊处"。这几处较大的港口，50 吨左右的木机船、小火轮可自由进出，大潮时 300 吨级铁壳船亦可畅行。货船一般由秦山岛东出鹰游门，顺流扬帆，抵太仓浏河口，直通苏沪。一时间，当地出现了"交衢杂五方之人，哄市嗅千钧之鲍"的兴盛局面。

民国三十四年（1945 年）8 月 21 日，日寇投降，青口解放。8 月 22 日，赣榆县抗日民主政府迁驻青口，以青口镇为县城主城区，隶属山东省滨海专署赣榆县。1950 年 10 月 1 日，滨海专署改称临沂专署，竹庭县复名为赣榆县，青口隶属临沂专署赣榆县。1953 年 1 月 1 日，江苏省人民政府成立，赣榆县由山东省临沂专署划归江苏省徐州专区。2 月 21 日，经江苏省政府批准，青口为县直属镇，称青口镇，隶属江苏省徐州专区赣榆县。1958 年 9 月 11 日，赣榆县所有乡（镇）改为人民公社，青口镇改为青口人民公社。1959 年 3 月 9 日，撤销城东乡建制，所属大队划入青口人民公社，两个乡（镇）合并为青口人民公社。青口镇是全国文明镇、全国千强镇、国务院首批沿海开放镇、江苏百家名镇、连云港第一镇。

2005 年，青口镇依靠自有的 5 万亩滩涂和 3 万亩浅海，开展了鱼翅、鱼皮、海参、对虾、鲍鱼、虾米、海蜇、鱼子、紫菜的养殖，并且拥有赣榆区唯一近海岛屿——秦山岛，该岛具有极高的海洋开发及旅游价值。2019 年至今，青口镇已开发 5 万亩鱼、虾、蟹、贝养殖基地，5 万亩紫菜养殖基地及 90 余家水产品育苗场，建有江苏省最大的南美白对虾工厂化养殖基地和全国首家海水养殖有机食品示范基地，是全国规模最大的水产品育苗基地，享有"育苗之乡"的美称。

二、海头镇

海头镇地处连云港市赣榆区北部，东濒黄海，南连青口镇，西临赣马镇、金山镇，北接石桥镇，是国务院首批沿海开放镇。全镇行政区域 84 平方千米，截至 2019 年年末，人口约 8 万人。海头镇历史悠久，文化底蕴丰厚，域内拥有国家级中心渔港——海头中心渔港，居民多从事渔业、盐业、农业。

史料记载，海头镇在元代末年始有人居，明代属崇义乡朱尹社，在清代为中岗站镇驻地。清乾隆五年（1740 年）青口开港后，海头也日趋繁荣，清咸丰十一年（1861 年）筑土圩，名海安寨。至民国中叶，有商船、渔船百艘，外口船数十艘，挂口货轮 10 余艘，码头栈房 10 家，货物年吞吐量约 20 万吨。1958 年 4 月建海头乡，1985 年 7 月撤乡建镇。到了 20 世纪 90 年代，海头镇充分发挥资源优势制定优惠政策，经过数年的开发，11.6 千米长的海岸带周围已经养满了对虾、斑节对虾、紫菜、文蛤等品种，浅海养殖区域基本被开发殆尽。为了实现"海上赣榆"的奋斗目标，海头镇组织技术人员对浅海海域进行了勘测，发现在 5 米等深线以内的浅海海域，蕴藏着丰富的贝类资源，要是对此严加保护，利用研究人员带来的新技术，进行自然增殖和人工养殖，就会获得可观的经济效益。对此，乡（镇）政府责成海头镇的海产公司率先进行护养示范，在它们的带动下，村民的养殖积极性高涨，在养殖区域，每天都有 30 多人、10 多条船进行管理。根据试捕情况，围养区内贝类生长情况良好，预计每亩可捕起贝类 100 千克以上，每亩利润超过 200 元。进入 21 世纪之后，海头镇已建成 1 万亩淡水、2 万亩海水、3 万亩桑园、4 万亩浅海海域四大绿色无公害生态种植、养殖经济板块及 69 家水产苗种场，育苗水体 8 万立方米，形成了梭子蟹、紫菜、蚕丝、桑茶、河蟹苗、东方对虾、南美白对虾等绿色产品。

海头镇从事渔业的人员有 3.5 万余人，全镇拥有捕捞船只 1 000 余艘，占江苏省全省的 1/5，年捕捞量超 10 万吨。2010 年以来，海头镇为了拓宽渔业销售通道，搭上了电商直播这个快车。靠着这种新型海鲜销售方式，海头镇村民走上了致富之路。2020 年，海头电商乘风破浪，年销售额过亿元电商户 2 名，过千万电商户百余名，日均发货量超过 20 万件，带动相关从业人员 2 万余人，全镇年销售额达到 65 亿元，闯出了一条渔网接上互联网的创业富民新道路，渔文化也沿着互联网开启了新篇章。此外，全镇养殖业也在稳步推进，为促进水产养殖业的健康发展，改变过去粗放的养殖方式，保护岸线生态环境，规划并建设了占地 2 000 亩的设施渔业集中区，建设工厂化育苗车间，工厂化养殖尾水集中到集中区内景观化生态处理池，经过生态净化后统一排放。

三、柘汪镇

柘汪镇位于江苏省连云港市赣榆区东北部，地处海州湾畔，204 国道、同三高速公路穿境而过，分别与山东省日照、临沂两市接壤，素有"江苏北大门"之称。镇域面积 72.3 平方千米，辖 24 个行政村，31 个自然村，常住人口 5.2 万人，流动人口近 2 万人。

明洪武初年（1368 年左右），柘汪张氏始祖张煌居于此地，因水汪边长有柘树，遂定村名——柘汪。在清末时期，柘汪是赣榆地区仅次于青口的一处经贸重地，建有大兴、大意、兴隆等商行 30 余家，从事海产品、盐、花生和土产等商品的销售。民国二十三年（1934 年），改为赣输县第六区。民国三十一年（1942 年）5 月，属芦阳区；同年 9 月，改名柘汪特别镇。1949—1952 年，属赣榆县第四区。1953 年，改为赣榆县第一区。1958 年 4 月，撤区，改置柘汪乡；同年 9 月，设立柘汪人民公社。1983 年 7 月，复置柘汪乡。1998 年，撤乡，改设柘汪镇。

柘汪镇现有西柘汪港、东柘汪港、秦家沙港、东林子港、石羊港以及响石港等多处渔港。全镇拥有渔船 800 余艘，年捕捞海产品 7 万余吨，拥有海水养殖塘口 1.5 万亩，潮间带养殖区达到 2.2 万亩，年产贝类、鲜紫菜分别达到 6 万吨、1 万吨。东部沿海地区建设了青蛤、太平洋牡蛎、梭子蟹、锯缘青蟹、九节虾 5 个千亩养殖基地，以及秦家沙、西林子等万亩紫菜加工基地。

四、连岛街道

连岛街道地处江苏省连云港市连云区东北部，东、北濒黄海，南、西南分别与连云街道、墟沟街道隔海相望，西由拦海大堤与海州湾街道相连。连岛是江苏省最大的海岛，凭借秀丽独特的海滨自然风光和别具特色的海岛人文景观，已经成为我国沿海地区有较大影响力的海滨旅游度假胜地。

连岛古称鹰游山、嘤游山，北宋地理总志《太平寰宇记》明确记载了"嘤游山，在县东北一百三里海中，去岸二十里，高二里。其山周回浮海中，群鸟翔集，嘤嘤然，自相喧哗"。这是官方对"嘤游山"（连岛的古称）地理位置和名称由来的记载。王莽始建国四年（12 年），徐州牧命工匠在东连岛羊窝头及苏马湾海边分别刻下一处界域石刻，明确了东海郡与琅琊郡的界域，这是迄今发现的我国最早的界域石刻，为国家级文物保护单位。1632 年前后，古城南城的渔民因海退，迁居鹰游山，从事海洋捕捞，这是连岛有居民的开始。清嘉庆九年（1804 年），海州知州唐仲冕主持修撰《嘉庆海州直隶州志》，书中首次记载了"东、西连岛"的地名。新中国成立初期，连岛成立互助组，即将有船有网的、没船没网的渔民组织在一起，取长补短，合伙生产的组织。1953 年，连岛成立高级社，生产工具折价入股，进行集体化生产，打破了传统一家一户的生产模式。1958年，连岛成立人民公社，集体所有制日臻完善，渔业生产发展势头日渐好转，地方造船业也随之兴旺起来。20 世纪 60 年代后期至 70 年代初期，渔业机械化带动了连岛海洋经济跨越式发展，连岛渔业生产从近海快步走向远海，渔业产量大幅上升，渔民生活水平逐渐提高。70 年代中期，大型木质渔轮的投用，加快了连岛渔业发展的步伐，北上渤海湾捕对虾，南下舟山渔场捞带鱼，生产方式由传统的张大网作业发展到围网、拖网作业，渔业经济年年攀升，渔民生活日益好转。90 年代，钢质渔轮取代木质渔轮，连岛海洋渔业生产深入日本海渔场、济州岛渔场。渔轮上都配备了雷达、电台、定位仪、探鱼仪、对讲机等先进设备。连岛街道办事处和部分村委会也安装了电台，能够全天候掌握海上渔业生产动态。渔业生产带动了海产品加工业的发展。80 年代后期至 90 年代中期是连岛海洋渔业生产和集体渔业经济空前发展的鼎盛时期，至此，海洋渔业一直是连岛经济的支柱产业。90 年代末，海洋渔业被迫下马，集体渔业经济也黯然退出历史舞台，紫菜养殖逐渐取代海洋渔业成为当地海洋经济的主要产业。经过近 30 年的发展，海州湾沿岸紫菜养殖技术已经非常成熟，连岛也已成为主要的紫菜养殖基地。当前，依托全岛海域的 10 万亩紫菜养殖基地及其他渔业资源，连岛正大力推进休闲渔旅一体化，启动海洋牧场建设，大力发展休闲观光渔业。

连岛美在海中央，海岛风情浓郁，是江苏省最美水聚落、水地标（图5.19）。2006年，连岛撤销镇建置，设立街道办事处，下辖大路口社区及西连岛、沙湾、东连岛村。2016年6月，连岛获国家海洋局评选的"全国十大美丽海岛"称号。2017年4月，连岛海滨风情小镇被列入江苏省首批旅游风情小镇创建单位。2018年3月，连岛街道被列入首批江苏省生态文明建设示范乡镇（街道）。2024年2月，江苏省连云港市连岛景区跻身国家5A级景区。

图5.19　连岛海岸等待出海的渔船

五、高公岛街道

高公岛街道隶属江苏省连云港市连云区，位于黄海之滨，是一个三面环海一面向山的半岛地域。高公岛街道地处连云区东部，东临黄海，南、西与宿城街道相连，北与连云街道相接。高公岛街道地处后云台山最东端，山体深入大海形成半岛，因此街道三面环海一面依山，山海资源禀赋独特。

高公岛之得名，因这里历史厚重，铭刻沧桑。《晋书·安帝记》记载，隆安五年（401年），农民义军败走郁洲，晋军宁朔将军高雅之征讨郁洲山今高公岛区域，被孙恩活捉，朝廷为纪念高雅之，将此地命名为高公岛。民国元年（1912年），属灌云县苍梧乡。民国十八年（1929年），属灌云县卑九区新云乡。民国二十二年（1933年），属灌云县第七区宿城乡。民国三十五年（1946年），属连云市第一区宿城乡。民国三十七年（1948年）11月，属连云市宿城区柳河乡。1949年11月，撤销连云市、宿城区，属连云港市。1951年8月，属连云港区。1952年7月，属连云区。1958年，改为柳河人民公社，属连云港办事处。1969年10月，更名为高公岛人民公社，复属连云区。到了80年代，高公岛还是个"成群鸥鹭冲波出，争买鱼虾入市喧。几处远帆归隔浦，数家破网晒当门"的滨海渔乡，老百姓世代以传统的海洋捕捞为主导产业，这时候的人们也只能够勉强养家糊口。进入21世纪后，由于海洋资源的不断枯竭和海洋捕捞的技术竞争，高公岛渔民纷纷弃船上岸。2002年，为延伸紫菜产业链和增加产业附加值，高公岛开始出现第一批紫菜加工厂，逐渐形成了集育苗、养殖、加工、销售于一体的产业模式。高公岛位于北纬34—35度，水质优良，拥有得天独厚的自然环境和气候条件，适宜的气候及独有的水温、水质条件，最适合紫菜的生长养殖。高公岛生长的紫菜厚薄均匀，富有光泽，口感细腻，具有独特的海洋鲜味，营养价值及品质远高于一般紫菜（图5.20）。

图5.20　渔民正在抢收紫菜

2016年，高公岛上集紫菜研发、加工、销售、物流为一体的紫菜产业园，截至2022年，已入驻加工企业20余家，年加工紫菜3.9亿张，创产值利税13亿元，产品远销日本、韩国、欧洲、美洲等地区。

六、燕尾港镇

燕尾港镇是江苏省连云港市灌云县的沿海城镇，地处灌云县东部。东、东北濒临黄海，东南与江苏省盐城市响水县灌东盐场陈北工区相邻，南与江苏省连云港市灌南县堆沟港镇、江苏省盐城市响水县陈家港镇相接，西南、西与灌西盐场交界，北与江苏省连云港市连云区徐圩盐场隔埒子河相望。燕尾港位于被誉为"苏北黄浦江"的灌河的入海口，是江苏省唯一的海河联运港口。燕尾港在2023年被列入全国综合实力千强镇、全国"2023年镇域经济500强"。拥有国家一级渔港和一类口岸，渔业资源十分丰富，渔业以水产养殖和海洋捕捞为主。可用于水产养殖的海域面积73.3平方千米、滩涂面积32.2平方千米、淡水水面面积27.3平方千米。

燕尾港的历史最早可以追溯到清代。清宣统三年（1911年），设海运处。民国十年（1921年），设牙盐公司。民国二十一年（1932年），属灌云县第六区海燕乡，名燕尾村。民国二十四年（1935年），设为燕尾乡。民国三十七年（1948年），改设燕尾镇。1953年4月，属新海连市陈港区。1958年12月，划归灌云县，属燕尾人民公社。进入20世纪80年代，随着改革开放的深入和社会主义市场经济体制的建立和逐步健全，渔民也迎来了发展的好时机。1986年，燕尾港成立渔业捕捞公司，木质帆船改为机帆船，使用国家提供的无息贷款购置钢质渔轮，这一时期的渔民得以从近海捕捞走向远洋捕捞作业。1998年11月，改名为燕尾港镇。进入21世纪，随着国家对渔业生产扶持力度逐步加大，燕尾港经考察被确定为国家一级渔港，并且在政府及有关部门的支持下，燕尾港的渔业得到不断发展壮大。燕尾港开山岛及周围海域盛产毛虾，不仅品相好，而且产量高。2023年伏季休渔期间，燕尾港实现毛虾捕捞产量2 211.66吨，直接经济效益约8 000万元，带动加工、餐饮、住宿、船具与网具修理、加油等相关产业联动效益约4.3亿元，受益人口1万余人。此外，依海煮盐，古已有之。《灌云县志》记载，清宣统三年（1911年），公济制盐公司在天生港（今燕尾港）设立海运处，建立盐坨。清末民初，一些民族资本家独具慧眼，在这片芦蒿满地的荒野上，匡圩铺滩，历经沧桑，盛产之淮盐驰名中外，成为行业之翘楚，造就了辉煌的盐文化（图5.21）。

图5.21　燕尾港盐滩

七、新安镇

新安镇隶属江苏省连云港市灌南县，东与三口镇、百禄镇为邻，南邻新集镇，西面与李集镇相接，北与张店镇隔河相望。新安镇是灌南县政治、经济、文化中心，县政府驻地。

新安镇境内在夏商时期为古徐州的属地。春秋时期属于鲁国。战国时期，鲁顷公二十四年（公元前256年），鲁国为楚考烈王所灭，原鲁国地归楚国。汉武帝太初四年（公元前101年），汉武帝封李广利为海西侯，新安镇为当时海西的域治所在。明崇祯九年（1636年），朝廷将张店镇之南的悦来集正式命名为新安镇。清雍正二年（1724年），海州升为直隶州，新安镇隶属海州直隶州。1958年9月，改为新安人民公社。1960年2月，撤销硕湖人民公社，其辖区并入新安人民公社。同年4月，成立新安人民公社与新安镇分社。1962年8月，复为新安镇。2001年5月，硕湖乡并入新安镇。

近年来，新安镇依托当地丰富的水资源优势，大力发展螃蟹养殖，走出了一条生态养殖的富民路，现已成为有名的螃蟹养殖特色镇。新安镇境内河流密布，水资源丰富，适合水产养殖。该镇把螃蟹养殖作为特色主导产业，在政策、技术、资金上给予倾斜，大力发展生态、高效、优质、品牌化的绿色生态水产养殖。在发展特色养殖过程中，该镇还采取"基地＋合作社＋农户"等多种经营模式，不断扩大特色养殖业规模。全镇已建成标准化虾蟹生态养殖基地2万余亩，生产的硕项湖大闸蟹每年产量超过900吨，产值为1 300多万元，平均亩收入超6 000元。

八、石梁河镇

石梁河镇隶属江苏省连云港市东海县，地处东海县北部，东隔新沭河与赣榆区沙河镇相望，南与东海县黄川、青湖两镇交界，西与山东省临沂市临沭县大兴镇毗邻。石梁河镇原属赣榆区，抗日战争时期被划入东海县，先后属磨山区、十一区、九区、七区、八区、五区。1957年，置树墩乡。1958年，属黄圈人民公社。1960年，从黄圈人民公社析出，成立树墩人民公社。1961年，公社驻地由树墩迁至石梁河水库南岸，改名石梁河人民公社。1983年，改置石梁河乡。1994年，撤乡，改置石梁河镇。

这里有江苏省最大的人工湖——石梁河水库，位于该镇北侧。石梁河水库最大水域面积90.9平方千米，集水面积1.54万平方千米，总库容5.26亿立方米，调洪库容3.24亿立方米，最大库容2.34亿立方米，是集调洪、蓄水、灌溉、发电等功能于一体的大型水库。水库野生淡水鱼年捕捞量达2 280吨，其中银鱼年捕捞量达32吨。20世纪90年代中期起，石梁河水库网箱养鱼逐渐盛行起来，养殖区域一度占到水库水面的3/4。许多农户通过网箱养鱼也获得了一定的经济效益，提高了生活水平。但是这种情况并没有维持多久，高强度开发之下，石梁河水库水体被污染。2019年，连云港开始推进水库综合整治工作，清退散乱养殖网箱，推行"人放天养"的大水体自然生态养殖模式，科学适度地布设新型网箱和平台，既保护了水库的生态环境，又做到了惠及库区周边村镇和群众（图5.22）。

图 5.22　石梁河水库养殖网箱和鱼苗投放

第三节　美丽渔村历史

　　渔村即渔民聚居的村庄，渔村是渔业文化保护的重要阵地，当地渔民则是渔业文化传承工作的重要接班人。连云港有很多这样的渔村，其中比较著名的渔村有西连岛村、柳河村、西墅村、韩口村、东林子村、太平村等。一方面这些渔村正在开拓新的产业格局，改善了渔村风貌；另一方面这些渔村也在探索保护渔村传统文化的方法。

一、西连岛村

　　西连岛村隶属江苏省连云港市连云区连岛街道，北邻国家级中心渔港，东临海州湾国家级海洋牧场示范区，南邻大沙湾浴场，资源禀赋独特，四面环海，属于季风性海洋气候区，环境优美，景色宜人。西连岛村是渔民居住区，以全国最长的（长度为 6.7 千米）拦海大堤与连云港东部城区相连，独特的渔村风貌体现出浓厚的渔家风情，因渔而建、因渔而兴，西连岛村也因盛产海鲜而驰名。

　　清乾隆二十七年（1762 年），"九姓十八家"进岛，定居连岛西山，清嘉庆八年（1803 年），《嘉庆海州直隶州志》首次记载了"东西连岛"的名称。新中国成立后，渔民在合作社进行集体生产，生活虽不富足但其乐融融。1952 年，市水产科在连岛组织渔民建立互助组，带头人谭保庆积极响应政府号召，第一个把自家网具献出，并动员其他渔民参加，成立连岛第一个渔业互助组，谭保庆任组长。当年秋季，渔业生产获得丰收，组员收入比同村单干户收入高出一倍。1954 年，谭保庆把第一互助组、第三互助组组成连岛第一个渔业生产合作社——连岛"八一"渔业生产合作社，谭保庆任社长。这是苏北地区最先成立的渔业生产合作社。在这之后谭保庆坚持领船出海，亲临生产第一线，他还组织渔民开辟了开山渔场。1956年，谭保庆获"全国劳动模范"称号，受到国家、省、市、区四级嘉奖。1958年10月，西山大队开始学习海带养殖（图5.23）。

图 5.23 西连岛村渔民从事海带养殖工作（拍摄于20世纪60年代）

20世纪70年代至80年代，是海带养殖的高峰期，各生产队进行海带集体生产、集体收割、集体晾晒，据说那时到处是腌制晾晒的海带，甚至会被堆成小山一般高。经过简单加工的海带大部分被连云港水产经销公司收购进行销售，另一部分被运往外地出售，他们首先打响了连岛的海产品招牌。20世纪90年代，江苏省劳模、海上渔业支部书记武可春带领渔船集体出海。2001年西山村与东山村合并，称"西连岛村"。2017年，西连岛村荣获连云港市美丽乡村建设先进单位。改革开放四十年的艰难奋进，实现了连岛的振兴，才有了今天一步一景的魅力西连岛。渔业生产也逐渐有了新的发展势态。紫菜养殖和太平洋牡蛎养殖取代捕捞业成为海洋经济的主要产业。至2019年，西连岛村紫菜养殖面积已增至12万余亩，并且拥有一套独立完整的紫菜生产、加工的产业链。近年来，西连岛村围绕全域旅游深入推进渔文化发展，围绕"渔时、渔市、渔节、渔趣"做文章，深入挖掘乡土人才资源，打造优秀乡土人才工作室，新建渔文化展示交流平台，筹办渔家特色文化艺术节，为传统文化注入时代内涵，树立起海岛本土文化的金字招牌。以"省级旅游村"为契机，2019年围绕"乡村民宿的蝶变"这一主题，开展46户礁石湾民宿区的提档升级工作，完成西连岛村后山民宿区山体绿化100亩；修建占地48亩的海鲜美食广场；修建海洋牧场浮码头，大力发展万亩牡蛎养殖，并依托2 500平方米的海鲜美食超市进行海产品展示销售并开展美食体验。西连岛村牢牢把握推进城乡一体化这条主线，努力把西连岛村建设为渔岛美丽生态村。

近年来，西连岛村发展迅速，现已建成500平方米的海上休闲平台，即集垂钓、网箱贝类采集、烧烤、近海观光等于一体的海上休闲鱼排。依海滨建设占地51亩的海鲜美食广场，在渔港之畔次第排开，绵延千米。同时又配套了300米长的网红浮桥及 200 平方米的全球海鲜直播基地。

二、柳河村

柳河村位于江苏省连云港市连云区高公岛街道南侧，东北与高公岛村相接，南与江苏田湾核电站相邻，三面环山，一面临海，辖区面积 3.5 平方千米，山林面积 5 000 亩，其中国家级自然保护区 450 亩，有红楠、梧桐、蜈蚣草等珍贵植物资源，有石龙头、万雀书、文笔峰、无梁店等自然、历史文化名胜，自然风光优美、文化底蕴深厚。

早在夏代，大禹治水后，划天下为冀、兖、青、徐、扬、荆、豫、梁、雍九州，高公岛及周边包括柳河村都属徐州。三国时期，此地属魏国东海郡，黄初年间（220—226 年），魏文帝曹丕将东海郡改为东海国，此地属东海国朐县。明洪武年间（1368—1398 年），海宁州改为海州，隶属淮安府，此地属淮安府海州东海郡。清康熙六年（1667 年），从江南行省中划出江苏省和安徽省，此地属江苏省。清雍正二年（1724 年），海州划为直隶州，直隶江苏布政司，此地属海州东路镇。民国元年（1912 年），此地属灌云县，连云区设苍梧、苍梧北、郁林、新县、墟沟 5 个乡，此地属苍梧乡宿城村。

中国人常用"年年有鱼"来寄托对美好富足生活的向往。20 世纪 20 年代左右，柳河村是个"成群鸥鹭冲波出，争买鱼虫入市喧，几数家破网晒当门"的纯渔村，村民世代以传统的海洋捕捞为主导产业。1949 年 11 月 25 日，新海连特区专署被撤销，成立市政府，此地属江苏省连云港市新乡区柳河乡，1953 年的档案记载：柳河村人口 412 人，土地 180 余亩，渔船 13 只，商船 2 只，大小网 98 条，船舶吨位小、渔业工具原始落后，村民的生活水平低下。20 世纪 80 年代以后，特别是渔村实行联产承包责任制以后，柳河村才从低产落后中解脱出来。从此海洋渔业走上了突飞猛进的发展道路，到 90 年代中后期，柳河村共有大小船只 300 多艘，摆脱了原始落后的捕鱼方式，捕捞品种和规模不断增加，包括梭子蟹酸鱼、鲅鱼、小黄鱼、白姑鱼、鲈鱼、带鱼、毛虾、黄卿、鲅鱼、金乌贼等多种品种。捕捞能手们捕捞一船梭子蟹就可以获得五六十万元的利润。90 年代末期，随着海洋资源的减少和捕捞技术的竞争，捕捞的种类和品种却不断下降，从事捕捞的村民年年亏损，寻求新的发展方向势在必行。2000 年，由于海洋资源不断枯竭，很多捕捞专业户转向海洋养殖，村民瞄准海带、对虾、紫菜养殖，特别是紫菜养殖，百亩紫菜一季下来可获得五十多万元的收入，村民纷纷弃船上岸，转战紫菜养殖（图 5.24）。为了规避风险和更好地发展生产，柳河村村集体不再直接从事海上养殖生产，而是将集体养殖海域和养殖工具发包给村民，在传统的紫菜养殖基础上，不断引进和推广羊栖菜、紫贻贝、太平洋牡蛎、毛蚶等养殖新品种。到 2015 年年底，柳河村拥有育苗厂（公司）17 家，育苗池 31 个，育苗水面面积 13 450 平方米，育苗用贝壳 150 吨。每年能为紫菜养殖户提供育苗服务，每年仅育苗收入就有 800 多万元。

图 5.24　柳河村村民采收紫菜

2016 年，为做强紫菜养殖这一优势产业，在柳河村村委会的领导下按照统一的标准布局厂房、统一集中供热、统一污水处理，建设紫菜产业园，园区占地面积 260 亩，由研发、展示、育苗、加工、交易五大功能区组成。多年来，柳河村依靠创新升级，打造出紫菜全产业链，确保了从紫菜源头到终端的全程可控。

三、西墅村

西墅村位于江苏省连云港市连云区海州湾街道，处在黄海之滨，一面倚山，三面环海，风景秀丽，环境优美，是一颗照亮海州湾畔的黄海明珠。

500 多年前，西墅村东西两侧山坡上到处都是光滑的大崖石头，特别是西面小山上寸草不生，如同一片石头的海洋。它的方位又在墟沟地区最西边，时间长了自然地被称为"西石"。清康熙十六年（1677 年）宣布"复海"后，西石村人口逐年增加，自然形成了一个有规模的村落。两淮盐运使缪秋杰来此地时，看好西石村的优美环境，决定在西石村建别墅，后因盐务上层政局变化，别墅没有开工就终止了，但是留下了地名，"西石"由此变成了"西墅"。

新中国成立之前，西墅村村民生活条件艰苦，许多家庭甚至每天都很难吃上一顿饱饭。然而在 1953 年，生活翻开了崭新的一页，这一年村里建立了党小组，并果断地带领广大渔民发展渔业生产互助组，全村 600 多名贫苦渔民纷纷加入，生产激情空前高涨，家家户户捕来的鱼多得吃不完，渔民身边的大海变成渔家人的"聚宝盆"。1958 年，西墅村成立了党支部，带领全村渔民将生产往远海延伸，捕鱼产量从 60 多万斤迅速增长到 90 多万斤，而且逐年增加。1975 年，西墅被评为"全省渔业学大寨"先进单位，获得"海上大寨之花"的美誉。然而海洋资源总会枯竭，时任党组织班子看到了传统海洋捕捞的危机，毅然带领广大渔民向海水养殖业发展，掀开了西墅村紫菜养殖的新篇章。西墅村有数万亩近海滩涂，具有养殖紫菜的天然优势。1992年，在党员的示范带动下，党支部带领村集体及渔民纷纷搞起紫菜养殖，规模产量几年内不断扩大。到20世纪90年代末，村民人均年收入达到5 000元。随着沿海地区纷纷开展紫菜养殖，西墅村党组织在科技创新中寻找出路，带领技术人员开展紫菜插杆养殖和机械采收，使工效提高了20余倍，紫菜养殖效益实现了跨越式倍增。紫菜的采收方式创新也获得了国家专利。同时，西墅村党组织带领全村走紫菜产业化路子，逐步拥有紫菜加工机31台，二次加工机4台，各种规模紫菜生产加工企业10余家，产品全部销往我国台湾及东南亚、日本、大洋洲、韩国等地区，年销售额近亿元，被誉为"全国紫菜第一村"（图5.25）。2001年，在维持民心稳定的基础上，西墅村投入3 000多万元，征地600多亩，在板桥建起工业园区，大力促进鑫海、力联、力昊、力鑫、力生等集体性加工企业发展，同时在近海扩大紫菜养殖面积，继续培育特色产业，实现了全村经济的"生产有序，销售有路，安全有数"，村集体经济发展得如火如荼。

图5.25 连云港紫菜开割头茬鲜菜

时间来到了2020年，这时全村4.6万亩滩涂有一大半都用来养殖紫菜，密度过高造成海水营养不足，使得紫菜的产量和品质双双下行，产业链受到严重冲击，而港口兴修码头、重修大堤等措施，又切断了对西墅村近海养殖进行结构调整的退路，于是西墅村痛定思痛，决定转型，提出了"向深、向多、向融"的口号。"向深"即将养殖区域由浅海迁向深海，"向多"即在近海进行贝、藻、鱼、虾、蟹等多种海产品的生态养殖，"向融"即发挥海洋资源优势，融合发展旅游服务业。在该口号的引导下，西墅村不断朝着生态可持续方向发展。

四、韩口村

韩口村隶属江苏省连云港市赣榆区石桥镇，位于黄海之滨、海州湾畔，作为连云港离海岸线最近的村庄，自然资源优越，韩口河穿村而过，韩口港功能齐全，拥有一河贯三港（韩口河贯穿避风港、新港、九龙港）的特殊水陆景观。

据考古调查，在 6 000 年前韩口村就有人类居住，这里草木繁茂，麋鹿成群，是物阜民丰、生机勃勃之地。后历经天灾人祸，特别是宋元时期的数次大地震，变成了汪洋大海，纪鄣城和石头城相继沉入海底。明初水渐渐褪去，逃荒躲避战乱的流民逐渐来此开荒，繁衍生息。最先到韩口的是韩姓人，在一个蟹形沙丘上，搭起一间草棚，开荒种地，捕捉海滩上的鱼、虾、蟹、贝充饥生存。到明天启年间，杨氏、盛氏陆续迁来住。尚氏在乾隆年间，从九里迁入韩口。其他姓氏近百年来陆续到韩口扎根。一直到当地解放前，建村已有 300 多年，韩口村仅有 120 多户，人口不足 900 人，只有 100 多间草房，人均居住面积不足 2 平方米。最好的家庭房子也只是四青拐子茅草屋，房子上一片瓦也没有。

当地解放后，广大村民第一次当家作主。战天斗地的热情高涨。筑海堤、栽防护林、拓宽港湾、取直河道。1957 年时还成立了韩口乡，修 204 国道、建盐滩、将庄东 500 多亩的芦苇荒滩改造为优质盐田。同时村里开始试着探索人工养殖海带，养殖面积大约有 1 万亩，壮大了村集体经济。随着渔船、渔具不断更新发展，韩口村海洋捕捞的规模、品种、产量有了较大的提升，海洋捕捞设备基本实现了机械化和半机械化作业（图 5.26）。1983 年，韩口村人不满足传统捕捞业，敢为人先，开始进行梭子蟹、对虾人工养殖，短短 35 年内从单一的梭子蟹、对虾养殖逐步形成集育苗养殖、销售冷藏为一体的科学发展模式。2003 年，石桥镇梭子蟹养殖基地被科学技术部列入星火计划，韩口村的梭子蟹养殖基地也得到了重视。与此同时，韩口村也在大力发展浅海海域紫菜养殖产业，实现了紫菜养殖、加工一体化，年创经济效益 2 000 万元，并获得了江苏省无公害水产品生产基地认定证书。2008 年，为了更好地促进海产品的流通，韩口村建立了海鲜贸易批发大市场，总投资 200 万元，占地面积 1 万平方米，建设钢架大棚 6 000 平方米，各类批发商铺 22 家，海产品年销售量突破万吨。

图 5.26　停靠在港口的渔船

近年来，韩口村依托渔港，大力发展海产品贸易，并形成了苏北、鲁南地区规模比较大的海产品交易市场，各种海产品年交易量达数百万吨，目前正在升级打造国家级海产品交易市场。海产品养殖业是该村的传统产业和重点支柱产业，主要养殖品种有对虾、泥鳅、梭子蟹、半滑舌鳎、河蟹、紫菜以及各种贝类等，养殖面积 5 000 多亩。同时，发达的海产品养殖业和海洋捕捞业为该村水貂、狐狸等毛皮动物的养殖提供了大量的低值鱼类饲料资源。目前，韩口村水貂、狐狸等毛皮动物的饲养已经发展到 3 万多头的规模。

五、东林子村

东林子村位于江苏省连云港市赣榆区柘汪镇，向北 3.5 千米是江苏、山东两省界河秀针河，南临海州湾，东与响石村为邻，西与中林子村相连。东林子村是渔业生产专业村，全村有人口近 3 000 人，土地总面积 4.1 平方千米、耕地 1 600 亩、滩涂面积 2 600 多亩，并拥有自己的渔港以及 60 多艘渔船。

夏商时，林子地区属徐州。公元前 473 年，越国灭吴北上，徙都琅琊，林子地区归越。晋代时，晋武帝于太康元年（280 年）复立赣榆，林子地区属东海郡。明洪武十七年（1384 年）设安东卫，位于安东卫城西 6 千米处的林子铺（林子村的前身）为安东卫属地。至清康熙初年撤卫，林子铺仍隶属赣榆县北乡，后来直至清末民初，林子铺都受赣榆县汾水镇管辖。而林子铺分为 3 个林子村，是清康熙七年（1668 年）大地震以后的事。1934 年至 1941 年 8 月，赣榆实行县、区、乡、村建制，东林子村受赣榆县第六区林石乡管辖。1949 年之前，该村渔业萧条，大型船只、网具较少，多在浅海小捕小取。1950 年年初，撤销庐山县，东林子村回归日照县汾岚区。新中国成立初期，政府十分重视渔业生产，发放低息贷款扶持村民购买船只、添置网具。该村开始添置大小不等的木帆船，渔业生产就此渐渐发展起来。其中值得一提的是，1952 年孙培航、王安帮、李宗臣等多家合伙从射阳买来一条大风船，船名"大姑娘"，改造后载重 42 吨，取名为"公大兴"。1956 年，高级农业合作社成立，船只、网具统归集体所有。渔业生产由村集体统一经营管理，同年春，村高级农业合作社集体出资，利用"公大兴"到青岛灵山捡回"三合顺"散板后将散板重排成新船，将新船定名为"公三兴"。1958 年，成立人民公社后，公社成立了渔业部，统一收购海产品销往外地。20 世纪 60 年代初，成立东林子大队渔业生产队，把原来的船只及生产网具折算，归东林子大队渔业生产队经营管理。在这段时期，东林子大队渔业生产队掌握有 3 艘大帆船和 4 艘小木船，大帆船可以直接用于海上运输，小木船经过整修改装，根据船体的大小安装上不同马力的机器，可以进行简单的近海捕捞作业。70 年代初，东林子大队渔业生产队在海头造船厂修造了两条 60 马力的大机船，从此生产队有了机船，李明立、孙培恩等也成了最早的机船船长。与此同时，该村的养殖产业也在快速发展，尤其是特种动物养殖迅速兴起，主要品种是水貂。东林子大队渔业生产队为了带动村民致富，首次购进了 80 头母貂、20 头公貂进行饲养，将它们分散在几个家庭养殖户，每个家庭养殖貂 4 头左右。当时的貂皮价格较高，一张貂皮可抵一头 200 斤重的肥猪，效益可观。80 年代左右，东林子大队渔业生产队的船只数量实现快速增长，且大小船只都实现了机动化。为了提高渔民的经济收入，东林子大队渔业生产队又增添了副业生产项目，养殖海带、贻贝等。90 年代左右，东林子村 63 条大马力渔船年捕捞总收入为 2 421.2 万元。养殖业又增添了文蛤、白蛤、对虾、青蛤等品种，由于青蛤在该村的适应性强、品质好、效益高，被评为"柘发牌"国家级无公害农产品。进入 21 世纪后，渔船以家庭独资建造为主，木质渔船逐渐更换为钢质渔轮；捕捞队伍也逐渐壮大，海洋捕捞成为主要产业，吸纳了周边大量打工者，对东林子村的经济发展做出了巨大贡献（图 5.27）。

图 5.27　东林子村村民正在滩涂上采挖贝类

2017 年至今，全村已有各种型号海洋捕捞船 60 多艘，年各种海产品捕捞产值近亿元。随着东林子村捕捞业的不断发展壮大，东林子村已渐渐成为苏北、鲁南地区规模比较大的海产品集散地之一。水貂养殖是东林子村的又一传统产业，特别是随着东林子村捕捞业和养殖业的不断发展，该村水貂的养殖规模不断扩大。全村各种毛皮动物的饲养量已经超过 10 万头。紫菜养殖与加工是东林子村的一项新兴产业，并形成了从紫菜育苗、养殖到一次加工、二次加工的完整产业链。

六、太平村

太平村位于江苏省连云港市海州区浦南镇，面积 2.3 平方千米，耕地 3 400 亩，徐连、宁连高速相交于此，204 国道贯穿其中，交通十分便利，地理位置十分优越，是一个渔家风情浓厚的秀美村庄（图 5.28）。

太平村 500 多年前只是个以近海捕捞为生的小渔村，20 世纪 20 年代末至 30 年代中期，太平村的海洋捕捞业兴旺发达，当时有黄花渔船 48 艘，单艘吨位在 50～100 吨。黄花渔船一季捕捞黄花鱼，一艘船可获得 2 000 块银元的收入。民国二十六年（1937 年），日军入侵，国民党政府假借抵御日本侵略者从临洪河河口登岸，强行下令将太平村"38 条黄花浪子"全部沉入临洪河入海口，太平渔业步入低谷。民国二十七年（1938 年），国民党军队强行征调大船运载石块至海口海边沉船，以阻止日军登陆，致使船主将大船卖掉，船工失业。日军侵占东海后，封锁海面，敲诈勒索渔民，太平仅存二三十条小破船，难以到深海作业。日军投降后，海洋捕捞业有所恢复。

新中国成立后，党和政府大力支持发展渔业生产。1951 年，太平村成立渔业互助组。1953 年，渔业互助组扩大到 6 个组，共有 27 条船，船工 128 人。1955 年年底，成立渔业合作社，有船 80 多艘，船主将船、网折价入股分红。1960 年，渔业合作社添置 4.5 千瓦机动渔船 2 艘。1965 年，渔业合作社拥有机船 27 艘，平均每艘船的主机功率为 12.75 千瓦，总吨位 583 吨；用具全部尼龙化，有勒鱼、马鲛鱼渔网 1 000 条、底拖网 24 条、马虾网 3 000 条、提网 1 000 条，总价值 300 万元。

图 5.28　渔民在码头放置渔获

1975—1977 年，太平村建造船厂，自造木质渔轮 2 艘。1978 年后，船只不断更新，大船作业机械化，配有探鱼器、定位仪、电台等。1982 年，建造钢壳船 1 对，购买 1 千瓦木质渔船 1 对。1989 年，建造 1.4 千瓦钢壳渔船 4 对、2 千瓦钢壳渔船 4 对，大大提高了生产力。1990 年，捕捞量 5 100 吨，相当于 1985 年的 3.85 倍。由于大功率渔船增加，海上作业范围扩大，北至渤海湾、南至舟山渔场、东至济州岛附近都是太平村渔民的海上作业范围。加速了外海资源的开发。1988 年，太平村渔船获鳀鱼 1 600 吨，而太平村被农业部水产司指定为鳀鱼资源开发试点单位之一。1990 年 1 月，太平渔业公司成立，全公司 1 500 人，其中从事海洋捕捞的有 480 人；拥有船只 74 艘，45.7 千瓦，吨位 2 536.6 吨；配有容量为 650 吨的冷库及鱼品加工厂、船舶修造厂、网具加工厂等，总固定资产 2 500 万元。2012 年，由于三洋港节制闸开工建设，太平渔船出海的唯一通道被掐断，数百年海上捕捞历史至此终止，太平渔业这一支柱产业不复存在，与渔业相关的企业也随之倒闭，一时间，太平村的经济发展陷入了困境。

近年来，太平村将绿色发展作为立村之本，村里先后把 2 220 多亩耕地进行流转，采取"基地＋合作社＋农户"模式，带领群众走生态发展之路，村里的特色生态农业遍地开花，特种养殖业（养殖貂、狐等）由庭院养殖变为规模养殖。太平村先后荣获省级生态村、省美丽乡村示范村、康居示范村，2018 年入选江苏省第三批特色田园乡村示范村，2020 年又上榜国家森林乡村。

第四节　特色渔港历史

渔港既是渔业安全生产的重要基础设施，又是开发海洋生物资源的重要基地和枢纽，从古至今，渔港都与渔民的生活息息相关。连云港有很多具有悠久历史的渔港，比如海头中心渔港、青口中心渔港、三洋渔港连岛中心渔港、高公岛渔港、燕尾港渔港等。

一、海头中心渔港

海头中心渔港位于江苏省连云港市赣榆区海头镇龙王河下游，潮水涨落平均历时 12.42 小时，其中涨潮历时约 4 小时，落潮历时约 7 小时，高潮息流约 0.42～0.5 小时，低潮息流约 0.5 小时。远岸平均潮差小于 3.1 米，近岸大于 3.1 米，平均高潮间隙时间为 6～7 小时。所在地水路交通便利，水路南距连云港港 20 海里，北距日照港 15 海里，水路可通达全国沿海各港口，具有十分优越的地理位置和交通环境。港池长 3 200 米，平均宽为 150 多米，港内水域面积为 50 多万平方米。是赣榆区历史悠久的群众渔港，同时也是江苏省五大群众渔港之一（图 5.29）。

图 5.29　海头中心渔港的渔船归"巢"休渔

海头中心渔港面对海州湾渔场，东临连青石渔场，南临大沙渔场、吕泗渔场、舟山渔场以及长江口渔场。渔船主要作业区域为：大马力渔轮以连青石渔场、吕泗渔场、舟山渔场以及周边海域为主；100马力以下渔船主要在近海渔场作业。本地区渔业资源丰富，鱼类品种众多，主要经济鱼类有带鱼、马鲛鱼、鲳鱼、大小黄鱼、鳓鱼等，近海盛产梅童鱼、凤尾鱼、黄鲫鱼；虾类有中国对虾、鹰爪虾、大白虾、毛虾等；蟹类有梭子蟹、小蟹等；滩涂贝类有文蛤、青蛤、四角蛤、泥螺、牡蛎等；藻类养殖品种主要为紫菜。每年8—9月，近海海蜇资源十分丰富。

二、青口中心渔港

青口中心渔港是江苏省苏北地区第一个国家中心渔港，位于连云港市赣榆区青口镇青口河下游，东濒海州湾，南接连云港港，北靠日照港、青岛港。青口河是赣榆区境内最大的河流，下游入海口水域宽广，建港自然条件十分优越，可同时供1 000余艘渔船卸货、补给、维修和避风（图5.30）。潮水涨落平均历时12.42小时，其中涨潮历时约4小时，落潮历时约7小时，高潮息流约0.42～0.5小时，低潮息流约0.5小时。远岸平均潮差小于3.1米，近岸大于3.1米，平均高潮间隙时间为6～7小时。

图5.30　青口中心渔港的渔船出海开始捕捞作业

在明代中晚期，青口港即为海州湾沿岸的一个重要港口，当时以渔业产销为主，货运为辅。清顺治十四年（1657年），清政府实施海禁政策，严令"片帆不得入海"，康熙二十一年（1682年）后一度解禁，但至康熙五十七年（1718年）复禁，雍正年间（1723—1735年）海洋政策亦有反复，直至乾隆五年（1740年），政府方才允许货运，于是青口地区有能力的人便置办海船载豆饼至苏州等地，并将苏南的布匹、丝绸等运回，至于渔业运销更是繁荣。清中晚期直至连云港港口修建之前是青口港发展的黄金时期，粮油是青口港贸易大宗，仅新泰、蒙阴、费县3地每年运到青口的生油就达到120多万篓；开封的绿豆、商丘的西瓜子、周村的布匹、地方的盐、各类海产品也经过青口港运到上海、宁波等地。

为保证渔业生产需要，从2003年起，经农业部批准，赣榆区和青口镇两级政府启动青口渔港建设工作。一期工程于2003年7月完成，建成的青口渔港位于赣榆区东侧青口河下游，为国家一级渔港，港口港区总面积约1.8平方千米，陆域面积约1.2平方千米，平均水深3.2米，全长约6.1千米，能同时停泊大小船只约2 000艘，每年水产品交易量约20万吨，年交易额近10亿元。为了推动该地的经济发展，也为了方便往来的渔民及渔船，青口镇积极为青口渔港申报国家中心渔港，经过不懈努力，2005年，青口渔港被国家发展和改革委员会、农业部正式批准为国家中心渔港。这是继南通吕四渔港、如东洋口渔港之后被国家有关部门批准的江苏省第3个国家中心渔港，也是苏北地区第一个国家中心渔港。

三、三洋渔港

三洋渔港位于江苏省连云港市赣榆区临洪河的入海口处，港区东至临洪河的东海堤，西至临洪河的西海堤，南至付河翻水站，北至三洋翻水站，与连云港市区隔河相望，是国家二级渔港。潮水涨落平均历时12.42小时，其中涨潮历时约4小时，落潮历时约7小时，高潮息流约0.42～0.5小时，低潮息流约0.5小时。远岸平均潮差小于3.1米，近岸大于3.1米，平均高潮间隙时间为6～7小时。三洋渔港水深、岸长、锚地充足、港地宽阔，是江苏省十大深水渔港之一，同时也是赣榆区唯一能停泊远洋船舶的渔港（图5.31）。

图5.31　三洋渔港的渔民正在对入港渔船进行卸载蜢蚱作业

该渔港最早的历史可以追溯到 1930 年，当时青口镇决定在青口的东南建造一个码头，长约 60 米，码头的建成大大促进了当地经济的发展。但是好景不长，到了翌年夏天，由于接连的暴雨侵袭和潮水冲击，当时连接码头与陆地的石桥被冲毁，码头附近也被流沙淤堵，大量轮船无法靠岸，致使三洋渔港码头昙花一现。

后来渔港由国家拨款 37 万元、地方自筹 23 万元建设完成，有宽×长为 8 米×30 米的浮码头两个，港区总面积 75 万平方米，其中水域面积 35 万平方米，陆域面积 40 万平方米，航道总长 2 500 米，宽 100 米，无障碍物。大潮最大水深 7 米，最小水深 3 米，常年由临洪河排淡水冲淤，是赣榆唯一的航道不淤、船舶不搁浅的深水渔港。赣榆区宋庄镇的渔船避风、渔船卸货、物资供应也都依赖该港。

四、连岛中心渔港

连岛中心渔港地处江苏省连云港市连云区东部的西连岛海湾，西大堤贯通后与大陆连通，海、陆、空运输便利，该渔港以东西连岛为屏障、西大堤为掩护，是一个优良的避风港湾。连岛中心渔港临近商港区，连岛作为港湾的天然屏障，受强风浪影响小，历年为在海州湾渔场作业的渔船避风的重要场所，遇有台风影响海上作业的季节，云集港湾的大小船只最多可达上千艘（图 5.32）。

图 5.32　连岛中心渔港停泊的渔船

连岛渔港建设项目由连云区政府和连云港市水产局于 1991 年开始申报，1992 年 1 月 15 日，连云港市政府发文批复，将此渔港定名为"连云港连岛渔港"。1992 年 4 月，完成可行性研究。1992 年 9 月，连云港市计委、连云港市水产局联合上报江苏省计委、江苏省水产局着手实施渔港立项工作，得到了江苏省计委、江苏省水产局的认可与支持。1995 年 10 月 16 日，江苏省渔港监督局正式向农业部渔业局提出将连云港连岛渔港作为江苏省"九五"期间重点建设的一级渔港的报告，同年 11 月，江苏省水产局局长来连岛渔港考察，认为这里建港条件优越。1997 年 4 月，在江苏省水产局、江苏省渔港监督局的大力支持和关心下，连岛渔港建设计划通过了国家渔港评审委员会的评审，正式被列入农业部"九五"重点渔港建设计划。2016 年 8 月 8 日，连云港最大的渔港投资项目——连岛中心渔港建设项目在西连岛码头正式开工建设，对连云港港口建设以及连云港海洋渔业经济发展起到重大的推动作用。目前项目已建成，可满足 800 艘大中小型渔船避风锚泊，进一步改善了渔港作业环境，保障了渔民生命财产安全，带动了陆域后方鱼货交易、渔业加工、运销、渔船补给、渔业休闲等二三产业的发展。

五、高公岛渔港

高公岛渔港位于江苏省连云港市连云区，东临中国八大渔场之一的海州湾渔场，渔业资源丰富，拥有理想的水陆交通网络，渔港区位优势明显，地理位置优越。港内港池可容纳船 1 000 艘，外港池可容纳船 80 艘，渔港年进出港船 6 万艘（次），最大日通航量达到 600 艘/天，年水产品交易总量可达 2 万吨。

1999 年以前，高公岛的渔船多在原海军军港、西山大坝角港汊、柳河港汊以及原连云港渔业公司码头卸货、避风。1999 年，因海军军港被核电站征用，为切实解决本地区及周边地区渔民无港生产作业的困难，便在羊山岛老虎嘴处建设新渔港停泊点，2001 年 8 月底主体竣工。新的港池避风区域基本解决了当地及周边地区渔船无港锚泊的困难，方便了渔船生产、生活补给，吸引了连云港其他县（区）及浙江省等地大量渔船进港避风、补给和交易。2015 年 12 月 2 日，连云港高公岛渔港正式开港，作为国家一级渔港全面建成投用，渔港可容纳近千艘海洋捕捞船只，与沿海各大港口相连，水陆交通便捷，成为连云港又一个重要的渔业集聚地。规划建设海产品交易市场，其中渔港配套服务区设计占地约 320 亩，设置水产品交易、物流，冷藏、加工，物资供应、仓储，美食休闲观光等区域。目前占地 38 亩，建筑面积 45 000 平方米的好旺角海产品交易市场已建成运营，形成了以紫菜和各类海珍品为主的海产品捕捞、销售、加工、集散的海洋产业集聚服务区，为到港渔船装卸、交易、补给、保养和避风提供安全保障。

六、燕尾港

燕尾港位于江苏省连云港市东南方向，东临黄海，北、西两面为灌西盐场，南面是新沂河与灌河入海交汇处。灌河是江苏省唯一一条没有建闸的入海河流，平均水深 79 米，被誉为"苏北黄浦江"，能通航百吨船只。燕尾港原名"天生港"，民国时期著名实业家张謇曾来此处考察，见此河港开叉如燕子的尾巴，故又将此港命名为"燕尾港"。

燕尾港作为苏北地区条件最佳的港口，开埠历史只有 100 多年，当时燕尾港地区还没有常住人口，只是到了渔业生产旺季，赣榆青口、下口地区的渔民会在此略作休整，渔业生产旺季一过，遂拔锚离去，附近的百姓称他们为"北路人"。最早来此定居的是殷氏、林氏两家。1952 年，成立燕尾港镇。1985 年，全镇的捕捞总产值超过 5 000 万元。随着海洋运输业及捕捞业的发展，该港发挥着不可替代的作用，因此灌云县政府很注重对该港的建设，2006 年 6 月，向国家有关部门申报了燕尾港国家一级渔港建设项目，终获批准。同年 12 月 27 日，灌云县燕尾港国家一级渔港建设工程顺利通过农业部专家论证，获准建设，到 2009 年年初竣工。燕尾港作为一级渔港紧靠灌河、新沂河河口，每年有大量的淡水入海，近海无机盐和有机盐含量都非常高，比较适合各类海产品的生长，盛产马鲛鱼、黄鱼、鲈鱼、毛虾、梭子蟹、对虾以及各种贝类等（图 5.33）。

图 5.33　国家一级渔港燕尾港的建设俯瞰图

渔文化小故事

高公岛名字的由来

相传很久很久以前，这个小岛上只有父女二人，父亲叫高大海，早年丧妻，身边只有一个小女儿，名叫高姑。高大海每天摇着船儿出海捕鱼，高姑在家织渔网、在园中种菜，父女俩虽过着清苦的日子，倒也愉快。这一天，太阳还没有从东方露面，高大海就把网具挑上船，准备出海捕鱼。高姑也像往常一样，特意为父亲做好了虾皮馅饼，又把父亲那支长烟管及烟袋送上船。每天高大海吃烟时，看看烟袋上那晃动的绣花烟荷包，就跟看见自己的女儿一样。每天高大海摇着船儿下海离开后，高姑总是站在崖头上望着小船，向父亲招手，直到看不见父亲的影子，才转身回家。

有一天，高大海捕的鱼特别多，那些又肥又大的鱼在船舱里活蹦乱跳。高大海看着满舱的鱼，想到女儿看到这些鱼，该多高兴啊！他驾起渔船，一边划，一边盘算：卖了鱼，给女儿做件花衫衣裙，再给她买个梳头的小拢子，扯上几尺好看的头绳。想着想着，不料大海掀起山头一般的恶浪，小船猛烈地颠簸起来。高大海心里很纳闷，根据平日的经验，这样的天气不该起恶浪啊。他拿出全部本领和恶浪搏斗，但海浪越来越猛！这是什么原因呢？原来是老龙王外出游玩路过这里，成群结队的虾兵蟹将前呼后拥，耀武扬威，弄得大海恶浪翻卷。高大海虽然奋力搏斗，怎奈浪头越来越凶，小船被恶浪吞没了。高大海也沉入海底。高姑还跟往常一样，一手拿着虾皮馅饼，一手提着一瓦罐山泉水，等待父亲回来。等到太阳落山了，也不见父亲的小船；等到月亮升起来了，还不见父亲的小船。高姑心里着了慌，她跑到山崖上，大声喊呀、叫呀，直喊到太阳又从东边升起，仍不见父亲回来。这时，一群群海燕扇动着疲倦的翅膀，高叫着刺耳的声音，朝着高姑飞来，在高姑头上转了九圈，忽然，一个海水打湿的绣花烟荷包从空中落了下来。高姑慌忙捡起来，仔细一看，不由得心中发抖、手发颤，这正是她亲手绣给父亲的烟荷包呀！高姑手拿烟荷包，心里像刺着一把钢刀，痛苦难忍。她对大海哭诉道："苦命的父亲啊，你快快回来，女儿要永远和你在一起呀！狠心的大海呀，你快把父亲送回来呀！你你你，你为什么不说话呀！我，我要和你拼了，我要和你斗，舀干海水，也要把父亲找回来！"于是，高姑拭去满脸的泪水，寻找父亲。就这样，高姑蹲在海边，一瓢一瓢地舀啊舀啊……舀了一年，龙宫里的玉柱左右摇晃；舀了两年，龙宫上的琉璃瓦往下掉；舀了三年，龙宫右歪左斜要倾倒；舀了四年，龙王坐不住了！老龙王急忙派虾兵蟹将出海打探情况。虾兵蟹将游出海面一看，原来是个姑娘正在岸边舀着海水，便连忙上前询问情况，高姑说："我父亲被大海吞去，我就是舀干海水，也要找回我的父亲！"虾兵蟹将立即将情况向老龙王禀报。老龙王见高姑寻父的心如铁石一样坚，倘若海水真被舀干，自己就活不成了，于是急忙派兵遣将，遍寻海底，终于在龙潭里找到了高大海的尸身，就让一群海燕把尸身送到了高姑的身边。从此这个小岛就被人们称为"高姑舀"。后来被大家说走了音，叫成"高公岛"了。

第六章 艺乐传承:连云港渔文化的璀璨多姿

在远古社会中,诗歌、音乐、舞蹈三者浑然一体、不可分离,所以古代文献中常把它们称为"艺"或者"乐"。诗歌、音乐、舞蹈是中国传统文化的重要组成部分。渔文化中的诗歌、音乐、舞蹈也经历了历史的积累与现实的碰撞,无论是传承文化、反映社会,还是鼓舞离合、带来娱乐和放松,它们都展现出连云港渔文化的独特魅力。

第一节 渔文化中的曼妙诗词

诗词是表述心灵的文学艺术。古往今来的文人墨客通过诗词抒情言志,诗词高度集中地表现了社会生活和人类的精神世界,根据时代可以把我国的诗词分为古诗词、近现代诗词和当代诗词。在连云港地区,描述渔业的诗词内容丰富,具有鲜明的地域特色,在丰富连云港渔文化上发挥着重要作用。同时,也为中华诗词宝库增添了色彩、丰富了内涵。

一、古诗词

古诗词指的是 1840 年前的诗词,一般而言,古诗词言简意丰,具有凝练和跳跃的特点,用极为有限的词句尽可能表达丰富的含义;同时,古诗词音韵和谐,节奏鲜明,读起来朗朗上口,听起来声声悦耳。古往今来,连云港地区风景如画,无数文人雅士来此,都为其优美风景和渔民安居乐业的场景所震撼,不由得感叹和赞美,留下了丰富的诗词作品。

隋开皇三年(583 年),使持节、海州刺史王谟渡海来到北云台山的孙家山钓鱼台巡游时,留诗一首:

东海悬崖题诗

王　谟

因巡来至此,瞩海看波流。

自兹一度往,何日更回眸。

浪潮汹涌，一片又一片雪白的浪花拍打着孙家山钓鱼台的岸边，极其震撼。从这首诗中我们可以感受到王谟对孙家山钓鱼台美景的赞美之情。

北宋文学家张耒，字文潜，曾写下《海州道中二首》，记录下了北宋后期连云港近海地区渔家农村的生活场景和安居乐业的画面：

海州道中二首（其一）

张　耒

孤舟夜行秋水广，秋风满帆不摇桨。
荒田寂寂无人声，水边跳鱼翻水响。
河边守罾茅作屋，罾头月明人夜宿。
船中客觉天未明，谁家鞭牛登陇声。

海州道中二首（其二）

张　耒

秋野苍苍秋日黄，黄蒿满田苍耳长。
草虫咿咿鸣复咽，一秋雨多水满辙。
渡头鸣舂村径斜，悠悠小蝶飞豆花。
逃屋无人草满家，累累秋蔓悬寒瓜。

第一首写一叶孤舟在广阔的河水上飘动，秋风徐徐，诗人在月色中夜航，欣赏着一路风光：河边茅屋下有人在守着渔网，等待鱼儿们上网，时不时地还能听见在水边有鱼跳的响声；天还没亮，就已经能听到从田垄上传来的鞭牛声。第二首续写第二天白昼时的所见所闻：秋日高照，漫山遍野都长着黄蒿苍耳；草虫咿呀咿呀地叫着，声音时低时高；小径幽斜，小蝴蝶在豆花上悠悠飞舞；田野间没人住的房子里长满了野草，屋外结着累累的西瓜。

张耒的诗受白居易、张籍的影响，平易流畅，对社会矛盾反映较多。这两首诗描写的是海州地区滨海渔村荒芜寂寥、渔人辛勤劳作的场景，体现出了张耒诗词更多反映人民大众的思想、感情、愿望和利益的特点。

海上晓望

邵思忠

白练铺晴海，青螺簇远滩。
渔舟三四点，绝胜画图看。

再有，明代赣榆诗人邵思忠，在海边游玩时写下了一首《海上晓望》：晴空万里，清澈的海水和静静的天空连成一线，能看见离岸边稍微远一些的滩涂上青螺一簇又一簇的。广袤的海面上还有几条捕鱼的船停留着，远远望去，犹如一幅绝世的画作。

古诗词内容丰富，底蕴深厚，流传在连云港地区的渔业诗词也远不止这些，有待大家更深入地发掘和宣传。

在清康熙、雍正年间，朝阳新县文人张朝良作了一首《高公岛望月》，记录下了当时高公岛渔民挂帆出航的情形：

高公岛望月

张朝良

月出天边朗，辉流海上清。

云开千丈迥，涛涌一轮明。

蟾兔光初吐，鱼龙梦乍惊。

篷窗人未睡，恰好挂帆行。

一轮明月在天边高高地挂着，照得海面波光粼粼，显得格外冷清。鱼儿们正在海面上欢快地跳跃着。从停在海面上的渔船窗户望过去，渔民竟然都还没有入睡，正在挂帆准备出海打鱼。将当时渔民打鱼的画面描述得栩栩如生。

二、近现代诗词

在近现代，连云港当地具有代表性的诗人是民国乡土诗人张学瀚和张百川。张学瀚和张百川都是海州新县（今江苏省连云港市连云港经济技术开发区朝阳街道）人，他们用平实质朴的语言，将当时的风景、渔家渔村的面貌、渔船作业的情形等记录了下来。

关于风景，当年的连岛、高公岛、海头湾以及其他各地的优美景色都被他们用诗词记录了下来，将每一处的美景都描述得像一幅画，令人神往。

张学瀚的《高公岛》如下：

高公岛

张学瀚

傍晚渔歌酒一樽，茅檐临海屋成村。

成群鸥鹭冲波出，争买鱼虾入市喧。

几处远帆归隔浦，数家破网晒当门。

同来半是乘槎客，谈到瀛洲我问源。

高公岛位于连云港最东端，三面环山，一面向海，四季分明，气候温和，风景秀丽。这里的茅屋临海而建，海边鸥鹭成群，鱼市热闹非凡，海边的渔民驾着帆船满载而归，岸边家家户户将打鱼的网晾晒在门上，岛上渔民安居乐业，怡然自得，犹如世外桃源。

张百川的《羊山岛》如下：

羊山岛

张百川

羊山两面隐帆墙，一望茫茫接大荒。

浪涌高腾天周尺，峰回低润水中央。

风败莫辩烟云色，潮起难分日月光。

但见轮船崖下泊，运盐来往出东洋。

羊山岛从地势上看，是在高公岛上凸出的一个小岛，"羊山两面隐帆墙，一望茫茫接大荒"指其三面环山，一面临海，通常渔船都会停靠在羊山岛靠海的崖边。羊山岛历史文化悠久，自古以来这里就是海上交通要道，在元、明两代还成了漕运的必经地。"但见轮船崖下泊，运盐来往出东洋"描写的是当年货运轮船来来往往的景象。

张学瀚的《海头湾》如下：

海头湾

张学瀚

远望遥山爽气连，橹声摇曳蓼花天。

夜深鱼梦千家月，人遇凶年酒价高。

风起灯光迷蟹舍，潮来帆影扑渔船。

扶策鹰嘴崖间望，沧海洪流涌一拳。

海头湾在连云港墟沟（今江苏省连云港市连云区墟沟街道），有百户居民靠打鱼为生。在每年的暮春，渔船都会停到海头湾。远远望去海天一线，渔民摇着橹在一片蓼花中前行。夜幕降临，风起潮涨，浪在不断地拍打着停在海头湾的渔船，站在崖边望过去，海浪涌向附近形状像拳头的鸽岛。

张学瀚的《西连岛》及《东连岛》如下：

西连岛

张学瀚

人家半住小龟山，二水相逢交合间。

茅屋层层岩上住，柴门隐隐夜中关。

鱼虾满市闻腥味，蛤蚌为墙露藓斑。

我到此方留不得，趁潮归去夕阳殷。

东连岛

张学瀚

万里洪波挂席行，归帆点点望分明。

喜游林壑心常遂，看惯风涛胆不惊。

网下儿童知水信，灯前妇女说潮生。

我来绝磁悬千尺，夜看申流月有声。

连岛地处海州湾畔，古称鹰（嘤）游山，因东西两岛若断若连，涨潮时两岛分开，潮落后两岛相连，故称东西连岛，简称连岛，连岛是江苏省最大的海岛。民国时期，东连岛居民有七十多户，以捕鱼为业。西连岛的渔民都住在东西连岛相交的小龟山的半山腰上，房屋沿着石头一层一层向上，错落有致。西连岛靠海边，水产生物丰富，能闻到鱼虾的味道，渔民房屋的墙下就能看见贝类生物。马上潮水就要涨起来将东西连岛隔断，趁着夕阳还红、潮还未涨诗人得赶紧离开。

《东连岛》应该是诗人在游览完西连岛来到东连岛后所写。夕阳西下，东连岛出海打鱼的人们扬着帆开船准备回家，星星点点的船在广阔的海面上格外显眼。海边生活的孩童和妇女都熟知何时潮涨潮落。此时看尽连云港秀丽风景的诗人，被渔民安居乐业的景象触动，心情愉悦，站在崖边望月，海浪还在不断地拍打着岩石，像极了月亮在诉说着什么（图6.1）。

图 6.1　美丽的东西连岛

海边的人聚居在一起，靠海为生，捕鱼卖鱼，就有了渔村。村子里的人们都安居乐业，热情好客。正是由于诗人将当时的生活场景记录下来，我们才能从诗词中看到当年渔村的生活画面：

东磊庄

张学瀚

人家大半住山根，茅舍烟炊远近村。

斟酒款宾留草榻，烹茶待客启柴门。

绿秧波面抽针密，红树岩腰聚签繁。

幸有故交同夜话，清谈三益细评论。

渔湾庄

张学瀚

东磊至渔湾二里，居户二十余，擅捕鱼稻禾之利。坐西间东，小岛（山）峙于东南，大岛（山）峙于东北，苍秀可爱。清初在海中，为渔人缆舟处，故名渔湾。

苍茫烟景一天秋，云水千重喜乐游。

要岸波光摇蟹火，芦滩月影冷渔钩。

蓑堆老屋驱黄续，网晒斜阳惊白鸥。

买得鲜鲈风味美，携童沽酒话楼头。

诸麻村

张学瀚

诸麻村为明大理寺评事王规故里，大岛为其东壁，北面沙龙环绕，人家百余，多业表鱼柴木之利。

林深十里隔红尘，芳草如烟望不真。

雨过豆棚三径话，风来麦陇几家春。

花村门少催租吏，茅屋田多剪韭人。

扫榻留宾供晚饭，盘中佳味压蒸苑。

山东村

张学瀚

凌洲至山东村五里。地名山东，因在清风顶之东。此中物产以稻、麦、鱼、柴为大宗。

半是渔人半种田，几家茅舍起新烟。

稻花月里陶波地，芦叶风飘雁影天。

水远篮编三尺稳，火摇灯浸一星圈。

遥知城市俱相隔，晚饭鱼虾美味鲜。

柳河

张百川

环堤杨柳碧深深，云路尘埃迥不侵。

挂筇穿残黄叶径，扶锄踏遍绿萝阴。

清风门外潮痕涨，明月楼边笛韵沉。

坐待樵夫归谷口，一灯相对话苔芩。

东磊庄、渔湾庄、诸麻村、山东村是连云港地区渔村的代表。渔村房屋大都倚山面海，村民们主要以水生动植物为生，也会种植水稻、大豆、小麦等农作物。村民们远离城市生活，民风淳朴，热情好客，客人来了就会收拾好床铺，热好酒并煮好茶，好酒好菜招待着。春天风吹麦田，雨过初晴，村民们在豆田里一边劳作一边聊着家常。在丰收的秋天，枫叶红似火，稻田金黄，农家炊烟袅袅，夕阳西下，天边白鹭翱翔，渔家灯火阑珊。老翁带着孩童买鲜鱼和美酒，怡然自得。傍晚，开始涨潮，门前都能看见涨潮的痕迹，家家茅屋起炊烟，灯火亮起，人们享受着鱼虾的美味，犹如一幅优美的画。在张学瀚和张百川的笔下，渔村的生活不紧不慢、井然有序，人们怡然自得，令人向往（图6.2）。

图 6.2 落日下的渔村

船是主要的水上作业工具和交通运输工具。渔民生活离不开水也离不开船，关于渔船方面的记载如下：

归舟

张学瀚

远望滩边浪雪堆，蒲帆叶叶藉风催。

夕阳船泊渔歌起，买得鲜鱼沽酒回。

舟行

张学瀚

轻袭破等雨初晴，舟泊无风浪不惊。

短构重寻前度梦，孤蓬难舍故乡情。

河边船荡疑滩动，天上云移觉月行。

惟有渔翁闲最好，渡头晒网夕阳明。

《归舟》描述的主要是浪花一下又一下拍打着岸边，海风呼呼地催促着渔民赶紧归船靠岸。"夕阳船泊渔歌起，买得鲜鱼沽酒回"，夕阳西下，渔民唱着悠扬的渔歌，乘着风，开着渔船返回岸边，停好船，买好鱼和酒，踏着轻快的步子回家，能感受到渔民丰收而归的喜悦之情。《舟行》主要描写雨过初晴，海面无风，一部分船停靠在岸边，一部分船还在河上行驶着，在船上感觉船没有动而是河岸在移动。

三、当代诗词

当代诗词指 1949 年至今的诗词。这段时间的诗词形式多样，部分诗词还保留着古诗词的用词和行文风格，但大部分诗词都受到了民间歌谣和西方翻译诗歌和歌词的影响，诗词也逐渐散文化和通俗化。

苏州市诗词协会副会长、沧浪诗社副社长丁凤萍写的《鹧鸪天·赞连云港码头》保留了古诗词的特点，将当代连云港码头摆放整齐的集装箱，以及运输货物的船来来往往的情形描写得栩栩如生，表现出连云港码头贸易往来规模之大及对国内外贸易做出巨大贡献的赞叹之情：

鹧鸪天·赞连云港码头

丁凤萍

东海腾辉灯塔迎。空濛山色辩新城。

集装箱柜齐均摆，机吊穿梭蓄势擎。

通贸易，互关情。听凭潮汐响回声。

沧浪古韵丝绸路，连岛云台大港横。

随着时代的发展以及其他文化的影响，当代诗词更多从古诗词的晦涩难懂变得更加白话化。例如朱仲琴的《渔家乐》和王建华的《相思》：

渔家乐

朱仲琴

斜阳映着波光，波光映着斜阳

一叶扁舟——在欸乃声中荡漾

渔翁直立在舟上

背着筐，拿着网

他半晌不动，一声不响

笑眯眯痴望着黄波浪，忽的扑啦啦一声响

网儿投在水中央

自由的鱼儿啊，也不知多少儿落入罗网

转眼看时，渔翁仍坐在扁舟上

他忙着拉网

一种描不出来的快活的意绪

直随着那波光

飞入斜阳

朱仲琴，字友瑟，江苏省连云港市灌云县人，年轻时受五四新文化思潮影响，思想激进，同情工农，能文善诗，著有《远山集》《狮吼》等，有"海展泰戈尔"之称，深受李大钊的赞赏。这首《渔家乐》用通俗易懂的语言将连云港当地渔民撒网捕鱼的画面描述得栩栩如生。斜阳映照，水面波光粼粼，水中有一条渔船，渔翁背筐，手上拿着渔网，站在船头，等待合适的时机将网投入水中。不一会儿，网里就满是渔货，渔翁的喜悦感溢于言表。表现出渔家生活的自得和快乐。

乡思

王建华

池塘的水满了

雨就停了

满坡的青草上

挂满亮闪闪的水珠

村边的树林

高唱着不知疲倦的知了

哥哥和小牛

相约到田边捉泥鳅

邻居阿婆喊：

"带上小鱼篓"

赤足翻搅水浪

软泥抚过脚丫

昨日里那滑不溜秋的泥鳅

《乡思》写出了作者王建华小时候在渔家生活的场景。雨过天晴，青草上的水珠还没有干透，树林里知了在不断地叫着。哥哥牵着小牛，叫上小伙伴去海边抓鱼，这时阿婆在后面提醒着大家："记得带上小鱼篓！"作者通过对小时候家乡生活场景的描写表达出了对家乡、对朋友的思念之情以及对童年的怀念。

在翻阅相关资料的时候我们还了解到在连云港当地有一位每天都坚持写诗的老先生——杨尧悦。杨尧悦老先生 1952 年 10 月生，1968 年开始从事渔具锻造工作，对渔业生产及渔船制作工艺有深入的研究，给《海州湾渔民俗》和《连岛志》两本书绘制了许多插图。与此同时他在当地也是一位有名的文化学者，在 20 世纪 80 年代初就发表过文学作品 10 余篇，现在是连云港市文联会员。对诗词文化也有很透彻的研究，坚持每天作一首诗，记录下连云港当地的特色风景及他的所见、所闻、所感，部分诗词还曾在《连云港文学》上发表过。这里介绍部分杨老先生写的诗：

秋芳

杨尧悦

屋隐幽林自半仙，听溪倚石拔桐弦。
金风荡漾红黄紫，几簇秋芳秀院前。

登山

杨尧悦

青峰直上托云天，峡谷清粼薄瀑悬。
小憩闻香尝野果，归程采菊饮晶泉。

秋情

杨尧悦

钟情秀岭随云雁，最爱清潭映竹华。
枕石观峰如梦令，依轩览海浣溪沙。
飘零落叶摇风转，激滟清波荡晚霞。

听琴

杨尧悦

和风扶柳春心漾，疾雨侵林碧瀑悬。
悱恻清凄挥别泪，昂扬壮阔逐江川。
峰摇地动苍穹震，浪息波平广宇连。
激越悠情凝玉指，轻勾巧抹摘丝弦。

这几首诗主要写诗人秋日日常生活。秋天，花草红绿相映，树木金黄，树叶随风飘落。峰顶白云飘飘、大雁齐飞。诗人住在山林里，有时坐在小溪边的岩石上弹琴欣赏山间美丽秋景，感叹山河壮阔；闲时会登山，在路上看飞瀑、尝野果、采秋菊、饮山泉。杨老先生用诗词的方式凝练地记录着他的日常生活，他几十年如一日地写诗，为连云港诗词宝库增添上了浓墨重彩的一笔。

千百年来，连云港渔民以海为生，以捕鱼运输为主，耕海牧渔。诗词文化作为记录渔民生活以及生产作业的一种方式，不管是古代诗词、近现代诗词还是当代诗词，即使每首诗词用的手法不同，但都凸显了连云港渔民积极向上的乐观精神及当地安居乐业的景象。这些诗词都具有不菲的历史价值和艺术魅力，有待更深入的挖掘。

第二节　渔文化中的优美歌曲

音乐可以直接影响人的情绪，恰当的音乐能够激励、鼓舞人们的士气。渔民往往会在出海打鱼时用音乐来振奋士气、传递信息。同时音乐也是一种传统的娱乐方式，在连云港当地，不管是出海打鱼还是平时娱乐，渔民都离不开音乐。连云港渔文化中比较有特色的音乐形式有渔歌、赣榆清曲和东海渔鼓等。

一、渔歌

渔歌文化是传统文化的"活化石"。渔歌由生活在沿海地区的渔民口头创作，是即兴演唱的民间歌谣，是渔民抒发内心情感的载体，是海洋文化的重要组成部分。从古至今，渔歌反映着渔民丰富的生产和生活的经历，它们承载着渔民对美好生活的寄托及对安全出海的期盼。渔歌作为中国传统民间文化的重要组成部分，是中华民族的宝贵财富。

渔歌由渔歌号子、渔家歌谣和渔谚组成。

（一）渔歌号子

渔歌号子主要是由渔民进行创作和传唱的，所以渔歌号子也叫渔民号子。在传统的大型渔业生产中，渔船出发，船舶水面行驶，渔船靠码头后的挑舱、过鲜、船只修理、补网晒网都需要渔民团结合作、齐心协力才能完成，通过渔歌号子有节奏地喊和唱来集中精力、统一发力。演唱方式一般为一个领唱，其他劳动者齐唱，领唱者的曲调高亢舒展、具有号召性，和唱者的曲调深沉有力、节奏性较强。

连云港地区的号子具有鲜明的地域特色，歌词简单，有完整曲调，是在劳动中产生的原生态渔歌号子，具有强烈的生活气息。号子大多是在出海打鱼的时候产生的，为了振奋人心、统一节奏，渔歌就从最简单的"哎哟、哎哟"的号子中诞生、发展并代代相传。

渔船准备出海的时候，渔民嘴里哼唱着："哎哎哟嘞，哎哎哟嘞，哎哟一个呦嘞……"轻松欢快的太平号子，岸边的人们就知道他们要拔锚起航了。想要让船只移动，就要将船只两头用于固定船的锚打上来，锚一般都非常重，需要多人相互配合，团结合作。这时渔民就会唱起打锚号子："闭目狗腿鱼啊！哎咳咳呀！它们都来到呀！哎咳咳呀！出海赶潮水呀！哎咳咳呀！鱼鸟不失信呀！哎咳咳呀！大家再使劲呀！哎咳咳呀！这就来了锚呀！哎咳咳呀！"打锚号子由号工领唱，船工应唱，在一声声的"大家再使劲呀！哎咳咳呀！这就来了锚呀！哎咳咳呀！"的号子中，渔民的精神被鼓舞，千斤重的锚慢慢地被打上来。打上锚之后渔民便开始准备出海，在遇到顺风的情况下，渔民就会将帆篷升起并扯开，利用风吹帆篷推动船只。船上的帆篷一般都是由厚帆布制作而成的，长达四五十米，宽有十米，还有几十根竹竿穿过桅杆，将帆篷升上桅杆的过程被称为扯篷。扯篷是一个体力活，需要多名渔民一起发力将帆篷拉起。这时众人会唱起扯篷号子："哎哟喂呃啊，呃哩哟喂，哎嗬，哎呀。"协同动作，根据号子的节奏同时发力向下拉篷索。在无风的情况下，想要推动船行进，渔民就会采用摇橹的方式。摇橹通常需要 4～8 人，大家的动作应尽量统一，这时摇橹者们就会唱起"哟嗬嗯嗯，嗯嗬，嗯嗬，嗯嗬嗯嗬嗯呐嗬……"的摇橹号子，渔船就在这一声声的"嗯嗬"中前行。

在船的行驶过程中，船老大需要随时掌握船的位置，专门负责测水（测水指用定制的竹竿或水砣，定时放入水里测量水的深度）的船员就会通过点水号子和船老大传递消息："哎四十九哎，哎四十八节，哎还有五十节嘞，嗨五十五啰。"意思是这里的水深四十八节或者四十九节，这样舱里的船老大就能通过点水号子知道船到了什么洋面。渔民达到渔场在抛完网后，船舶需要从这个渔场移动到另一个渔场，就需要把抛在海底、上千斤重的铁锚通过绞盘绞到船上来，需要多人齐心协力，渔民通过唱推关号子来协调动作："喂哎喂吔，哎喂嗓哩个喂，哎喂吔……"船开始进入深海区域，无风时，渔民开始用棹在海面上划行，渔民边演唱棹棹号子边等待鱼儿上网："哎，嗨哟，嗬，哎，嗨呦呵，哎哟……"渔民根据打鱼经验判断何时起网，打鱼时用的网通常大而长，再加上用网捕捞到的渔货有一定的重量，一人难以将网全部捞起，通常需要众人通力合作，这时大家就会唱起吊货号子来相互加油鼓气："嗨哩那个喂嘞哎，喂，嗨哩那个嗨哟……"在所有的网以及网里的渔货都被打捞上来后，渔民准备返程，就会唱起太平号子，伴随着悠扬的太平号子，渔船满载而归。岸上的人们听见太平号子就会拿着杠棒、箩筐来接渔货。在船上的渔货被卸下来的时候，人们又会唱起抬货号子："嗨哩好啊哎咳哟，咳哩好啊哎咳哟，哎哩好啊，哎哩好啊……"一方面是为了鼓舞大家的士气，另一方面是为了表达丰收的喜悦之情。

（二）渔家歌谣

渔家歌谣不同于渔歌号子，渔歌号子更多的是劳动时用来统一行动、调节情绪的；而渔家歌谣多取当地曲调，旋律优美，是广大渔民用以自娱自乐、排忧解难的重要方式。

连云港靠海，拥有众多的岛屿、漫长的海岸线和丰富的海洋渔业资源，于是就产生了大量富有海洋文化色彩的渔家歌谣。俗话说靠山吃山、靠海吃海，连云港当地渔民向大海讨生活。鱼、虾、蟹成了连云港渔民赖以生存的重要水产生物。所以当地渔民创作了许多以水产动物作为主要描述对象的渔家歌谣：

什么过河软丢当？什么过河耍刀枪？

什么过河咕呱喊？什么过河头顶一杆枪？

望蛸过河软丢当，螃蟹过河耍刀枪。

黄鱼过河咕呱喊，虾子过河头顶一杆枪。

什么有头没有眼？什么有眼没有头？

什么有腿堂屋坐？什么无腿下河丘？

海蜇有头没有眼，鱼筛有眼没有头。

菩萨有腿堂屋坐，大船无腿下河丘。

"望蛸过河软丢当"说明蛸科类水生动物（蛸科水生动物通常指章鱼）浑身都是软的；"螃蟹过河耍刀枪"将螃蟹的钳子比为刀枪，形容螃蟹举着蟹钳横着移动；"黄鱼过河咕呱喊"指黄鱼总是发出咕呱的叫声；"虾子过河头顶一杆枪"指的是虾类生物头顶总是有扎人的胡须；"海蜇有头没有眼"的原因为海蜇又名水母，身体呈铃形、倒置碗形或者伞形，中央有一个下垂的管，由于肉眼看不见其眼睛，所以渔民说其没有眼睛；"鱼筛有眼没有头"则是因为鱼筛是一种捕鱼工具，大多呈半椭圆状，且有很多孔眼，渔民将其孔眼比作眼睛；"菩萨有腿堂屋坐，大船无腿下河丘"这句话说明即使船没有腿但是也能在水面上移动。这首渔家歌谣通过拟人的手法将连云港当地常见水生生物的形状、动作等特征进行了简练生动、形象贴切的勾勒。

在羊山岛还流传着独具特色的黄海渔歌，"蚝肥蟹赤渔家乐，新岁祥和盛世情"是渔歌的主要歌词，渔民将其语气词融合在一起，形成了朗朗上口的渔歌。这里女人赶海持家，汉子逐浪捕鱼，村民骨子里有一种敢于与海搏斗又善于以海兴村、以海兴家的乐观情怀。这首渔歌表达的就是人们对未来美好生活的期许。

（三）渔谚

渔谚是渔歌的一种，以口耳相传的形式得以流布和传承，为方便述说与记忆，它的语言形式总是高度凝练的，其特点之一就是形式求简，虽然简练通俗但富有意义。连云港渔民将世世代代生产实践积累起来的相关经验锤炼成了丰富多样的渔谚，有关于养殖、捕捞、行船特点与技巧的；有关于吃鱼讲究与做法的；还有关于天气判断独特方式的。

1. 关于养殖

有"有水有鱼，鱼水相依""水帮鱼，鱼帮水""一番水，一番鱼"等渔谚，说明鱼的生存离不开水。同时不同的水位养殖的鱼类也不相同，一般深水区生活的多为大鱼，浅水区的多为在水面上乱"窜"的小鱼，所以渔民之间就流传着"水深鱼肥，水浅鱼飞""水浅出不了大鱼"等渔谚。一般鱼类到了十月份就会减少进食，"十月鱼封嘴，不吃食全喝水"就简要明了地说明了这一现象。

2. 关于捕捞

在渔民捕捞的过程中，运气通常也发挥了一定的作用，运气好的时候可能就满载而归，运气不好的时候可能就一无所获，所以渔民间流传着"早上没饭吃，晚上有马骑"这一渔谚。在不同时节，针对不同的水生动物采用的捕捞方式不同，"紧扒鱼，慢扒虾，遇到蟹子用手拿；紧拉鱼，慢拉虾，不紧不慢拉王八""立过春，好扳罾；过了秋，乱丢钩"这两句渔谚就很清晰地说明了一点：在对鱼进行捕捞的时候动作要快，在对虾进行捕捞时动作要慢，遇见蟹就需要用手抓住它的壳，防止被蟹钳钳住；立春过后，鱼群会从深水区域回到浅水区，可以进行扳罾作业（扳罾是一种捕鱼方式，通常渔民用竿架大网沉入水里，可随时拉起），立秋过后，鱼群向深水区移动，不适合用网进行捕捞，可以用滚钩（滚钩是贴近水底敷设的渔具，渔民通常利用这种渔具钩住在浅水水底活动的鱼类）进行捕捞。渔民在重复的捕捞作业中、在不断的试错中总结出了"钓鱼要忍，抓鱼要狠""撒网要撒顶头网，开船要开顺风船"等捕捞技巧，也就是钓鱼讲究的是耐心，抓鱼则讲究快和准；顶着风撒网，鱼儿容易顺着流水进入网中，这样就能有更多的渔货。

3. 关于行船

海上作业，船是发挥重要作用的工具之一。安全平稳且有效率的海上行船，是每个出海打鱼人的必修课（图6.3）。我们可以根据广泛流传的渔谚知道如何将船行驶得更加安全、平稳、有效率。如"人随大流，船走大帮"，渔船在远海作业，必须和船队集体行动，以便相互有个照应；"坐船不坐船头上，乘车莫在

图6.3 海上渔船作业场景展示

生与渔鼓相伴。孙老先生还参与了《东海渔鼓说唱本》的编写，《东海渔鼓说唱本》里面共收录了东海渔鼓代表性传承人孙宝龙搜集整理的15部渔鼓说唱本。近年来，东海县通过"师带徒""老带新"等形式，不断拓宽非物质文化遗产项目人才培养渠道，让非物质文化遗产传承不断代、更年轻。孙宝龙老先生通过该方式，在石湖乡向年轻一代传授关于东海渔鼓的知识和技巧。与此同时，他还在石湖中心小学开设兴趣课，由十几个学生组成兴趣班，这些小孩也就成了又一代传承人。孙老先生在传授渔鼓的同时，还特别重视创新，在传统的东海渔鼓上进行了改进，给渔鼓表演配上了舞蹈，使得表演更有看头。在孙老先生的带领下，渔鼓也展现出了全新的魅力。他还教导新一代的传承人："不能将渔鼓作为一项娱乐，而应视作传承传统文化的责任，绝不能因为怕吃苦而半途而废。"孙老先生将他一生的大部分精力都贡献在了渔鼓事业上，为传统文化的传承奉献了自己的力量。

第三节　渔文化中的特色舞蹈

舞蹈是人们进行自身情感表达的特殊方式，是人类文明中不可缺少的一部分，是非常古老的传统艺术表现形式之一，具有独特的生命力和创造力。在历史的长河中，舞蹈在社交、祭祀、礼仪等方面都起着十分重要的作用。舞蹈需要使用身体完成各种优雅或者高难度的动作，在表演过程中一般有音乐伴奏，以有节奏的动作为主要表现手段。我国的舞蹈更多来源于生活，很多舞蹈都是人们在劳作过程中创造的，从而创造出许多富有地方特色的舞蹈。我们在研究连云港渔文化的时候更不能忽视舞蹈的重要性。在人们的生活劳作中产生的种类丰富的舞蹈，许多都与渔文化结合紧密。这里主要介绍赣榆蚌舞、"旱船"舞、"花船"舞和打莲厢。

一、赣榆蚌舞

赣榆蚌舞是一种流传在江苏省连云港市赣榆区沿海的女子集体舞蹈，是汉族传统民间舞蹈之一，具有悠久的历史，各地称谓不一，有的地方称之为"蚌灯"。赣榆蚌舞是连云港第三批市级非物质文化遗产名录中的传统舞蹈类项目。我们可以在当地各种节日和庆典看到蚌舞表演，表演者一般为数十名少女，表演者们穿着"蚌壳"（一种舞蹈道具，由竹子和麻布制成的，壳的外面是绿色的并绘有蚌纹，壳内蒙上粉色布，整体形状犹如一个蚌，在壳内有背带和扶手，表演者将壳系在背上，双手通过扶手控制壳的开关），配合着由竹笛小调为主、弦乐和打击乐为辅的伴奏，在舞台上用碎步和半转身的动作翩翩起舞，舞姿优美，清新活泼，表现出了极强的乡土生活气息。

随着蚌舞的不断发展演变，蚌舞表演不再简单地展现舞蹈动作，开始加入具有故事情节的表演内容，逐渐发展成为小舞剧。主要表演内容有讲述渔夫与美丽蚌姑娘的爱情故事《渔翁戏蚌》和根据古老寓言改编的《鹬蚌相争》，使得蚌舞变得更加有趣味性和吸引力。《渔翁戏蚌》需要两个人相互配合表演，一个扮演女郎身穿彩色服装置于表演用的"蚌壳"中，手持扶手时而张开时而闭合；另一位饰演渔翁，手拿着渔网，背着鱼篓，在"蚌"的左右做捉蚌、戏蚌等动作。《鹬蚌相争》则需要一位着彩衣的少女身披"蚌壳"，时而张开壳起舞，时而闭壳保护自己，活泼轻盈；另外还有一人扮演渔翁，手提渔网做撒网动作；一只纸竹扎成的白鹤用长嘴叼蚌，蚌则灵巧躲闪，以壳夹紧鹤嘴，架鹤人嘴里衔着竹哨，时不时地吹一下，模拟鹤鸣。

二、"旱船"舞

"旱船"舞是连云港市级非物质文化遗产名录中的传统舞蹈类项目，是一种模拟水中行船的民间舞蹈，起源于隋唐时期，主要流传在渔民之间。为了庆贺新的一年，祈求新年风调雨顺、大吉大利，渔民会在每年的正月初一装扮自家渔船。"旱船"，即陆地上的船，指用细竹竿仿照船的外观形状制作而成的木架子，大小随人意而定。现在的"旱船"一般都是用竹片扎制而成的，4 根细竹竿竖着紧紧地组成"旱船"的中心，作为 4 根柱子，人们会将绘有水纹或者是海蓝色的棉布裙沿着 4 根柱子围一圈，模拟海水，并用红绸、纸花、彩灯等其他装饰物装饰在"旱船"上面。"旱船"形似花轿，五彩缤纷，船形骨架的中间用竹竿绑成"井"字架，"井口"既是"船舱"，也是表演者站立的位置，有双人的"旱船"，也有单人的"旱船"。顺着"船舱"的四角竖 4 根竹竿，为"船舱"的 4 个柱子，然后在上面绑制"船舱"的顶部。"船舱"的顶有平顶的、三角形顶的，也有古建筑造型瓦棱状的。"船舱"内用一根红布条拴在"船舱"的两个边沿，演出时表演者将红布条架在肩膀上，撑起"旱船"，两手握住"船舱"的两边，表演时便于晃动旱船，使船前后、上下、左右摆动。

"旱船"舞表演人数一般为六七人，演员分工有：船拐子、船娘子、丑婆。乘船者可以为一人、双人、四人或七人，称"船娘子"。表演时，船娘子站在船的中间，双手持船，配合锣鼓的节奏，乘船者一般通过快速碎步的舞步保持船身平稳并稳定前行，急速开场。紧接着，一名老翁拿浆在前面带路，表演撑篙、划船等各种各样的划船动作，称"船拐子"。还有一个人饰演丑婆，鼻子上抹着白色的粉，在"旱船"周围来回扇动蒲扇，即兴发挥，说笑逗唱，滑稽幽默，引得观众大笑连连。各个演员相互配合，船娘子动作时快时慢，将"旱船"左摇右晃、前俯后仰，模拟船在波涛中颠簸起伏、艰难前行的情形。船娘子跑得好，丑婆随机应变，观众就会称赞有加。在早年间，"旱船"舞表演中的男女角色都由男性承担，到了抗战后期才逐渐开始有女性担任表演角色（图 6.4）。

图 6.4 "旱船"舞表演

三、"花船"舞

"花船"舞是灌云地区流传最广、深受人民群众喜爱的一种民间舞蹈。灌云地区的中东部遍布沼泽，河网交错，人们出门以船代步，渡口星罗棋布。人们大多以驾船捕鱼为生。这种特殊的地理环境及生产、生活方式是产生"花船"舞艺术的土壤。在"花船"兴起之时，人们更多的是用"花船"舞表达对大海的敬畏之情。"花船"舞以舞蹈为主，综合了音乐、说唱、表演等多种民间艺术形式，是模仿船民、渔民水上行船的各种动作，并加以夸张和美化的民间舞蹈。根据灌云县博物馆的记载，"花船"舞至少在清末就已经流行了，从现在流传下来的唱词来看，反映了清末到中华人民共和国成立以后的百年历史过程中不同阶段人民群众的生产、生活状况，社会世相、风土人情。其内容在传承的过程中不断被创新、改造。抗日战争及解放战争时期，民间艺人创作新词，用民间小调控诉日寇暴行，反映旧社会的黑暗、人民的疾苦。新中国成立以来，"花船"舞的表演唱词歌颂新生活，宣传党的方针政策[13]。

灌云地区的"花船"表演与一般的"旱船"表演既有共同点，也有不同点。在"花船"表演和"旱船"表演时人们都会装饰自家的"船"，"船"是必不可少的表演道具；都是用来庆祝丰收以及祈愿新年风调雨顺的一种舞蹈。但是"花船"舞既是一种民间舞蹈，又有说唱，丑、旦两个角色还可表演"花船"剧，含有戏剧、曲艺元素，综合性较强。"花船"舞一般由两人表演。旦角顶着船，手拿手绢或板子，叫做"船飘子"。丑角一手拿破芭蕉扇，一手拿竹竿当船篙，叫做"撑船的"。两人配合表演，舞蹈动作都是模仿船民的撑船、顶船、推船、摇槽、扯篷、系缆、解缆、串熊、上船、行船，还有耍跄等与风浪搏斗的惊险动作，形象生动，加上相互对答、唱曲及丑角的插科打诨、滑稽表演，有极强的娱乐性，风趣逗人（图 6.5）。

图 6.5　"花船"舞

连云港的"花船"舞不仅舞蹈性强，还有说唱表演。"花船"表演的伴奏有文武场。文场为唱曲伴奏，武场为舞蹈动作伴奏。"花船"演唱的曲调多为地方民歌小调，如《十劝郎》《谈媒》《梳妆台》《摘石榴》《小五更》等。伴奏乐器多为二胡、四胡、三弦等，舞蹈动作用锣鼓伴奏，多奏《一盆火》《紧急风》《么二三》《鱼咂嘴》等。"花船"表演的传统节目有《王妈说媒》《乔奶骂猫》《小秃闹房》《王瞎子算命》《三怕》等。

现今"花船"表演仍遍布灌云全县，深受当地人民群众喜爱。在重大节日庆典上，"花船"表演都作为保留节目上台进行展示。"花船"表演时，街上锣鼓一响，老人和小孩的心都动了，人们从四面八方涌过来，"花船"所到之处被围得水泄不通。艺人利用"花船"载歌载舞，灵活机动，不断创作新的"花船"舞剧，不断丰富着"花船"表演的内涵与形式。"花船"舞这一舞蹈类型不仅仅代表着一种艺术，更传递着沿海地区人民对美好生活的向往之情。

四、打莲厢

民间舞蹈"打莲湘"，始称"打莲厢"，亦称"霸王鞭""金钱棍""打连响""打莲花""莲花棒""打花棍"等，这一民间艺术形式流传于整个江苏地区以及安徽、山东部分地区。由于地域条件、文化特征等条件的不同，连云港流传的打莲厢舞蹈显现出一些与众不同的形态特征，主要流传在江苏省连云港市赣榆区黑林镇一带，是一种人们喜闻乐见的传统民间舞蹈，动作灵活多变，调子轻松明快，唱词通俗易懂，是千百年来当地人民群众在劳动过程中逐步发展和创造出来的一种民间舞蹈艺术形式，是中国民间舞蹈的艺术瑰宝，也是连云港第一批市级非物质文化遗产名录中的传统舞蹈类项目。

莲厢的制作工艺简单，找一节长约 70 厘米的紫竹、备 16 枚铜钱、一些彩色毛线，先在蒸好的紫竹的两端各钻两个孔，孔长为两个铜钱的直径长度，每个孔内并排放上两排铜钱，每排8个，舞动起来相互撞击发出声响。用砂纸把竹节打磨光滑，刷上油漆，再在开孔的两端绑上些彩色毛线予以装饰，一把莲厢就制作完毕了。表演者拿着制作好的莲厢配合着伴奏在地上以及手、肩、脚、背等身体各部位敲打，发出悦耳的响铃声。打莲厢可由一人手拍竹板开唱，三四人手摇莲厢和之；也可一人独自摇头演唱，用莲厢击打身体部位和之；也可以一队人齐舞的方式出现，互唱互和。表演者手持莲厢中段，或五指握实或三指轻拈，运用手腕、手臂翻转绕动。舞蹈时不停变化身体的打击部位和舞姿，步伐、节奏多变，并加入队形变化以增加构图的美感。在队形构图上，多表现荷花、渔船、水草、日月星辰等造型[14]。打莲厢动作灵活多变，调子轻松明快，唱词通俗易懂。人们通过口传心授的方式传承着（图6.6）。

图6.6　打莲厢

打莲厢表演时常见的服装为女红男蓝。女子身穿玫瑰红大襟上装，着描花胸兜，系一根淡黄色腰带，穿翠绿色便裤；男子头上扎一条白毛巾，着对面襟镶红边蓝色（或浅蓝色、本白色）中装。据传这种服饰是北方大辽礼制的沿袭。另有一种是仿制十九世纪抵抗外来入侵的太平军的服饰，头扎英雄巾，身穿双排纽对襟短打，下穿灯笼裤，英俊潇洒，颇具英雄气概。

五、其他舞种

除了上述特色舞蹈，连云港各地还有一些其他舞蹈：鹅毛扇舞，即渔民休闲娱乐的时候表演的一种舞蹈。表演者多为少女，少女拿着由鹅毛制成的扇子，伴随着音乐翩翩起舞。渔嫂舞，即在连云区盛行的一种舞蹈。渔嫂是指在海边生活的妇女，在节庆的日子里，渔嫂会穿着特色服装，拿着贴着红花的笠以及渔网等表演道具，随着伴奏的音律起舞。高跷舞，即表演者踩着高跷，踏着秧歌舞步的一种舞蹈。表演者手握莲花转灯，在夜间的表演相当壮观。队伍中有扮演"老头""老奶奶"等角色的，队形随时变换，穿插各种高难度动作。

诗歌、音乐、舞蹈都是人们在生产与生活中的一些产物，具有独特的文化内涵和艺术价值，也都属于非物质文化遗产范畴，如何保护和发扬是我们要考虑的重点问题。对非物质文化遗产的保护和传承是促进我国文化自信的重要抓手，对于延续中华文脉具有重要作用。想要传承非物质文化遗产就必须借助人民群众的力量，让非物质文化遗产能够深入人民群众的生活中。这就需要政府和传承人加大宣传力度，从各个方面去宣传，让人们了解自己家乡的艺术文化，这样才有利于对非物质文化遗产的保护和传承。相关保护单位不能将一种文化形式申请为非物质文化遗产后就放任自由，更应从不同角度去挖掘这种文化形式的各种价值。

第四节　渔文化中的传承工艺

工艺美术起源于人类开始制造工具的时代。工艺美术是造型艺术之一，工艺美术制品是以手工艺技巧制成的与实用相结合并有欣赏价值的工艺品。工艺美术大多是由劳动人民直接创造的，同人们的物质生活和精神生活密切相关。它的产生，常因历史时期、地理环境、经济条件、文化技术水平、民族风尚和审美观点不同而表现出不同的风格特色。因依山靠海，连云港工艺美术中也有渔文化的元素，且在国内外久负盛名。

一、贝雕工艺文化

贝壳是大自然鬼斧神工之作，种类丰富、色彩美丽、纹理独特，有的还是很精妙的反光体。贝雕就是选用有色贝壳，巧妙地利用其天然色泽、质地和形状，通过切割、研磨、抛光、堆砌、粘贴等工序，精心雕琢成平贴、半浮雕、镶嵌、立体等多种形式和规格工艺品的一种工艺。

（一）基本概览

连云港海岸线长达 200 多千米，贝壳品种丰富，大约有 70 种。连云港曾是我国四大贝雕画生产基地之一，流布区域集中在市内的赣榆区、连云区和东海县等地，历史悠久。

从宋元至明清，这里的螺钿镶嵌工艺和贝贴工艺就十分流行，富人家具、家庭饰品等均有生产。而贝雕工艺起源于 20 世纪 50 年代末，大连、青岛和连云港一带的渔民把从海外拾到的美丽贝壳粘堆成各种花鸟、动物及各种项链配饰，俗称贝堆，后来经过工艺美术研究反复研制而成贝雕。连云区、青口镇规模化生产的贝雕画，经过数百年的发展，成为中国民间工艺的一朵奇葩，产品曾多次获得国家级、省级大奖，"花果山牌"贝雕画行销全国，部分出口东南亚、欧洲以及我国的香港、澳门等地区。至20世纪70年代，连云港成为全国四大贝雕生产基地之一，有6家规模化工厂及许多零散家庭作坊在生产贝雕工艺品，从业人员达400余人（图6.7）。

图 6.7　贝雕艺术品

（二）传承代表

工艺美术文化的核心就是人，留住传承人，也就保证了工艺美术文化的传承。连云港贝雕讲究因材施用，每道流程都是手工操作，核心技艺全凭口传心授，靠学习者用心感悟。早期有高凤岩、吴汉枝、蒋祖安等人，后有传承人张西月、吴龙会等，目前正在培养第五代传承人。

1. 吴汉枝

吴汉枝创作的螺钿画，在制作方面有他的独到之处。他的制作方法有区别于他人之处，他创作的螺钿画是经过选材、钿沙制作、画面设计、螺钿定位、磨错定位光平、推光等一系列的制作工

图 6.8　千手观音

序加工而成的。在贝壳选材上，一个品种一个颜色，选取其中的特定颜色制成螺钿、钿沙。有的贝壳必须用铁臼捣碎、过筛；再按螺钿定位的 4 道工序来完成，直至再经过 5～6 道加工工序才算基本完成一件作品。通常一件作品要用 1～2 年时间才能完全完成。吴汉枝的代表作较丰富，尤其是他创作的《千手观音》《三个小菩萨》螺钿画（图 6.8、图 6.9），真是出神入化、手艺独到。《千手观音》这件作品他用了数年的时间才完成。当时有人出大价钱购买他都不舍得卖。他的《千手观音》作品在 1991 年被《连云港日报》专题报道过，在 1994 年被市电视台宣传过，也曾被江苏省电视台专题报道过。在 1994 年 7 月被中央电视台二套节目宣传过；同时在

图 6.9　三个小菩萨

1995 年 4 月被美国东方卫星电视台展播过，受到海外观众的一致好评。他还带着《千手观音》作品去南京参加过中国艺术节的展览活动。

2. 张西月

张西月是江苏省非物质文化遗产项目连云港贝雕的省级代表性传承人、江苏省工艺美术名人和研究员级高级工艺美术师。他是土生土长的连云港赣榆人，从 1978 年进入赣榆工艺美术厂学习贝雕开始，他把所有的时间和精力都放在了研究贝雕创作上，并在螺钿镶嵌工艺的基础上独创了螺钿丝嵌工艺。张西月多年来在制作和传承连云港贝雕的过程中始终坚持创新，对作品的设计从载体造型到图案内容和色彩，力求满足现代人的审美需求。工艺表现形式上，从半立体改为平面镶嵌、从纯手工到半机械化等，这些都是不断创新的体现。2005 年以来，贝雕成功入选赣榆县（2014 年 5 月后为赣榆区）、连云区和连云港市非物质文化遗产名录，吴汉枝、纪晓芳、张西月入选连云港市贝雕非物质文化遗产项目的代表性传承人，张西月工作室被确认为连云港市贝雕传承保护基地。张西月还成立了螺钿丝嵌艺术品工作室，入驻青口文化创意产业园，恢复了螺钿丝嵌艺术品，对保护和传承贝雕画工艺起到了重要的作用。刻贝为宝，巧琢成珍，匠心之道，精益求精方能臻于至善。张西月用他的信念和执着，让小小贝壳集聚出山海神韵，继续着人与大海的动人故事（图 6.10）。

图 6.10　连云港贝雕传承人张西月

（三）工艺流程

贝雕工艺品的制作较为复杂，优质的贝雕工艺品往往是经过装裱的，有的还配有底座，具有较高的艺术观赏价值。连云港贝雕品种繁多，可细分为贝贴画（含螺钿画）和贝雕画等。

贝雕画的制作关键在于因材施艺，所谓"材"，即天然提供的材料，依势取形，然后用堆、叠、联、粘等方法，制出成品。贝雕画工艺复杂，要构思设计图案、白描组合图、贴料分解图、选定贝壳原料，首先经砂轮割磨打粗坯，再进行面块粗雕，继之以线刻、点刻、劈刻等多种技法精雕，还需经过水磨才能进入抛光（也可酸洗）上色等工序，配上木框和玻璃。贝雕工艺品色彩艳丽，立体感强（图6.11）。

螺钿镶嵌是贝雕工艺的一种表现形式，采用漆器脱胎工艺创作出各种造型，结合漆画艺术、景泰蓝工艺创作出贝类圆雕的艺术品，它通过对鲍鱼

图 6.11　贝雕工艺品

图 6.14　桃花涧景区的石刻

（二）孔望山景区的石刻

孔望山景区位于海州区锦屏山东北部，东依盐河、北临玉带河，西距海州古城 3 千米，是国家 4A 级旅游景区。山体东西长 800 米，南北宽 300 米，海拔 123 米，占地 73 公顷，由花岗岩和片麻岩组成。相传孔子问官于郯子，尝登此望海，故名孔望山。孔望山蕴含着丰富的历史文化，有新石器时代杯盘刻石、秦王朝东大门遗址、孔望山摩崖造像、千年古刹龙洞庵以及宋、元、明、清的名人题刻。孔望山摩崖造像是其中的代表，位于孔望山南麓西端，依托山崖的自然形势凿成。刻面东西长 17 米，上下高约 8 米，约有 105 尊造像。孔望山摩崖造像大致分为佛教造像、道教造像和世俗画 3 个部分，内容有叠罗汉图、饮宴图，也有佛教的涅槃图、舍身饲虎图及佛像、力士、菩萨、弟子和供养人构成整个画面。它是一组东汉的摩崖佛教艺术造像，是我国最早的石窟寺艺术雕刻（图 6.15）。

图 6.15　孔望山摩崖造像

（三）花果山的石刻

国家重点风景名胜区花果山，东临大海，西接中原，北扼齐鲁，南达江淮，坐落在南云台山中麓，自古为旅游胜地，有"东海第一胜境"的美誉。花果山所在景区面积75.39平方千米，层峦叠嶂136峰，主峰玉女峰海拔625.4米，乃江苏省之巅。花果山山海相依，植被丰富，自然风光旖旎，蕴含着秦汉以来两千多年丰富多彩的人文景观，集海景、山石、古迹、神话于一体，形成了独特的面貌，令人心旷神怡。明代顾乾所写《云台山三十六景》和清代黄申瑾所写《云台山二十四景》中的主要景观，大多分布其中。花果山以四大名著之一的《西游记》而著称。千百年来，古建筑、古石刻、古遗址以及古代文人墨客的游迹遍布山内（图6.16）。

图6.16　花果山的石刻

花果山内的石刻，见于世人的便有百块之多，未见于世人而存于山野者比比皆是。存世时间之长、价值之高，仅飞泉景观中的郁林观遗址便有17处石刻，为中国之最，其中也有关于渔文化的石刻内容。

第五节　渔文化的时代传承人

勤劳朴实的平凡大众，不仅创造了丰富的物质文化，而且创造了灿烂的渔文化。一些连云港非物质文化遗产传承人专注于渔文化，是渔文化遗产的承载者、传递者和创新者，以自身文化主体的身份保持了渔文化遗产的活态和自身文化特质等基本属性。他们在渔文化的传承、保护、延续、发展中，起着超乎常人的重大作用，受到一方民众的尊重与传颂。

一、传统木船制作技艺的传承人

传统木船制作技艺（木质渔船制作）是连云港第七批市级非物质文化遗产名录中的传统技艺类项目。木质渔船的制作技艺从选材、加工到成型的 100 多道工序全部由手工完成。长期以来，木质渔船的制作技艺全靠师徒传承，世代如此。如今虽然机械渔船的工艺流程已经很完善了，但真正的木质渔船制作技艺仍然要靠千余年来师徒之间的言传身教，而且徒弟要凭悟性和长期实践的体会及感觉才能掌握，这些难以言表，也很难形成文字资料。从选料到加工都采用眼看、手柞等方法，没有具体的理化指标，全凭经验。木质渔船制作技艺在连云区和赣榆区都有非物质文化遗产传承人。

连云港传统木船制作技艺（木质渔船制作）的市级代表性传承人为连云区连岛街道西连岛村村民张炳友。连岛当地制作渔船已有 200 多年的历史，从小舢板、小褂鸟，到大木船、机帆船。20 世纪 50 年代，连岛渔业船只主要是木质舢板，部分是木帆船；到了 60 年代，建造了部分大木帆船，之后是 60 马力左右的木制小机船；70 年代，建造了 80 马力左右的木机船；80 年代，185 马力左右的木机船成为连岛渔业船只的主力军；90 年代至今，连岛渔家出海渔船基本都还是木制机动渔船。木质渔船制作技艺蕴含着人工造物与生活的智慧，保留着传统工艺和实用性的痕迹，是内涵丰富的非物质文化遗产，在造船技术不断进步的当今时代，它对研究古代造船历史与古代造船技术的发展，以及地方政治、经济、文化与生活习俗的发展与变化都有着重要意义。张炳友，1954 年 12 月出生于连岛街道西连岛村，江苏省乡土人才"三带"（带领技艺传承、带强产业发展、带动群众致富）新秀，他在 17 岁时在连岛船厂参加工作，短短数年便熟练掌握了设计、选材、塑造、打磨、拼装各项造船环节，经他手制作的渔船有 400 多艘，经过了近 20 年的沉淀，成为木质渔船制作和维修领域的能手。1990 年，张炳友和杨尧悦共同编纂《杨尧悦》一书，在参编此书的基础上，张炳友又创作了《古风船如何造，如何使用》一书，在船舶制造领域深受欢迎（图 6.17）。

赣榆区海头镇有一位世代传承木船制作技艺的村民仲维春，他是传统木船制作技艺（连云港木质渔船制作技艺）的省级代表性传承人。仲维春从十二三岁开始学习"排船"，如今 40 多年过去了，还坚守在纯手工制作木船的第一线。仲师傅的父亲、爷爷及祖上都是制作木船的工匠，为了将这一传统技艺传承下去，仲师傅还收了许多年轻的徒弟。造木船既是苦力活又是技术活，它全靠手工制作，还需要匠师计量、画图，整个工程有 20 多道工序，从初学到全学会至少需要 3 年。仲师傅一开始制作小帆船，后来逐渐开始造小型挂桨船、带柴油机的大机船，当时大机船上采用的还是潍坊产的斯太尔柴油机。虽然现在木质渔船的制作

图 6.17　传统木船制作技艺（木质渔船制作）的市级代表性传承人张炳友

减少了，但仲师傅也没有闲下来。他开始制作木质渔船模型，把一二十米长的渔船缩小到原型的十分之一，工艺和真船一样。制作精致小巧的木质渔船模型，一方面可使传统的手工技艺得以保留和传承，另一方面还可以增加观赏和收藏价值，而且这种新颖的工艺品还会受到许多年轻人的喜爱，从而吸引更多年轻人学习制作微缩版木质渔船。成为传统木船制作技艺（连云港木质渔船制作技艺）的省级代表性传承人后，仲维春在连云港市、赣榆区有关部门的组织下，多次外出到江苏省宿迁市沭阳县、山东省临沂市等地学习非物质文化遗产传承的经验和做法。因此也有了更多展示和推广微缩版木船的机会，受邀参加了各种文化旅游活动，如石桥桃花节、厉庄樱桃节、塔山冬季旅游节等（图 6.18）。

图 6.18　传统木船制作技艺（连云港木质渔船制作技艺）的省级代表性传承人仲维春

　　那凝结两千多年历史，铭刻在无数"圬工""捻匠"和他们子孙记忆中的木船，成为浓缩的非物质文化遗产，仍将以新的形态传承下去。在连云港，像张炳友、仲维春这样的传统手艺人，为人正直，热爱造船技艺，用他们的话说就是：现在我们很自豪，能把传统的手艺记在心里，很荣幸能把这个古老的手艺传承下去。

二、五柳河传说的传承人

五柳河传说是连云港第一批市级非物质文化遗产名录中的民间文学类项目。历经 1 600 年，具有广泛的群众性和民间传承性。它主要流传于连云港市云台山脉的高公岛街道、宿城街道、云山街道等渔业乡（镇）。陶渊明带兵修建的五柳河大堤位于江苏省连云港市连云区高公岛街道柳河村境内。五柳河大堤、五柳河乡皆因《桃花源记》的作者陶渊明而得名，因而具有广泛的流传性和知名度。它讲述当年柳河村百姓受海潮侵害，望着眼前就要成熟收割的庄稼被海水淹没，将颗粒无收，老百姓哭天抢地，哭号不止。陶渊明目睹这一切深感痛心，亲率大军两千人，在柳河近海的平地上挖了一条长约 1 里半，宽约 1 丈 5 尺，高 2 丈的大堤，大堤既可以挡潮又可以灌溉农田。从此，当地百姓安居乐业，再未受到海潮影响，也是从那以后，高公岛街道柳河村的老百姓为纪念五柳先生陶渊明，每年春天都会在河堤上种植柳树，该地故得名五柳河乡。陶渊明能懂得百姓疾苦，为老百姓实打实地办事，因而深得民心留史青册。

五柳河大堤是陶渊明为民解难真心实意办事的见证，对促进社会进步起到重要的作用。五柳河传说不仅包含着珍贵的人文历史传承价值，具有较高的文化价值，而且对研究民风、民俗，挖掘民间文化瑰宝，促进构建和谐社会也有重大的意义。为加强对非物质文化遗产的保护，高公岛街道拨出专项经费，从深度挖掘原始素材入手，采取口头、文字、音像同步的收集方式，翔实地制定了高公岛街道非物质文化遗产保护工作的五年规划，把保护、挖掘、整理民间文化瑰宝作为造福千秋、无愧子孙后代的一件大事来抓。而张译如便是此项非物质文化遗产的代表性传承人。

张译如是五柳河传说连云港市级非遗传承人。先后任高公岛公社机关会计、公社文化馆干事、高公岛冷冻厂厂长、高公岛工业公司总经理、高公岛街道总会主席、高公岛乡协调办公室主任等职。1988 年被中共连云区委授予"连云区优秀党员"荣誉称号，1997 年被连云区总会评为"帮困互济工作先进个人"，被连云区政府评为先进工作者。1998 年，江苏省劳动厅和乡镇企业局对全省乡镇企业安全生产进行综合评估，张译如领导的高公岛工业公司因成绩突出荣登榜首，张译如本人也被江苏省劳动厅和乡镇企业局评为省级先进个人。张译如同志退居二线之后，仍然关注少年儿童的成长，他将毕生所学所知毫无保留地传授给青年一代，为五柳河传说的传承尽着自己的一份力，他在 2000 年被连云港市关心下一代工作委员会评为先进个人。张译如同志和柳河村百姓加强对流传在本地的渔家生产谚语、历史传说、佩玉、戴老虎帽、选宅基地、过冬等传统文化民俗保护、整理和传承的力度，其中五柳河传说入选江苏省第二批省级非物质文化遗产名录，田百万、文峰笔、砚台石的传说入选连云区第一、二批非物质文化遗产名录。

三、紫菜制作技艺的传承人

连云港海域面积 7 516 平方千米，浅海滩涂 11 万公顷，境内有全国八大渔场之一的海州湾渔场，连云港境内有 17 条较大河流入海，海区水质肥沃，是沿海养殖户赖以生存的海洋牧场。1990 年，连云港从日本引进"曙光 1 号"条斑紫菜这个新品种并栽培成功，引进"全浮流式"养殖技术，扩大了紫菜的可养范围。2019 年，连云港市紫菜协会成立。经过多年发展，连云港已成为目前全国最大的条斑紫菜生产基地。

连岛上的野生紫菜，是纯天然无污染的一种海洋野生植物。它生长于海岛有千年之久。它曾在唐玄宗开元年间就被列为贡品。《太平寰宇记》对海州的贡品紫菜有详尽的描述，生长在连岛北海岸边崖头上的野生紫菜，已无法考证何时出现了，但从岛上有人居住，人们就开始食用了。每年的 2—3 月，在崖头上远远望去是漆黑的一大片。野生紫菜喜阳而且必须是在有海蛎的地方才会大面积生长，野生紫菜把海蛎当作依托，它是一种附着贝壳的藻类。要想采摘野生紫菜要等到落潮时，紫菜呈六至七分干时用蛎铲揭开一小部分然后就可以大片撕下。条斑紫菜分为果包品种和细状品种，野生的紫菜属于果包品种，细状的是独苗不适合野生生长。野生紫菜的留种是在 3 月份，采集是在 3 月中旬至下旬，留种与采集不冲突，采集后它的种依然留在海蛎中。

野生紫菜的营养成分非常高，它含有大量腆质、胶质、蛋白质、维生素 A、维生素 C、维生素 D、氨基酸等成分。野生紫菜的口感好，和人工紫菜相比，野生紫菜的口感更为鲜嫩、柔和。民间常用紫菜做妇女产后催乳剂等。在新中国成立前后它是连岛渔民的主要食用品之一，渔民把它当口粮一样对待，曾用它拯救数条性命。

杨光璠是紫菜制作技艺这项市级非物质文化遗产的代表性传承人。1963 年于新海中学高中毕业，1965 年在连岛水产中学任教，1974 年任连岛文化站站长，1999 年从连岛文化站退休在家。野生紫菜的采集与制作自岛上有人居住开始便有，起初只是个别人的个别行为，采集的人多数都是临近野生紫菜生长区域的渔民。在自然灾害年代，海边一切自然生长可以果腹的东西都是人们争相采集的重点了，海蛎、海菜、野生紫菜、贝壳等，帮助人们度过了饥荒的年代。那时候的野生紫菜，也自此受到了广大渔民的喜爱和青睐。杨光璠家就靠近野生紫菜生长的区域，其父对于野生紫菜的生长周期、采集制作都非常熟悉和富有经验。杨光璠自小便跟随父亲一起劳作、学习，现在杨光璠已全部掌握其父亲的技巧和经验。作为党员的杨光璠手写《连岛传说》，讴歌渔民勤劳勇敢、战天斗海的伟大精神。

四、连云港渔文化中的渔元素

（一）刘罡与刘氏剪纸

剪纸是一种镂空艺术，它的载体是纸张、金银箔、树叶、纺织品、皮革等材料。剪纸的技法有：剪、刻、撕、用线香熏烧。虽然工具有别，但制作出的作品基本相同，可以统称剪纸。连云港依山傍海，渔文化中的渔元素在剪纸中的体现数不胜数，刘氏剪纸就极具渔文化特点（图 6.19）。

刘氏剪纸来源于传统民间剪纸，结合现代剪纸造型，追寻当代审美需求。剪纸作品创意深远、构图精巧、刀工细腻、制作精美，在当地具有广泛的影响。特别是代表人物刘罡，刘罡自幼随父学习剪纸，至今已有 34 个年头。以他曾经雕刻的人面鱼为例，所谓人面鱼，是人、鱼合体的结构形式，多表现为人首鱼身，亦有人首和鱼头合一的意思，它突出的巫术性质和图腾气息都表现出人类与鱼类的依存互化关系，以及两亲相近的血肉联系。人和鱼互相寄寓，又互相转借，意味着人和鱼是交融的共同体，被人格化了的鱼类图像和各式鱼类图纹也同样具有氏族保护神的性质。而鱼类、鱼纹剪纸闪烁着远古原始文明的奇异光彩，蕴含着中华民族的古韵，展示了人化与物化的统一。

图 6.19　刘氏剪纸作品《年年有鱼》

（二）王振兰与渔文化面塑

面塑是连云港第一批市级非物质文化遗产名录中的传统美术类项目，俗称"捏面人"。它是用面粉和糯米粉等原料制作成各种人物、动物或花鸟形象的民间工艺。面塑艺术在我国从有相关文字记载开始已有一千三百多年历史。面塑作品色泽鲜艳，造型生动逼真，有婀娜多姿的美女、天真烂漫的儿童、各种蔬菜瓜果、花鸟虫鱼、戏剧人物，受到专家和群众的喜爱。

王振兰从小就喜欢工艺美术，特别是面塑，经前人指点，加上自身的钻研及不断的摸索与创新，使面塑艺术无论从实用性、观赏性还是表现手法上都取得了很大突破，独具匠心的理念、创意及熟练的手法，勾勒出一件又一件的艺术作品。形似陶瓷色彩，内容丰富、构思巧妙、做工精巧、栩栩如生，令人赞不绝口。王振兰能够吸收泥塑、雕刻、陶艺等方面的技艺，把海洋文化和渔文化融合在作品之中，形成了自己的面塑艺术风格。还有民间传说老者过寿，用"寿山"面塑作品烘托过寿气氛，如作品《八仙过海》《群仙祝寿》等。同时她还创作了一些作品来表现家乡的美丽风光，如作品《西游记》《五圣取经》《海上云台山》等（图6.20、图6.21）。

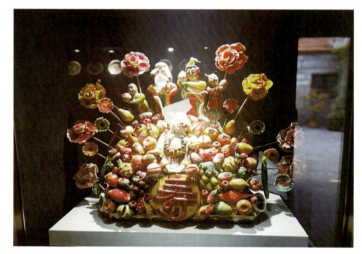

图6.20　王振兰面塑作品《群仙寿图》

图6.21　王振兰面塑作品《东海龙王》

陶渊明在宿城

陶渊明，东晋大诗人，字元亮，又名潜。东晋安帝隆安四年（400年），陶渊明任镇北将军刘牢之的参军，随军"往来海上"，身至连云港宿城地区，在此盘桓山水，遍览风光，留下了足迹和诸多的诗句。

东晋安帝隆安四年（400年），朝廷一道扩军募勇的圣谕，把九江的陶渊明征到镇北将军刘牢之军中。征兵干什么呢？当然是对付浙东造反的孙恩起义军。一年多来孙恩起义军越战越勇，越来越强大，朝廷慌了神，下至十六、上至六十的男子都在征兵之列，陶渊明才三十四岁，不老不少，正在其中。刘牢之见他出身贵族名门，又当过九江祭酒的官职，这在当时讲究门阀、崇尚清谈的东晋政坛都是出仕条件。刘牢之看他诗作得清奇秀丽，字写得龙飞凤舞，人又长得标致，一高兴就安排他在幕僚中任参军之职，是个重要差事，参与军机，拟作公文，不扛枪不背刀，倒也轻松累不着。

隆安六年（402年）初夏，刘牢之调派精兵强将，率领参军刘裕、陶渊明和自己的儿子刘敬宣尾追到郁州来攻打孙恩。在白浪滔滔的大海上，陶渊明站在楼船上，遥望着耸立于海上的郁州好似家山匡庐，又情不自禁地吟诵自京口起船就酝酿的诗句：

> 眇眇孤舟逝，绵绵归思纡。
> 我心岂不遥，登降千里馀。
> 目倦川途异，心念山泽居。
> 望云惭高鸟，临水愧游鱼。
> 真想初在襟，谁谓形迹拘。
> 聊且凭化迁，终返班生庐。

刘牢之水军的楼船靠近平山拢岸，选定景疏楼为中军大营。陶渊明听说这里是二疏故里，不等停当，参拜了二疏墓，酝酿起《咏二疏》诗句：

> ············
> 问金终所寄，清言晓未悟。
> 放意乐余年，遑恤身后虑。
> 谁云其人亡，久而道弥著。
> ············

陶渊明感叹了一会儿，慢腾腾地走回营寨。

军事会议时，刘牢之询问陶渊明良策妙计，陶渊明建议说："孙恩大本营现退据鹰游山，前营尚扎在高公岛，依岛面海，进退自如。可否以一路佯攻鹰游山，以一路重兵直捣高公岛，先折断其翼。我有一幼时同窗，现就出家在岛上法起寺，法名鹫峰。此人谙兵法，熟地形，可否向他求计助战？"刘牢之称善，一边派人走虎口岭前去与鹫峰禅师联系，一面派参军刘裕、陶渊明和自己的儿子刘敬宣前去侦察高公岛一带地形。两路人马约定到法起寺会合。

夏天海上亮得早，一天海雾，陶渊明三人乘小船，绕高公岛海域转了一圈，打探敌情。事毕，船行到山尽头处。陶渊明指着西边一大片郁郁葱葱的山凹，说："听说法起寺就在这里头。"小船掠过海堤一行大柳树，又越过一片沙垄，进入一个石峡小口，小口越朝里越窄，慢慢走不进船了，三人便弃船上岸。前行不远，忽闻半空声若雷吼，又见斜刺里飞瀑射来，一股股浪花腾起水雾，四下弥漫，伴随冷气袭人，陶渊明惊叫一声："好看！"凝神远看，有三级瀑布在山中时隐时现，最上宽有丈余，从高约五六丈处垂直飞泻下来，如白练悬于天际，又从第二层悬崖蹿起飞降，如同挂起晶石般的水帘。

再向前走，忽然山开豁口，前面是个四面环山的旷野，别有天地。四周小溪奔汇成一条清溪，长桥卧波，柳荫披拂。过桥之后是片平地，有田数百亩，似绿锦铺就。细看山野中炊烟袅袅飘动，这才分辨出山坡上遍布着点点人家。看着这一片太平景象，陶渊明突发诗兴，开口吟道：

> 嬴氏乱天纪，贤者避其世。
> 黄绮之商山，伊人亦云逝。
> 往迹浸复湮，来径遂芜废。
> 相命肆农耕，日入从所憩
> ....

陶渊明在此沉吟，尽管刘裕、刘敬宣连连催促，也不想迈步。直到法起寺鹫峰禅师来到跟前，才恍然醒觉。鹫峰禅师自幼与陶渊明性情相投，意气相合，他长大后看破红尘不愿为官，故来此出家。鹫峰禅师拿出镇寺特产"云雾茶"来，热情招待远客。乘客人喝茶，鹫峰禅师扯住陶渊明说："来，兄弟与你说两句别后之话。"来到寺外桃林中，鹫峰禅师开门见山，说："我已知你来意。不过兄弟既为山野之人，与你不打官腔，你看这世道如何？"陶渊明快人快语："还不是乱哄哄，一团糟！"鹫峰禅师说："正是，正是！你看这北方五胡乱华，烽火不息。南方吏治腐败，民陷水火。华夏大地，虎狼纷争，官逼民反。你看孙恩等各部起义军，不都是庶民吗？莫不是为生存铤而走险者！天下百姓若能像本地居民一样丰衣足食，谁还想去找死？饥寒者为求温饱，便被视为贼寇。陆上不能苟活，被逼到天涯海角，还不放过！这又为何呢？"陶渊明点点头，说："也是，兄弟说得有理。一年来，我经历数次战事，看到战场上战死的成队士兵，成群被杀的俘虏，越来越感到这仗打得没有意思。"鹫峰禅师说："佛家以慈悲为怀，意在普度众生。"二人越说心越贴近，陶渊明说："经你开导，我心中已明白。只是这刀把子在人家手里提着，如何摆脱眼前这场血腥战事，还需兄长为我筹划。"鹫峰禅师说："办法还是有的。决战前，你可恳求镇北将军，让其子刘敬宣与你共同把守高公岛，让刘敬宣独当岛南正面浅海，你可守岛东偏面深海。刘裕这个人不是普通人，将来能成大事，建议由他攻打孙恩军大营，这也正合他急于想立功之意。孙恩在此深得民心，这里有人暗中知会他先向深海再折南逃遁。海阔凭鱼跃，你就网开一面。战场责任自然落到正面的刘敬宣头上，镇北将军能认真去追究自己儿子的过错吗？你不还是有功而问心无愧嘛！只愿孙恩撤去，还我海岛一片安宁！"

陶渊明暗暗钦佩鹫峰禅师，回去即献上此计，刘牢之依计而行。孙恩起义军敌不过强势攻击，果然从羊山岛一带乘船向深海逃去，刘敬宣在浅海追之不及，孙恩退到浙东家乡去了。

东晋安帝义熙元年（405年），陶渊明出任彭泽县令。他在公田种了高粱酿酒，只求"令吾常醉于酒足矣"！一日，陶渊明一头喝酒，一头写《读山海经十三首（其一）》：

············

泛览周王传，流观山海图。

俯仰终宇宙，不乐复何如？

正得意间，县主簿来报："有上官督邮前来视察，要县令整冠束带到官道迎候。"陶渊明哈哈大笑，说："这样的事有我喝酒、作诗重要吗？张牙舞爪，贪得无厌，都是些什么东西？"当即把印一挂，说："白白费我八十三天时间。"挥笔乃赋《归去来兮辞》："归去来兮，田园将芜胡不归！既自以心为形役，奚惆怅而独悲？悟以往之不谏，知来者之可追。实迷途其未远，觉今是而昨非！……"吟罢，扬长而去，从此过着"采菊东篱下""带月荷锄归"的田园生活。

第七章 地域人文：连云港
渔文化的习俗特色

连云港的渔民祖祖辈辈在"无风三尺浪，有风浪滔天"的大海上漂泊，做渔民的风险非常大。由于过去科技落后，抵御自然力的手段很少、能力很差，生命财产没有保障，因而渔民把自己比作"神仙、老虎、狗"，在精神上鼓励自己，对抗大海。为避免在海上遭遇不测，在渔民中逐渐形成了一整套无时不有、无事不在且较为稳定的传统风俗习惯。由于连云港的地理位置和海上生产的特点，这里的渔民风俗，既有南至东海、北达渤海的沿海地区的共性，又有连云港自己的个性。时至今日，由于海上捕捞条件发生很大变化，抵御自然力的手段大大增加，加之社会的进步，有的传统民俗已经消失，而连云港渔民留存下来的，都是千百年前从当地先民那里传承下来的。

第一节　连云港渔民的崇拜习俗

对自然乃至神灵、鬼怪的崇拜，在古代是人们精神生活中非常重要的组成部分，渔民也不例外。放眼世界范围内的文明发展史，在上古时期的人类社会中，很多人对此有着十分热衷的追求和信仰，其原因是当时社会的生产力不发达，生活条件也相对较差，人们通过自身能力去面对这个复杂多变的世界，其实是非常困难的。如遇到一些猛兽，只能落荒而逃。因此，出于畏惧之心，便经常会将所遇到无法解决的事物，将它们当作自己的崇拜对象，幻想能够凭借祈祷行为寻求内心的安全感和慰藉感。另外，由于当时的人们对自然的认知能力非常有限，因而一些特殊的自然现象，如地震、海啸等自然灾害的出现，会对当时的人们造成思想意识上的压力，这种压力是非常巨大的。有一些比较有特殊外表形状特征的事物，或者能够在展现出的气势上令人们感到压迫或者鼓舞等感觉的事物，也会成为人们崇拜对象的一部分。这种崇拜随着时代的发展在渔民中也流传下来。

一、神灵崇拜

（一）楚太崇拜

与天后、龙王相比，楚太可谓是最"平民化"的神仙了。楚太没有封号，也没有专门受祭祀的庙宇，甚至连固定的名字和籍贯也没有。不同的地方，有人称他为"楚泰"，有人称他为"楚太"，还有人称他为"褚太"。楚太的籍贯也有不同说法，有人说他是南通人，有人说他是苏州人，还有人说他是佛山的。信仰楚太的区域大致上从连云港沿岸到长江口地区，此范围内的很多渔户将楚太当作自己的祖师爷。

如今连云港地区还流传着一些关于楚太的传说："某年腊月二十九，刮的却是东南风，楚太要从山东南下回家过年，见此情景，他只能将船驶入灌河河口避风。当地渔民问他：'你是不是赶不上回家过年了？'楚太说：'待会儿就会掉转风向涨大潮，新年年初准到家。'说来也奇怪，一会儿工夫，北风骤起，潮水向南，楚太驾船，一夜时间就赶回了苏州老家。"还有一种更为神奇的说法，楚太为了节省赶路的时间，驾船到了狼山，然后使仙术，船飞过了山，赶回了老家。灌南地区的堆沟港就是因为楚太在此避风而得名"好一堆沟避风港"。

据传说，楚太生前是一位善良的渔民，他有半仙之体，能呼风唤雨，还可以预知祸福，后来他为保护渔民而牺牲了性命。楚太死后成仙，一直在海上保护渔民。从古至今，楚太的故事一直在连云港广为流传。

（二）天后崇拜

根据中国的民间传说，天后娘娘法力无边，经常在海上拯救受害者。渔民尊她为守护神。后来，沿海地区的人们不仅视她为海神，还视她为祝福和好运之神。海州和赣榆地区有规模较大的天后宫。天后信仰虽然产生年代较晚，但凭借善良、贴近群众的形象，天后娘娘迅速成为渔民眼中最忠实、最慈祥的海洋保护神，渔民尊称她为"天后圣母娘娘"。

海州地区有许多天后宫殿。目前已有文献记载，海州天后宫是最早修建的，明代时重建；赣榆的天后宫前宫是由渔民建造的，后宫是由商人出资建造的，因为他们需要通过海上运送大量的货物，所以他们想让天后娘娘庇护，保障货物的安全；新浦天后宫的建设历时 10 年，东西 50 米，南北 80 米，新浦天后宫更是新浦迈向现代化都市的象征（图 7.1）；连岛镇海寺东面，亦有一座天后宫，渔民更是敬奉天后，每一次出海，都要带 3 只猪去天后宫祭拜。

根据老渔夫的记忆，海州和新浦的天后宫，每逢重大的庆典，都会有几个被称为"小宝号"（穷人家小孩）的孩子，跪在神像前焚香，唱祭悼词。

民间有很多关于天后显灵救人的传说，特别是晚上遇上狂风巨浪，人与船遭遇险境时，她总是会举着灯笼在前方带路，不但能让船只平安靠岸，还能让人心得到极大的慰藉。在连云港，我们经常能听到类似的故事，有些渔民能说出具体是哪一年哪一艘渔船在哪个海域遇到了风暴，而在天后的帮助下，他们顺利逃生，有些人还说了自己的经历。每月的初一、十五，渔民都要到天后宫内焚香祈祷，农历三月二十三日天后的诞生日，九月初九的天后飞升日，天后宫内更是香火旺盛。有些船主将某一艘船的名字和船员的名字写在红纸上，放在天后娘娘的面前，向她祈祷。也有人按照自己船的，雕刻同比例的小船，放在天后宫祈祷，如果船已在海里航行很久，船主就会去宫里检查自己的船模，如果船模不变、船身干燥，那就代表船在海上是安全的；船模上面若显得湿漉漉的，船主便会怀疑船是不是在海上出了什么事，他就会向神像上香，祈求渔民在海中平安。

图 7.1　连云港新浦天后宫

（三）龙王崇拜

龙是古代神话传说中生活于海中的神异生物，为鳞虫之长，司掌行云布雨，常用来象征祥瑞。龙王之职就是兴云布雨，龙王治水成了民间普遍的信仰。龙王神诞之日，各种文献和中国各地民间传说均有差异。旧时专门供奉龙王之庙宇几乎与城隍、土地之庙宇同样普遍。每逢风雨失调、久旱不雨或久雨不止时，民众都要到龙王庙烧香祈愿，以求龙王治水、风调雨顺。

龙王信仰的历史最长，信徒也最多，但龙王在渔民心目中的形象较差，渔民祭祀龙王，畏惧的成分大于尊敬。渔民相信，龙王就是海中的主宰，在海中渔民要处处讨得龙王的欢喜，不能招惹他、惹怒他，否则就会失去龙王的庇护。

每年农历六月十三，是连云港一带公认的龙王诞辰之日。在龙宫举行龙王的寿宴，为的是让龙王安静地过寿。有些讲究的船户会去龙王庙给龙王庆生，顺便借这个机会好好休息。在渔民心中，这是最重要的祭祀。直到今天，连云港依然流传着许多关于龙王的民间传说，在大多数连云港渔民的民间信仰中，龙王信仰还是渔民的主要信仰之一。

（四）　"把口将军"

"把口将军"是连云港沿海渔民最典型、最具地方特色的民间风俗，连云港沿岸有多条大河，由南至北，大大小小数十条，连云港地图上有十几个"口"字。根据沿海渔民的传统，每一个重要的港口都有一位龙王派出的水妖镇守，被渔民称为"把口将军"。"把口将军"的职责：第一，镇守海口，不让鱼儿出海化龙；第二，要防海中水族私逃到内河成精作怪；第三，教化并帮助渔民。

渔民对"把口将军"深信不疑，渔船到了有"把口将军"的海口，在船老大的指挥下，渔民都会烧几张纸，说些让"把口将军"保佑平安的话，然后再出海作业。

二、自然崇拜

（一）乌龟崇拜

作为中国传统四神兽之一的玄武，是龟和蛇的合体，因此龟也具有很多神兽色彩。中华先民对乌龟耐饿、寿命悠长的特点非常钦佩，所以许多部族都把它当成了自己的图腾。在人类社会发展的过程中，乌、龟也被视为财富与长寿的标志。在中国传统文化里，乌龟的形象和地位都是很高的，但到了元代，它的形象和地位就急剧下降，甚至有了一个一百八十度的大转弯，但连云港连岛地区的渔民似乎并没有受到影响。西连岛是一座小山，称"西山"，向西连接着一座更小的山，称"小西山"，从南向北眺望，二者合在一起活脱脱一只隐藏在波涛之中的乌龟，人们遂将西山命名为"小龟山"，小西山则被称为"龟头"。连岛的渔民认为龟在水族中地位仅次于龙王，力气也大，驮载物品最稳当，在乌龟背上安家，一定平安无事。于是以龟山为中心，从连云港南城迁来的渔民逐渐在连岛繁衍下去。

在小龟山南山，有一只大石龟，口鼻清晰可见，活灵活现，这只龟仰面爬山，退潮的时候，龟不会离开水面，涨潮的时候，海浪也不会把龟的脑袋给淹没，连岛的渔民都把这只龟当成了连岛的守护者，把它当成了保佑渔民发财的神龟。

（二）公鸡崇拜

渔民将船只视为"木龙"，在新船下水前，要在吉祥的日子举行盛大的开光仪式。渔人认为，公鸡是一种万能的神兽，可以驱邪，代表着吉祥。在开光仪式之前，要挑选一种体格健壮、体态匀称、羽毛漂亮、声音洪亮的公鸡，称"啼鸣鸡"。在船头的"龙眼"前面，放上一尊香炉，在袅袅的烟雾和爆竹的声音中，木匠用手捧着一只鸡，对着"龙眼"说好听的话。说着，他从鸡冠上取下一滴鲜血，滴在了"木龙"两个"眼睛"的中间，这就是点眼，也就是点睛。所谓"画龙点睛"，就是指在"木龙"的"眼睛"上，滴上一滴活的公鸡的血，就会有灵。用鲜血染红的啼鸣鸡，要放入新船中，与新船一同出海，取第一网鱼一起祭过龙王和天后娘娘后才能宰杀。出海的渔船，都要在最上面挂一面顺风旗，而顺风旗则是用红绸做成的。渔民认为，只有公鸡才能真正辨别海上的风向，公鸡眼光长远，可以保障生产的安全。渔

图 7.2　渔民在出海祭祀时都要用到公鸡

民在海里，几乎将自己的性命交托给一只公鸡（图 7.2）。

（三）　"大老爷"崇拜

"大老爷"是连云港渔民对鲨鱼、鲸之类动物的一种尊称，因为他们相信人在海里说话最灵验，说什么东西，什么东西就会马上到跟前。因此，他们从来不会在海里直呼他们的名字，而把他们称为"大老爷"，连云港一带，经常有这样的水生动物成群结队地游动，岸边的人把这种现象称为"过大鱼""过大老爷"。群体规模大的时候最长可达两千米，在它们的前方，还有一些水生动物飞出水面，场面很是壮观。"过大老爷"的时候，会引起很多人的注意，不过，在海里遇到这种庞然大物的时候，渔民的心情就不一样了，那些庞然大物一转身，尾巴一甩，就能将渔网给撕碎，甚至连人都会被掀翻。在海面上，遇到一群鲨鱼在附近游荡，船主便会很紧张，连忙带着船员敲锣烧纸，磕头祈祷："请'大老爷'多行方便，您老人家到别处去发财吧，保佑小民平安。"他们还会将大米、小米扔进海里，希望鲨鱼能早点离开，渔民认为大米是鱿鱼子，小米是虾和黄鱼的子，"大老爷"看到鱼种后，认为这种情况代表子孙兴旺，水中的生物没有被渔民捕绝，就会转身离去，不会伤害船只。

事实上，"大老爷"带来的不仅仅是紧张和灾难，一些有经验的船主，他们会根据"大老爷"的位置找到鱼，如果一个区域有一群"大老爷"聚集在一起，附近肯定会有很多鱼，这是一种集体狩猎的方式，有经验的人会让船跟着

"大老爷"，等"大老爷"走了再放网，十网中九网都不会落空。正史、野史、民间传说中，都有"大老爷"的记载，比如灌河河口过大鱼、高公岛"大老爷"拜龙王、赣榆地区的鱼骨庙、海州地区出土的鲸骨化石，还有近些年渔民捕获的各种大鲨鱼。这可以看出"大老爷"和连云港的渔民关系匪浅，大家都敬它、怕它。

（四）蛇崇拜

渔民从不会去攻击蛇，而是让它们自由地游荡。他们认为蛇是真正的龙，真要在海里动手，那可就麻烦了。连云港的渔民相信，蛇是一种比较阴凉的动物，他们很想在夏天睡觉的时候，让蛇从他们身边经过，让他们感受到蛇的灵性（俗称"蛇气"），可以让他们在海上安然无恙，不受炎热天气的影响。如今连云港沿岸从南到北，"过蛇气"的风俗在渔民中已经见不到了，但人与蛇和平共处及人们不打蛇的情况是较为常见的。

（五）石头崇拜

渔村的生活环境很糟糕，医疗保健条件也很落后，儿童的死亡率很高，逐渐就有了对石头崇拜，即拜"石干妈"的现象。事实上，拜"石干妈"并非单纯的迷信现象，它是原始社会自然崇拜、巫术崇拜的一种遗存，是一种很有文化价值的东西。

连云港一带拜"石干妈"，以连云和赣榆一带及潮河一带为盛，这与当地的地理环境、文化环境有关。因渔村生活条件恶劣，从事的工作风险较大，所以有拜"石干妈"的习俗。一家人，在家中孩子满月、百天、一岁的时候，就会带着孩子去拜"石干妈"，摆上糕点，点燃蜡烛，点燃香火，燃放爆竹，祈祷"石干妈"能把孩子当作自己的孩子，让孩子平安无事。当一家人祈祷完毕，就让孩子叫一声"妈妈"，文化素养较高的家庭还会写上一份文件。从此，这个孩子就算认了"石干妈"，一直到孩子离世，孩子都会受到石头的保护。每逢节日、重大的日子（成年、婚嫁等），都要去祭拜。连云港一带的"石干妈"很有特点，大多是用天然条形石块雕成的，其上以栩栩如生的线条勾勒出不同的形状，或慈祥，或横眉，或戴高冠，或戴着头盔，或刻有道家的图案，有的甚至只是一块石头，但有一点可以确定，那就是这批石头一定要被供奉，只有这样，才能让它们拥有神智，否则就只是普通的石头。渔民对"石干妈"非常尊敬，不能在"石干妈"旁边做一些不吉利的事情，也不允许有人在"石干妈"身上系动物，否则就会被"石干妈"惩罚。

连岛西边，小龟山南坡，有一块天然岩石，形似乌龟，仰面朝天，栩栩如生，退潮时，"龟壳"半埋在水里，涨潮时，潮水再大也不会淹到龟头，连岛一带的渔民，对这龟石顶礼膜拜，这块石头称"石干大"。连岛上的人，都能说出

117

连岛"石干大"能保佑孩子健康成长的故事，不少人都有亲身体验。

第二节　连云港渔民的传统风俗

民俗风情是民众的风俗、生活、文化的统称，也泛指一个地区中集居的民众创造、共享、传承的风俗及生活习惯。它是在普通人民群众的生产生活过程中形成的一系列非物质的东西。人们往往将由自然条件的不同而造成的行为规范差异称为"风"，而将由社会文化的差异造成的行为规则之不同称为"俗"，所谓"百里不同风，千里不同俗"正恰当地反映了风俗因地而异的特点。连云港渔民在生产和生活中积累了独具特色、多姿多样的民俗风情。

一、节日风俗

（一）扫尘与祭灶

根据海州的风俗，腊八节之后就开始忙着过年了，但是受潮汐等因素的影响，渔民往往要等到腊月二十三、腊月二十四"祭灶"之后，才开始忙着过年。扫尘是忙碌的，灌河岸边的渔民，通常在腊月十八、腊月十九便开始清扫，这里有句俗话："要想发，扫十八；要想有，扫十九。"连岛一带的渔民大多来自连云港南城，由于云台山农耕文化的影响，他们扫尘比较晚，通常是在祭灶之后，也就是腊月二十八，不过最晚也不会超过大年三十。扫尘那天，要把家里的家具都搬出去，屋子里的锅碗瓢盆都要收拾，"陈"是"尘"的谐音，"灰"是"晦"的意思，扫尘又被称为"扫陈"，意思是要把家里所有的破烂都清理掉，让家里焕然一新。打扫完后，家里每个人都要剪头发，洗澡，在以前洗澡很麻烦，一年也洗不了多少次，这就是"有钱没钱，干干净净过年"的生动写照。

祭祀一般都是在腊月二十三或腊月二十四。赣榆一带的渔民对祭灶十分看重，不但要认真地给灶神烧5个菜：鸡、鱼、肉、豆腐、虾丸，而且要有5碗米饭、5杯酒，有吃有喝。赣榆小口村的渔民祭祀用的是鲤鱼，因为他们是从内陆来的；高公岛的渔民在祭祀时，会用芦柴制成24支筷子，与旧的灶王画像和纸钱一起烧，渔民以为，这是灶王爷的坐骑，有些人甚至会用红色的纸包，把稻谷和稻草做成的干粮烧成灰烬。

灶王爷是一家之主，在腊月二十三或腊月二十四开始"辞灶"，一直到除夕"接灶"，这些日子，身为一家之主的灶王爷，因为要上天述职，家里又没人做主，为了保障自家的安全，一些大型的渔村，都会请人不停地敲锣打鼓，以警示人们"当心火烛，防火防盗"。除夕之后，每家每户都要送上一笔银子，叫做"心火蜡烛"。

（二）购年货

春节是中国人最大的节日，对渔民来说也不例外。每家每户都要备好年货，有吃有喝，有穿有戴，有新的年画，有红灯笼，有祭祖的纸钱，有接神的爆竹，尤其是猪头、公鸡、鱼等，用来祭海、祭祖等，这些都是渔民必备的年货。目前，连岛和高公岛上的渔村已基本实现了城乡融合，渔民在集市上采购年货，采购的数量也相对较少；而赣榆渔民要到"集"上才能买年货，年关将近，各村各有一场年中最盛大的集市，这是几百年来，村民们自发组织起来的，每隔一段时间，就能让村子里的人都能买到自己想要的东西。

这一次的采购，要花上好几天的时间，按照民间的习俗，春节是最好的消遣时间，不需要做饭，所以必须要在春节之前，把所有的东西都准备好。随着时代的变化，人们的生活习惯也发生了变化。

（三）上年坟

"要想旺，敬祖上。"海州湾沿岸的人们一向很看重对先祖的祭祀。从海州湾沿海渔民的上坟风俗来看，南部和北部仍有不同。从上坟的时间来说，南部的渔民（主要指的是高公岛、连岛、灌河一带的渔民）都会在早上，十二点之前就会上坟，而北部赣榆地区的渔民则正好相反，午饭后，下午一点钟到三点钟，就是集体上坟的时候了，按他们的说法，这是要和去世的家人相见。说到祭品，在南部是四大菜，以"神三鬼四"为主要内容。赣榆地区祭祀祖先所用的五种菜肴。这里的人敬天、地、路、河、井五神，受此影响，祭祀祖先也要用五种菜肴。

（四）年夜饭

在正月初一至正月初五，生米是不能下锅的，必须要"吃现成的"，渔民认为不这么做就会导致新的一年打鱼收成不好。因此在忙着过年期间，各家都会准备很多的年货，比如蒸的包子、馒头、发糕等，蒸出来的东西多，就代表一个家庭的财富，也就是蒸年。赣榆一带，由于受到山东地区饮食习惯的影响，所以在忙着过年期间要做很多的面点。

准备过年的过程，也是一种享受的过程，虽然有些累，但家家户户都是这样的，有些渔民甚至彻夜不眠，一直忙到除夕。赣榆地区春节有做炒米的习俗：将糯米适量清洗，用热水浸泡几分钟，捞出控干，下锅炒至金黄。春节的这一天，全家人都要吃炒米，正月初二的时候，他们会用炒米泡水加糖来款待客人，这是一种很有特色的习俗。

（五）炝狼烟

炝狼烟是一种古老的仪式，每年的除夕，渔民都会在自己家的门口举行，炝狼烟的原料是准备过年期间渔民家中扫尘产生的垃圾加上一些碎草。大年三十的早上，各家都会将扫出的垃圾和干草等杂物堆成一小堆，然后将所有杂物烧成灰烬，也就是把这一年中所有的霉运都烧了，然后随烟雾飘散，迎接来年的好运。

伛狼烟表现出渔民对陈腐晦气的憎恶和对新生活的渴望。这种风俗在赣榆一带盛行，在连云港南部很少见到，时过境迁，如今赣榆渔民在过年的时候，已经很少进行这项仪式了。

（六）贴春联和挂浪

人们会在大年三十的时候贴上春联和挂浪，与其他行业相比，渔民的春联是最有特点的。传统春联多为手写，不过最近几年，手写的春联已经被印刷品取代，虽然印刷品的做工很精细，但因为缺少了传统文化的韵味，似乎少了点节日的温馨。

挂浪亦称"门吊子"，是用红、黄、蓝、绿等不同颜色的纸张錾刻而成的，长方形，不到一尺长，几寸宽，五张是"一门"，并排贴在门框上，因为颜色鲜艳，因此看起来很喜庆，内容主要是富贵有余、喜庆丰收、鲤鱼跳龙门、福禄寿喜等喜庆的文字和图案，充满了中华民族对新生活的向往。

贴春联、挂浪的浆糊，都是渔民用面粉做的，贴完不能剩下浆糊。春联、年画、挂浪以夸张的造型、明快的色彩、美好的寓意，将冬日的喜庆气氛渲染得淋漓尽致（图7.3）。

图 7.3 渔民在渔船上贴春联和挂浪

（七）插桃枝

沿海地区有很多人相信，桃树具有辟邪的功效，所以夜晚行走时，每个孩子都要把一枝桃木放在衣兜里，这样就可以驱除鬼魅。家里有人生病了，就在家门口放两根桃枝。把用桃核刻成的小饰品戴在小孩的脖子和手腕上，能给小孩带来平安。尤其是渔民，因为他们的生活条件很差，所以他们对桃树的信仰比陆地上的人要强烈得多。在大年三十的下午，赣榆地区渔民有在门上、水缸边、锅灶旁插桃枝的习俗，民间认为桃树有驱邪避祸的功效，过年在家中插上桃树枝，魍魉魑魅就进不了家门。插桃树枝时还要在家门前的地上撒上麦麸，撒了麦麸，小孩子就不准出家门了，周边邻居看到你家门前撒上麦麸也就不串门了。灌河一带的渔民，若患上了无名的毒疮，甚至会用桃树枝煮鸡蛋食用来"拿疮"。墟沟、连岛一带的渔民都喜欢在房子旁边种桃树，有些渔民甚至会用桃木刻成装饰，挂在船舱里，希望能给人带来安全。如今仍可见到这些风俗，不过用桃树枝条熬汤沐浴、建屋时要用桃树枝汤洒屋、有新生儿的家庭在窗口插一根桃枝驱邪等风俗如今已很少见。

（八）春节期间不打水

在大年三十这一天，渔民有一个传统，就是每家每户都会清洗水缸，装满足够几天的水，然后在水缸上贴上"福""龙泉"。有些家庭甚至将桃枝放在水缸、木桶上，用红色的纸在井圈上贴上"龙泉"或者"神泉"。正月初一、正月初二的时候，就不会再打水了。民间的观念是，井神常年为老百姓服务，所以在春节期间，井神也该好好休息，好好享受几天清闲。并且渔民都会遵守正月初一到正月初二不挑水，而在正月初三抢水的习俗。新年第一次取水，不管是正月初三还是正月初七，都会在井口放上鞭炮，说一些吉利的话，以示对井神的敬畏。不过，随着自来水的普及，这种风俗也逐渐淡出人们的视野。不过，在水缸上贴上字迹，以及在正月初三、正月初七于井口放上一些鞭炮还是得到了很好的传承。

（九）压锅与守岁

除夕之夜，人们准备好大年初所吃的食物后，将锅洗干净，就不会再用了，而家主则会将豆腐、馒头等东西倒入锅中，称"压锅"，意思是一年不空锅，有饭可吃。做完这一切，一家人就聚在一起守岁，这是传统，压锅和守岁是对旧年的怀念，也是对新一年的美好祝愿。

过去，家里没有暖气、空调等取暖设施，所以就用芝麻秆、高粱秆等具有一定意义的东西，父母会讲一些家庭的历史、家训，总结一年的生活习惯。现在，家里已经不需要摆火盆了，年夜饭也成为人们守岁时重要的娱乐方式，但给子女讲家庭历史、讲传统道德文化以及过年过节时的良风美俗还是必不可少的，这也是文化传承的一种形式。午夜过后，新年来临，人们可以睡觉了，但是房间里要亮着灯，有些人要彻夜守候。

（十）送财神

送财神的方式有两种，一种是由一群人组成一支队伍，队伍中的一人打扮成财神，手里拿着一块大的金箔，整支队伍挨家挨户地"送元宝"；另一种是敲锣打鼓，让人叹为观止。第一种是有人捧着一幅写着"财神"的年画、一张写着"财神"两个大字的红色纸条，挨家挨户地送去，嘴里还喊着"财神到"，还有人用竹板唱歌，内容大多是些欢快的小曲，接财神的主人会给他们一些零花钱、糕点和干粮。送财神只能"送"五天，到了第六天，就不能再"送"了。玩麒麟也叫舞麒麟、唱麒麟。麒麟是传说中的吉祥神兽，形体似鹿，龙头狮尾，全身有鳞甲，古人认为，麒麟含仁怀义，出没处必有祥瑞，在民间被视为吉祥的象征。民间认为凡麒麟踩过的地方，那里的人们都会有好运。民间艺人会根据传说中麒麟的模样扎制道具，在春节期间，以说唱的形式，敲锣打鼓，走村串户，似卖艺、似拜年，祈求新年吉祥、人寿年丰、人口兴旺、风调雨顺、国泰民安。除了送财神、玩麒麟外，还会有游船、唱小戏、舞龙、舞狮等各种娱乐活动，让渔民在难得的空闲时间里放松一下。

（十一）拜年

大年初一早上，大家会吃糕点、喝炒米水、洗脸、拜年。旧时的习俗是在吃早餐前，由父母带领，全家向祖先的牌位上香及磕头。然后，晚辈会依次向长辈磕头，同辈的人互相行礼，俗称"磕自家头"。

吃过早餐后，大家会去亲戚、邻居、老师、朋友家里拜年。有些人不会进门，只会在门外说"祝你新年快乐"之类的话。有人进屋叩拜，老人会给孩子压岁钱，还会把花生、糕点等东西装在衣兜里，这就是所谓的"过年不空着手"。拜年不仅是为了表达对新的一年的祝福，也是对老一辈的一种尊敬。

（十二）初三渔船上货出海

农历正月初三，是赣榆小口村渔民新年后第一次出海的日子（南部的连岛、高公岛等地渔民新年第一次出海一般要等到正月初五以后）。按照渔民的说法，选正月初三、初六、初九的任意一天出海，寓意顺风、顺雨，一切都顺。新年第一次出海，所有的渔船当行驶出码头到达河道和出海口交汇处时，要放鞭炮和高升（俗称"二踢脚"，寓意步步高升）。

（十三）初七接灶、活网

农历正月初七，是渔民接灶的日子。接灶即在腊月二十三或腊月二十四这天，把送到天上去的财神接回家的一种仪式，过程大同小异，摆上祭品，烧纸，磕头，放鞭炮，贴新的灶神。连岛和海州湾以南的灌河一带，都是选除夕这一天，但为何这里会在除夕举行祭奠，渔民也不知道。

渔民还要举行活网仪式。活网就是在大年初七这天，用家里的渔网，象征性地活动一下，具体的方法是：从家里的高处，把家里的网子拿出来，活动一下，用红绿相间的纸折成一个三角形，用尼龙绳绑在网子上，然后将网子放上去。渔网一动，就可以出海捕鱼了。现在连云港有些渔民还保留着这个传统。

二、祭祀风俗

（一）祭海

连云港渔民有祭海的风俗。每年都会有很多次的祭祀，比如龙王的生日、新船下海、开春第一次出海、除夕。连云港一带，祭海的对象有 3 种：一种是连云港渔民信奉的海神——龙王。龙王是连云港渔民普遍祭祀的海神，在连云港一带，有数十座大小不一的"龙王庙"，可见龙王在渔民心中的地位。第二种祭祀对象是妈祖，与龙王相比，祭祀妈祖的历史较短，但颇具后来者居上的气势，在海上的人士中颇有声望。据统计数据，全球各地信奉妈祖的人数已达数十亿，甚至形成了一个妈祖文化圈。海州、新浦、赣榆一带，历来都有大型的天后宫，因海上交通发达，日照与海州交界的赣榆青口镇，还修建了两个天后宫，而新浦的天后宫则是推动新浦都市化的重要因素。第三种是海洋中各种大型动物，比如鲸鱼、江猪、伪虎鲸，这些动物对连云港渔民的安全生产造成了一定的威胁，因此被称为"大老爷"。所以，有些渔民把祭海称为"祭大老爷"。除以上 3 种主要的祭拜对象之外，渔民还祭祀所有与渔业有关的神，例如观音、海神、船神等。

祭海有两种形式：一种是大祭，是以一只完整的猪为主祭物品，同时还有僮子戏表演等祭祀活动；另一种是小祭，要用猪头，但猪嘴里要夹着一条猪尾巴，表示这是一只完整的猪，还要有活鸡、鱼，不用戏台。连云港一带，主要以小祭为主。

熟猪头是祭海时的主要祭品，必须放在正中。猪嘴里叼着一条猪尾巴，祭祀完后要把它分给二当家，猪尾也被称为"点水杆""赶鱼鞭"，二当家负责测量水深、指导捕鱼，因此二当家要吃猪尾巴。猪眼必须留着给船主吃，用来祭天的猪眼，象征着船主有眼光，能分辨是非，可以带领一船人安全生产、满载而归。猪头要被精心打扮，插上 3 对筷子，要在猪鼻子上插红色和绿色的花朵，有的在猪头上涂上一层甜面酱。稍微装扮一下，一只普普通通的猪头就成了祭祀龙王的祭品。祭祀用的鸡，必须是个头大、色泽鲜艳尤其是尾部无白色绒毛的公鸡，要当场宰杀，主持祭祀仪式的船工要在船上浇上鸡血，以求驱鬼，俗称"挂满红"，是吉兆，象征着一年丰收，万事如意，人船平安。不同的地方祭祀方式也不同，赣榆一带的渔人祭祀时会选择新鲜的鲤鱼，陈家港的渔人祭祀时会选择红色的鲷鱼，高公岛的渔人会用海鱼来祭祀。除了猪头、公鸡、鱼之外，还有香烛、纸钱、酒水、葱花等。

祭海的过程中，气氛很是严肃，大家都不说话，渔民都是"敬神如神在"，即敬神的时候，神就在旁边，如果说错了话，得罪了神明，以后在海上时，很可能会发生危险的事。于是他们就闭口不作声，称"闷声大发财"，这也是为了让海神能够安心地享用香火和供奉。

祭海，是渔民习俗中的一项重要内容。渔民依靠海洋而生活，把海洋视为自己的衣食父母，对海洋的恩赐心存感激，且对海洋充满了敬畏；同时，渔民出海作业仍存在诸多变数，严重威胁到他们的生命和财产安全。祭海是海上生产与自然信仰相结合而形成的一种民间仪式，目的是祈求上天保佑，以求丰收、人船安全。中国人相信万物都是有灵的，对于波涛汹涌、变幻莫测的大海更是信仰有加。随着时间的推移，人们在生产和生活中就逐渐形成了祭海的风俗。

祭海是海上生产和自然信仰相结合而形成的一种民间仪式，目的是希望通过祭祀得到神灵庇佑，从而丰产丰收和人船平安。如今，浙江、山东、辽宁等地的渔民已经将祭海和滨海旅游业结合起来，赋予了这个传统的民间仪式新的内涵，他们的做法对于我国发展滨海旅游业有一定的启示作用（图7.4）。

图7.4　渔民在祭海

（二）祭家谱

赣榆一带的渔人在春节期间都有祭祀家谱的风俗。每年大年三十的晚上，大家吃完饭便会洗手、上香、摆贡品，家主就会恭恭敬敬地把家谱拿出来，称"请家谱"，以备大年初一早晨的祭祀（图7.5）。

图7.5　渔民祭家谱

祭家谱的地点，一般是堂屋之中。大厅中央摆着一张八仙桌，桌上摆着供奉家谱的供品，最前方是 3 只碗和 3 双筷子，中间是一尊香炉，香炉旁边是一根蜡烛，蜡烛上点着一根红烛，香炉的后方是三牲祭品（右边是一只公鸡，把一朵用红色的纸片做成的花插在公鸡的嘴里，鸡背上挂着 3 朵红色的丝花；左边是一条同样用青花瓷盘装着的鱼，鱼嘴上插着一朵红色的纸花，鱼头和鱼尾上点缀有一些青菜，鱼背上还点放着红色和粉色的绢花；中间用盆盛着一个猪头，猪的鼻子上插有一朵用红纸折成的花朵，猪脸上盖着一片青菜叶，叶子上放着一朵大红色的绢花，猪的耳朵上还缠着粉色的绢花）。在这些祭祀用品的后方，则是一堆堆的馒头、水果、米饭、点心。八仙桌后面有一张长桌，也就是供桌，桌子中央是先人的肖像和家族的家谱。祭祀仪式十分庄重，从 80 岁以上的老人到 3 岁小孩，无不在家谱和供奉面前叩首。在祭祀的时候，任何人都不能动家谱。叩首结束，家谱的祭典也就完成了。有些渔民在祭家谱的时候，会在院子里摆一张桌子，在桌子后面放一张椅子，在椅子上放一只红色的盒子，在盒子上铺红色和黄色的绸缎，家谱就放在上面。桌子上摆着 5 副碗筷，每个碗里摆 1 个馒头，香炉、烛台、三牲贡品、水果、糕点、葱等都被摆在桌子上面。祭家谱主要在赣榆北部沿海地区存在。

（三）祭龙王

居住在海边的人们特别是渔民，因为成天与海洋、鱼虾为伴，对龙有着特别的信仰。龙是中国传统文化中的"四灵"之一，随着佛教的传播，而产生龙王的形象。不过，对于渔民来说，两者并没有太大的区别，因为龙王就是龙。

捕鱼是一项很危险的工作，有很多不确定的因素，渔民的信仰和崇拜也很多，而在所有的信仰中，龙王占据了最重要的地位。连云港沿岸的居民在生产、生活中使用的物品，都很容易和龙扯上关系。渔船被称为"木龙"，船头的护浪板称"龙头"，龙卷风吸水的现象被称为"龙喝水"，把事情占了上风称为"拿龙头"，蛇则俗称"小龙"。大型的山涧、水潭一般都是以"龙"来命名的，比如老龙潭、黄龙潭、白龙涧、云龙涧等。以前，孩子得了麻疹，病好了，这家人就会做一大锅馒头，送给亲朋好友，每个馒头上都有一条小龙，称"烧馒龙"，表示对龙王保佑的感谢。男孩也爱取和龙有关的名字，比如海龙、大龙、小龙。凡是残羹剩饭，如鱼刺、虾毛等污物，统称"龙水"。古时，在人口稠密的海边村落里，往往有大小不一的龙王庙，大的有几个院子，小的只有一座房子，而龙王庙则与城隍庙、土地庙一样，非常普遍。

每年农历六月十三，是连云港一带公认的龙王诞辰之日，在龙宫举行龙王的寿宴，为的是让龙王安静地过寿。按照传统，农历六月十三这一天，海上禁止捕鱼，所有船只都要靠岸歇息，如果路途遥远，回不了岸的，就在海面上歇息，不能张网。因为龙王的子民都要前往龙宫贺寿，如果在这一天捕捞，龙王的下属被猎杀，到时候这些下属还没来，龙王就会勃然大怒，就会让渔民的船只陷入危险之中。有些讲究的船户会去龙王庙给龙王庆生，顺便借这个机会好好休息。

在中国人的心目中，龙王的形象并不好，他索要童男童女，兴点风浪，渔民对龙王的敬畏超过了对他的尊敬，甚至有些无奈。面对作乱的恶龙，渔民自然不会一味退让，连岛对岸有个地方，名为"磨刀塘"，民间相传，连岛镇海寺一带，有九条恶龙，常年在这里作乱，渔民忍无可忍，便聚在海边磨刀，合力剿灭邪龙。九龙有八条被杀，一条从云台山下面逃出去了，如今退潮时，海底有一道深沟，渔民说，这条沟壑就是蛟龙逃走时留下的。

三、日常风俗

（一）牵筋老爷

在古代，渔民出海时，对船员的数量有很大的要求，俗话说："三六九，往外走；七不出，八不归。"有时候，出海的人数犯忌讳，又没有"破解"的办法时，渔民就会带一条狗或一只猫，或者一只公鸡，因为他们觉得，只要能喘气的就可以算一个人。

海上生产是一项艰苦的工作，很多时候，这些小动物在海上都没有得到妥善的照料，一个不小心就会生病或者溺水而亡，这是一种禁忌，渔民便用旧的帽子代替这些动物，渔民觉得，旧的帽子比动物更能代替人，因为它们有人的灵气。在海上，船老大会把他的旧帽子套在船的牵筋桩上，用绳子系着，祈祷道："牵筋大哥，同我们一起出海，多保佑。"从那以后，每当吃饭的时候，就有一个人念叨牵筋大哥吃饭了或者牵筋老爷吃饭了，然后大家才能开始吃饭。若是有一天，伙头忘记念叨牵筋老爷吃饭了，回想起来，伙头还要在牵筋桩旁烧纸道歉，只有这样，船上的人才能安心。这种习俗现在已经不复存在了。

（二）海上第一顿鱼必须是完整的鱼

每年第一次出海时的第一顿饭，渔民都要在船上烧香，向龙王和海神叩拜，然后再把鱼放入锅中。按照传统，渔船出远海，船上渔民做第一顿饭时，鱼不能剥鳞片，也不能开膛破肚，而是要将鱼完整地放入锅中。第一顿饭，不能把所有的鱼都吃完，而是会把剩下的一碗放进下一顿鱼锅，然后每次吃鱼再放进下一锅。这是龙王赏赐给渔民的，也是丰收的预兆。

每一次出海，一大盘鱼肉放在饭桌的什么地方，以后就放在这个地方，再也不能移动，所有人都围着鱼盆吃饭，一旦移动，就寓意着鱼已移，再也抓不到一条鱼。在海上捕鱼时，船上的食物被称为"火舱"或"大米""小麦""玉米"，而不是"粮食"，"粮"的谐音是"凉"，"食"则是"失""湿"。在船上，如果有什么东西已经吃完了，绝不能说光、完或没了。上岸买粮食、打油等，都要说是加"火舱"。

（三）吃饭时先摆筷子

在连云港，渔民吃饭的主要工具就是碗和筷子，就像是船和撑船的篙。渔民在吃饭前，都要把筷子放在桌子上，然后才能上菜，否则就是犯忌讳，因为船没有了篙，就像人没有了腿一样，寸步难行。"筷"在古代叫"箸"，"箸"音"驻"，渔民最忌长期"驻"在一片海域，这是不顺的一种表现。渔船在海上航行，希望不管干什么都动作快一点，驶在水中顺风顺水行得快，下网要快，起网也要快，快去快回，快快发财。所以"筷"这个字和"快"谐音，在渔民心中也是一种吉利的东西，结婚的时候要准备好筷子，送礼的时候要用红色的筷子，戳窗时用的还是筷子，代表着快生孩子。

虽然想要做什么事情都要做得更快一些，但在大海上，渔民最忌讳的就是"块"这个字，因为一旦遇到了大的风暴，渔船就会被打碎，变成一块块的木头。连云港的渔民为了避免这种情况，把筷子称为"篙子"。其余在陆上的事情，到了船上也要改变说法，在船上，"打"是禁忌，"盛"是"沉"。因此，无论从锅到盆，从盆到碗，都绝不能说出"打饭""盛饭"，而应称之为"起饭""装饭"。吃饭之后，筷子不能放在碗口，这是船要搁浅的征兆，而是要将筷子放在餐桌上，要让筷子在餐桌上滑动一段距离，这样才能保证这一次的捕鱼一帆风顺。

吃完饭不能说吃完了，而要说吃饱了。在船上，碗口必须朝上，碗口不能朝下，碗口朝下即俗话说的"卡"着放，这是船翻底朝上的表现。

（四）海上吃饭的规矩

每年第一次出航吃第一顿饭时，船老大必须蹲在靠近大桅杆的位置，背后靠着桅杆，其余人以老大为中心点面向内围蹲一圈。第一顿饭时谁蹲在什么位置，此后顿顿饭都要蹲在原来的位置。若变动位置叫"挪了窝"，是不吉利的征兆。因为船老大每次吃饭都蹲在桅杆的方向，所以每顿饭船老大先蹲下后别人才能依次蹲下。渔民在海上吃饭以鱼为主，每顿饭吃鱼时必须把鱼头对准老大的方位，这叫"鱼奔老大"，最大的鱼头必须给船老大吃。连云港渔民之间有俗语："鱼头奔老大，此行装不下。"寓意渔业生产丰产丰收，船老大见鱼头朝向自己也会很高兴。所有这些都是渔船船员对船老大的尊敬和给船老大的彩头及船员与船老大相互之间的礼节。

连云港渔民在海上吃饭时的规矩很严，不得说错话，就是动作也都是被严格规定的。在船上吃饭，人是蹲下的，不得坐在舱板上。蹲着吃饭，迷信的说法是不惊动龙王老爷，实际上是人蹲着比盘腿坐着更方便站起来，以应付海上风云突变。人在船上吃饭，只能用筷子夹自己面前盆中的鱼菜，不得把筷子伸过了头吃别人面前的鱼菜，把筷子伸过了头夹别人面前的鱼菜，即筷子过了河或过河筷子。船上很忌讳过河筷子，若有过河筷子现象，船老大则会板着脸把过河筷子夺下扔到海里，让筷子做人的替身被扔了，人才能逢凶化吉。在海上，所有吃剩下的饭菜，如鱼刺、虾毛、刷锅、洗碗的脏水，俗称"龙水"，都要聚集在"龙水"桶内，待返航时带回陆地上倒掉。连云港渔民认为海是龙王的洁净世界，不得遭受丝毫污染，倒下鱼苗鱼刺和熬鱼的老水，会触怒龙王遭到报复。其实这是一种朴素的环境保护意识的体现。

（五）忌讳称 "老板"

世间三百六十行，行行都可以称从业者为"老板"以表示尊重，但打鱼就不行了。以前的渔船都是用木材做的，新中国成立后，铁甲船并没有被普遍使用，直到今天，连云港一带仍有少量的木制渔船。在海上谋生，最讲究的就是"发财话"，到处都是"讨口彩"，不吉利的话也是渔民的禁忌。跟铁皮船比起来，木船的耐受性就差多了，"老板"的意思就是"捞板"，既然人都在"捞板"，那就是在大海上的大浪中，船会"散板"。称船主为"老板"，是船家最倒霉的一件事，凡是在连云港有船的，无论规模大小，统称船主、主家。

（六）忌讳 "使惹殃"

渔民相信，船只是有灵性的，如果有人在船上说了一些不应该说的话，或者做了一些不应该做的事情，那就会给船只带来灾难，也就是所谓的"使惹殃"。连云港有一种说法，即"是船三千钉"，就是说，每一艘船都插满了钉子，就算是一艘破旧的船，也有三千个钉子，但是在船的某些部位，却是绝对不能钉钉子的，船底纵横两条中心线交会处即是。渔夫们也相信，两条中心线有钉子，会让船好斗，在海上这样会失去控制，碰撞别人的船，危及各自船上人的安全。只有船主和木匠之间有着刻骨铭心的仇恨，木匠才会在造船的时候，偷偷地把钉子钉在船底的中间。连云港的水木匠行业中，最基本的准则就是不把钉子钉在船底，以免惹祸上身。

（七）湿衣不上船

渔民的日子过得很艰难，他们常年在大海中工作，几乎没有什么好的衣物。渔民穿的都是宽大的袍子，很少用腰带，更多的是用勒腰，方便出海。出海之前，渔民都要刮脸，洗个澡，换一身干净的衣服。平日里所穿的衣服，哪怕是破的，也要清洗干净，缝得整齐，这就是所谓的"笑破不笑补"；补丁要四四方方，以使补丁与旧衣物的色彩协调一致，特别要注意的是，补片要顺丝顺缕，不能有任何的歪斜，象征着穿着者在海上一帆风顺，平安无忧。如果补丁与原衣裳的颜色相差过大，则会让穿着的人在海上起疮；如果补丁歪歪扭扭，穿衣者就会在海上遇到麻烦。上船时，最忌讳的就是湿衣，随身带的衣物也要在船上晾干，如果是湿的，那就意味着有人要落水，这是最糟糕的征兆。

（八）祖孙不同船

连云港渔民有一种风俗，叫"祖孙不同船"。在渔民里，有这么一段传说："连云港某地的一位渔夫，三代人一起出海，却在海上遇到了一场大风暴，三代人一起掉进了海里。正巧，天后娘娘从出事的地方经过。天后娘娘一手抓起了爷爷，一手抓起儿子，用嘴衔住孙子。就在这时，一个海浪将他的孙子冲了出去，这个渔夫的后代也因此断绝了。"在这件事的影响下，渔民养成了一种习惯，那就是不同辈的人开着不同的船，然后就变成了父子不同船，甚至连很有海上经验的人，也不会与自己的子孙同乘一船。

（九）　"四太平"

古时风船上有 4 种被称为"太平"的东西，包括太平锚、太平篮、太平斧、太平舱，每一件都有各自的功能和特点，而且都是固定的，一般情况下是不能碰的，在它们面前，一句错话也不能说。

太平锚是船上最大的铁锚，平时是不会用的，船员平时也不能碰，如果有人不小心走过，或者说了什么不该说的话，船主就会在大铁锚前烧香祈祷："老锚在上，小民在下，刚才犯忌，下不违反。"因为太平锚是船遭到风浪，自身失去平衡，万分危急时渔民才会动用的。

在船艄后面，通常会装上一两个大篮子，也就是太平篮，在遇到暴风雨时，渔民会把篮子扔进海里，放长缆索，以牵制船尾，降低船头晃动的频率，起到滞流、稳住船身的作用，也就是所谓的"淌家伙"，因此有些水手把它称为"救命筐"。

太平斧被放置在船的后舱里，平日里没有人敢动，如果使用太平斧，那就是遇到了暴风雨，需要用它斩断桅杆，斩断绳索，这是大忌。

在大桅杆后面的船体中间，有一间舱室，即太平舱。当渔船出海时，第一网的收获被装进太平舱，寓意这次航行安全，然后再送到第二舱、第三舱。太平舱还有一个功能，那就是如果船上有人遭遇急病或事故遇难，作为病人或尸体的临时安置处，船靠岸后，再把病人或尸体带下船。

现在铁甲船已经很流行了，但除了太平筐，别的物品在船上依然存在，渔民对它们仍然很尊重。

（十）打醮

陆地上的人们说渔民"有钱不会使，不是磕头就是烧纸"。显然话说得有些夸张，但是从另一个侧面也反映出渔民对于大自然、对于未知世界的尊敬之情。凡是在海上出过事故的渔船，用渔民的话说就是"船不干净"，在船只归来以后一定要请僮子戏的班子来船上唱戏消灾。僮子上船后一般都要做 3 件事情：第一件事是由一名僮子光着上身，扮成鬼神的样子，手执一把三环大刀在船的里里外外各个角落用力挥舞；第二件事是在挥刀结束以后，僮子手拿一只活的公鸡，一口咬掉鸡头，把公鸡血洒到各个角落，即撵灾去晦气；第三件事是事先按照出事的船的模样扎一只纸船，作为船的替身，再把船上的不祥之物统统撵到纸船上，并让纸船任风浪冲走，整个过程俗称"打醮"。经过重新打醮后的渔船已经是干干净净的新船，人们再乘此船出海就不碍事了。

（十一）成山纸和过尖纸

以前，连云港渔民的主要活动区域为渤海湾、吕四渔场。春天到吕四渔场捕捞的黄花鱼，秋冬季节到渤海湾拖的对虾，是连云港渔民的主要经济来源。在渤海捕对虾，轮船要经过山东荣成的成山头，又名"天尽头"，那里风高浪急，非常危险，每当渔船靠近成山头的时候，船老大都会下令停航，然后向成山头方向烧香，祈祷成山头的神明保佑他们的船能顺利通过，甚至有些船老大还让船员去洗手间解手，然后把厕所擦干净，不得再使用，以示对神的尊重。一切仪式过后，等待合适机会，全船人员各就各位，保持高度警惕，驾船迅速通过成山头。渔民管这一行为叫"烧成山纸"。

与渤海湾秋季捕捞相对，吕四渔场的开春捕捞则被称为"下南洋"。连云港的渔船要"下南洋"，要经过一片地势险要的地方，那里被称为"黄河尖"，那里有十多个大沙丘，有无数细小的沙子，而且该地地处大陆架的边缘，从浅水区往深水区，风势很大，该地的渔船都是沙船，底部平坦，吃水浅，遇到沙丘也不会有太大的影响，连云港的渔船在水深的地方，一旦碰到沙丘，那就是凶多吉少。渔民来此烧纸祈祷，保佑过尖后平安生产，这叫做"烧过尖纸"。

（十二）裙带关系

连云港的渔民有一种名为"裙带关系"的习俗，那就是姑娘嫁人，无论嫁妆薄厚，都要穿一条蓝色的围裙，这种围裙不能有带子，娘家送围裙时若送了裙带子，就会把娘家的子孙也带了去，所以带子都是男方家买的。在新婚之日，男方要租赁花轿、凤冠等物品，而花轿行的凤冠亦无带子，男方需购买一条长三尺六寸的红色缎带，先做凤冠，待新婚礼成后，再解下缎带做围裙带子，并把腰带系在新娘的腰上，就构成了同席共枕的夫妻关系，这就是所谓的"裙带关系"。久而久之，裙带关系就成了儿女亲家及男女成婚的代名词。

四、盐民习俗

以前连云港盐民有很多出自渔民，现如今许多盐池已改为鱼塘，因此盐民习俗与渔文化有一定关联性，在此也把连云港盐民习俗作个介绍。盐民习俗是连云港独具特色的民俗风情，是在数千年盐业生产中逐步形成的，并作为口头遗产流传了千百年。有些风俗，实为连云港盐业发展史的缩影。

淮北盐场是我国四大海盐场之一，地跨赣榆、灌云、响水、滨海、射阳五县数百里。这里世代生活着以制盐为生计的盐民。旧时，盐民被称为"灶民"，是因为古代海盐生产方式不是如今的滩晒，而是将海水汲入锅一类的器皿中，用柴草在下面烧，让海水煎熬蒸发，器皿里便留下又白又细的盐。锅台就是"灶"，盐民也就被称为"灶民"了。也有人称"灶民"为"灶户"，他们吃的粮食被称为"灶粮"。盐民有很多来自农民、渔民，生活习俗也与之大致相同，但又有所不同，如在农历二月初二早上在住宅前后用草木灰"打仓囤"，"仓囤"内撒的都是粮食，是希望多发"灶粮"。盐民和农民都在大年初一五更头看天气，同是为了预测天气，但他们对天气的祈望却大相径庭，盐民喜欢久旱不雨的"长晴天"，不喜欢经常下小雨的"短晴天"；农民则希望风调雨顺，害怕久旱不雨或暴雨。渔民不喜刮大风，盐民喜风，特别是大风，因为刮风天可以增加蒸发量。

和各行各业一样，盐业也有自己尊崇的神或祖师。盐民和盐政官吏及经营盐业的垣商尊崇的对象却不相同。后者尊管仲为祖师，因为管仲主张用官府的力量来发展盐业生产，并从国家到地方设置各级盐务机构来加强管理，他一系列的盐业政策促进了齐国沿海地区盐业生产的繁荣，故每到春节，要挂起管仲像，侍奉香火以示纪念。而广大盐民只敬龙王、"盐婆婆"和于公（于定国）。淮北盐场的盐民习俗主要有生产俗、生活俗、社会俗、信仰俗。

（一）生产俗

古代淮北盐是熬出来的，即将海水放在盐撇子（即牢盆）里熬。淮北盐民较早告别了盐撇子，在明代时便开始铺盐池晒盐，先是砖池，后为泥池。结晶池又称"晒格"，以长 8 寸、宽 4 寸的薄砖 300 块的面积为一引，后改为 1 平方丈为一引。滩地从八封滩发展到后来的对口滩、塑料苫盖结晶池。早期每建一份滩，由一户盐民认领使用，叫领滩，后来一份滩的领头技术工人称"领滩手"。淮北盐民每年年五更要观天象，认为刮西南风、天空无云则全年产盐多，盐的花色好；刮东北风则雨水多，对盐业生产不利。领滩手每天早上观天，决定是否盘卤、灌格子；下午观天，对第二天的天气作出判断。盐业生产喜长晴天、大风。淮北盐场晒盐、扫盐，"一年捆两季"：上半年从农历三月初三至夏至，小满前后18 天是最好的产盐时间；下半年从农历七月半至十月初一，认为十月盐归土。传说农历六月十三是龙王生日，这天晒的盐称"龙盐"。龙盐腌鱼不臭，腌菜不苦，做汤味鲜，盐民都要珍藏一些作为送亲友的礼品。

（二）生活俗

盐民吃的是"灶粮"，住的是圩子。每年农历二月初二早上，盐民和农民一样在住宅前后用草木灰"打仓囤"，意在"仓囤"越多越大，发的"灶粮"会越多。盐场缺淡水，除用小木船装淡水外，夏天要"接天水"，冬季积雪，"爽冻"储存淡水。新中国成立前盐民生活十分枯燥，曾有人改前人诗形容盐区生活："一去二三里，烟村四五家。楼台无一座，四季不开花。"

（三）社会俗

因古代盐是熬出来的，盐撇子是放在灶上的，故从事煮盐的盐民被称作"灶民"，又叫"灶户"，吃的粮食叫"灶粮"，盐的计量单位为"引"。一引晒格出产盐的重量，明代时一引为 450 斤，明末清初时 400 斤为一大引，200 斤为一小引。明末清初行纲盐，以 29 万引为一纲。改纲为票后，10 引为一票。清末民初的盐业资本家，称"盐贾"，管理生产的代理人称"掌管"，每一条圩子又有一个"帮廪"协助"掌管"管理本圩的生产。

（四）信仰俗

盐民崇拜"盐婆婆"，农历正月初六要为"盐婆婆"过生日；崇拜龙王，农历正月十五要烧"龙王纸"。盐政官吏和垣商尊崇管仲为祖师爷，盐民只信龙王、"盐婆婆"，且尊敬于公（于定国），在滩头要插于公牌。

第三节　连云港渔民的渔俗传说

民间传说能描写当地人的民族风俗，反映当地人的习惯，而且它通俗易懂，是一种不可或缺的民俗文化。在连云港渔民中广泛流传着各类渔俗传说，包括人物传说、动物传说、山川名胜传说等，这些渔俗传说反映了连云港渔民随着时代变迁而展现出的不同的生活面貌。

一、人物传说

（一）羲和之国

羲和是中国上古神话中的太阳女神与制定时历的女神，掌握着时间和光明。《山海经·大荒南经》记载："东南海之外，甘水之间，有羲和之国。有女子名曰羲和，方日浴于甘渊。羲和者，帝俊之妻，生十日。"

"羲和之国"即位于连云港经济技术开发区中云街道的藤花落古城。经对古城遗址的考古挖掘发现奠基坑、房址、水稻田、石埠头等遗迹 200 多处，出土了石器、陶器、玉器以及炭化稻米等动植物标本 2 000 余件，表明古城以农业经济为主，稻作技术非常发达。藤花落古城是我国龙山时代最早且最大的内外城。祭拜羲和娘娘的习俗源于远古时代东夷部落，时至今日，高公岛的民间仍然使用农历纪年，保存着"三月三娘娘庙会"的习俗。每年农历三月初三这天，当地百姓在羲和宫举行接神迎春、祭祖祈福的传统仪式祈求风调雨顺、鱼虾满仓、五谷丰登（图7.6）。

（二）顾小爹巧对许桂林

许乔林与他的弟弟许桂林，被称为"板浦二许""东海二宝"，是清代中期海州有名的文人墨客，在海州颇有声望。许桂林曾到连岛看望儿时乳母，一出墟沟，就见大风骤起，暴雨倾盆，许桂林等人没办法，只得在船上躲雨。不大工夫，雨过天晴，许桂林出了船舱，只见近处有海鸥飞翔，山峦葱郁；远处有渔舟，有彩虹，心中一片宁静，回头望去，只见鸽岛上一片蔚蓝，掩映在波光粼粼的海面上，他情不自禁地说了一句："雨过天晴观鸽岛"，急切之间却想不出合适的下联来。这时，连岛上的一群人都在等着许桂林等人，见他站在船头，忙劝他上岸，许桂林不好意思地说："我这船

图7.6　羲和

是难下了。"这时，一名男子从人群中走了出来，他姓顾，是个读书人，因为识字，且资历很高，所以大家都叫他"顾小爹"。顾小爹上前一步，向许桂林拱了拱手："现在潮落路现，大人请登龟山。"鸽岛和龟山都是以动物命名的岛屿，顾小爹用通俗易懂的语言，间接地告诉了许桂林下联应为潮落路现登龟山，既缓解了现场窘迫的气氛，又保全了许才子的面子。

（三）天后娘娘

有一年，一艘大"黄花船"在灌河边，要到吕四渔场去捕捞黄花鱼，离开开山岛没多远，原本晴朗的天气突然变得狂风大作、风雨大作，海浪如小山一般拍击着船只。船老大姓金，是个有经验的人，他做了一系列的工作，放下太平篮、太平锚，可是风浪仍然很大，根本没有办法解决问题。一艘船上的人命悬一线，忽见浪头上有一双绣花鞋，这么大的浪，哪来的绣花鞋？船上的人都是心惊肉跳，也不知道这是好事还是坏事。

133

这双绣花鞋运动得很有规律，从船头到船尾，再到船头。"天后娘娘来了，我们得救了！"一船的人听到船主的呼喊声，都冲上了甲板，嘴里还念叨着"娘娘救命，娘娘救命"，说来也奇怪，风浪逐渐小了，人们在大桅杆上看到了一盏灯，灯光是在暴风雨中航行的一种希望，随着灯光的照耀，这艘船在大桅杆上照明灯的指引下平稳地靠岸了，船上的人都说是天后娘娘保佑（图7.7）。

图 7.7　天后娘娘

二、动物传说

（一）渔湾鱼化龙

古代有本书叫《长安谣》，书中记载了名为"东海大鱼化为龙"的故事，据说这个故事就发生在连云港的渔湾。古时候的渔湾瀑布比现在大得多。水也比现在凉得多。相传，这里的水是从天上的银河流下来的，能治百病，神奇极了。

老鱼和它的另外两个儿子坚持着，坚持着……终于，它们游到了渔湾瀑布的下面，为了不让急流把它们冲走，它们各自挖了个深潭，又经过七七四十九天的痛苦煎熬，它们终于都成了龙，从此，它们为周边的百姓祈福，使得渔湾周边风调雨顺，百姓过上了平安幸福的日子。人们把这里的三个水潭分别称为老龙潭、二龙潭、三龙潭。据说，直到现在，每当山中起雾之时还有人能看到龙从潭中探出头来。老鱼的大儿子常常为自己没能坚持到最后而感到懊悔，于是它教育自己的子孙，一定要游到溪水的上面去，化鱼为龙，成为世界上更有作为的灵物。众海怪听到了这个消息，唯恐龙太多了，没有了它们的安身之地，连忙组织海怪家族把渔湾的海水向东移了几十里地，并在世界各地造出了许多像渔湾一样的海滩。

（二）沙光鱼为什么长不大

海边人会说这样一句顺口溜：沙光一年一尺长，三年赶上老龙王。事实上，这些沙光鱼都是很短的，就算有一尺多长，也不会再变长了。为什么沙光鱼一年多才能长大？原来，这只沙光鱼是个笨蛋。在海边，人们称它为"傻瓜子"。就是因为它是个笨蛋，呆头呆脑，总是在老龙王面前说它个子小，容易被人欺负。老龙王本来懒得搭理他，但被他唠叨得有些厌烦了，于是道："算了，算了！你这家伙，往后你就一年长一尺吧，别在我耳边嘀嘀咕咕了。"

沙光鱼一听，顿时高兴坏了，从此以后，遇到比它还小的海中动物，它就会摆出一副趾高气扬的架势，嘲讽道："瞧你这副模样，我一甩尾巴，就能划断你的大筋。"看到比自己大的鱼，它又不服气，说："我倒要看看，你还能再等多久，我一年就能变得更大，再过三年，我就能追上老龙王了！"其他水族看到这一幕，都是一阵恶心，懒得理会。沙光鱼看到它们这么听话，更是得意洋洋，整天东奔西走，到处炫耀。沙光鱼一句一句地说着，老龙王听了，气得七窍生烟，胡须都翘了起来："我只是同情他，没想到他竟然敢骑在我头上！你现在就让人去抓沙光鱼，当着所有水族的面说'本王原叫你一年长一尺，话已出口，不再收回，从今天起再叫你一月烂十分吧'。"一年长一尺，一月烂十分，紧长不够慢烂的，从那时起，沙光鱼再也长不大了。

沙光鱼原来是生活在海底的，谁知众水族都不屑搭理它，它自觉没趣，只好跑到海边浅滩瞎溜达了（图 7.8）。

图 7.8　沙光鱼

（三）八带鱼兄弟

海里的望潮和探马头都叫八带鱼，不同的是，望潮腿长，探马头腿短，都是一家兄弟，怎么会有长有短？原来望潮和探马头本来是孪生兄弟，一出生就有一样长的双腿，刚会走路，母亲就让它们学挖洞。每天早晨，当太阳升起的时候，望潮就站了起来，它学会了看潮水和选滩势的方法，然后，便马上甩开八条腿干了起来。疲倦的时候，它停下来休息，活动一下肢体，等身体暖和起来，再把脑袋放进水里，抖掉上面的水珠，再擦干。望潮挖洞，有大门，有后哨，中间有拐弯窟，遇到拐弯处不知道怎么做，就跑去问母亲，等建好了，仔细检查一下，看看大门是否足够宽阔，后哨是否周正。就这样，日复一日，它的努力没有白费，随着时间的推移，望潮也渐渐掌握了造窟（挖洞）的本事。经过长时间的劳动，它的八条腿变得更加强壮，个头也越长越大了。

到了冬天，望潮吃得很好，躺在舒适的山洞里，开始痛痛快快地打起了呼噜。至于探马头就惨了，它冻成一团，在山崖里躲来躲去，根本不能解决问题。好在海底有很多蜗牛壳，它立刻钻了进去，自己藏在里面。

海边的渔民知道这一切之后，就会收集大量的空蜗牛外壳，在上面打上一个洞，然后用绳子串成一串，扔到海里，就是为了捕捉探马头。

（四）大乌贼的传说

连云港沿岸盛产大、小两种乌贼，均可食用，其味鲜美浓香，是大众喜爱的"海味"食品。

传说秦始皇东巡来到海州湾大海边，忽然一阵大风，将一只文具袋子吹进海里。这只袋子天长日久，受大海的滋润，渐渐变成了一个小精灵。袋身变成了身体，袋口的两根带子变成了两条柔软的胡须，袋中的墨汁变成了黑油油的肚肠。这个小精灵自恃为皇家宝物所变，就看不起众水族邻居，动不动就喷得人家一脸乌黑。

这天，东海龙王过寿，大摆宴席，这个小精灵自以为出身高贵，不用人邀请，便大摇大摆去赴宴。不等虾兵蟹将入席，它就把席上的酒菜吃个精光。众水族见了都很生气，就禀告了东海龙王。东海龙王大怒，下令擒拿这个小精灵问罪。这个小精灵一见情况不妙，便使出了看家本领，吐出一阵墨汁把水弄浊企图逃跑。谁知众虾兵蟹将早已经严阵以待，一下子就将它抓住了。大伙一看，面目陌生，东海龙王当堂审问道："你是哪里来的怪物？"这个小精灵大言不惭地说："我乃千古一帝的贴身之物，为统一六国作出过巨大贡献！天南海北，我都去过，现在到你这小小的东海来逛一逛，怎么着？"东海龙王大怒，拍案骂道："鬼头鬼脑，一副贼相，是个乌贼！"说罢，令蟹将抽掉它的主心骨，只留一条假脊骨给它，将它赶出龙宫。从此，大家都叫它乌贼。

（五）对虾名字的由来

对虾，又称中国对虾、东方对虾、明虾，最早因成对出售而得名。连云港海州湾是我国对虾的主要产地之一，有着悠久的捕捞历史，如今赣榆、灌云、连云等区（县）还利用沿海滩涂人工养殖对虾，丰富而又高质量的对虾产品在国内外深受欢迎，已销往日本、美国及我国香港、澳门等地区。

对虾原本不叫对虾，叫大虾，其改名有一个传说。相传东海龙王有个小女儿，名叫蕊霞公主，小公主生得如花似玉。老龙王拿她当明珠，恨不得在嘴里含着，在手心里捧着。蕊霞公主一十八岁了，老龙王打算给她挑个丈夫。几日后，龙宫门外搭起了一座百花彩楼。墙上挂着龙榜，说某日某时蕊霞公主要在这里抛彩球，定亲事。龙榜规定：按时前来，过时不候，彩球抛中谁，谁就是驸马。五湖四海皆知晓了这件事。临近抛彩球的日子，从四邻八处奔来了很多神子仙孙。老龙王坐在彩楼上，见时辰已到，脚一跺，叫声"抛！"蕊霞公主打了个愣儿，手头不由一松，彩球落下楼台。下边的神子仙孙好似炸了营，蹦啊、跳啊、挤啊、拱啊，皆想把彩球抓到，结果百花彩楼的一根柱子被挤断了。眼看彩楼摇摇晃晃要倒塌，这些神子仙孙什么也不要就开始撒腿奔逃，蕊霞公主也快要从彩楼跌落下去。就在这时，有个青年冲到彩楼底下，脚一扎，背一弓，头一挺，将那要倒塌的彩楼顶得端端正正、稳稳当当。这壮举，感动了老龙王。老龙王召见顶楼之人，想赏赐于他，这个来自黄海的青年说："不爱金，不爱银，独爱龙宫的蕊霞公主。"老龙王一听这话，朝这个青年望望，发现他是一个罗锅腰，自己美丽的公主怎么能嫁给罗锅腰呢！但是，蕊霞公主来到水晶宫宝殿，拔了根金钗，放在这青年跟前，桃腮一红，粉面一转，笑眯眯地走了出去，公主认准了这个罗锅腰青年。老龙王心有不甘，旁边的乌龟军师连忙献计，让青年回黄海等到二月二，前来迎亲，然后吩咐龙船欢送青年回乡，同时乌龟军师就派虾兵蟹将跟在后头，到了黄海，虾兵蟹将劲兴风作浪，龙船翻了，青年葬身海底。

消息传到龙宫，蕊霞公主捶胸顿足，哭天抢地，蕊霞公主非常中意罗锅腰青年，说他有情有义，关键时刻能够挺身而出，并不在意他罗锅，为了和他配对，公主愿变成驼背的女子，说完蕊霞公主就把腰一弓，变成一只大虾，金壳一亮，银须一抖，跳出龙宫，到黄海去寻找她的意中人了。黄海渔民听到这个传说，对蕊霞公主十分钦佩。后来，每逢捕到大虾，总要配成双，结成对，精心打扮一番，这才过海上市。从此，大虾改叫对虾。

三、山川名胜传说

（一）小龟山传说

很久以前，连云港南城有3个兄弟，大哥江伏波，二哥杨镇潮，三哥武海闯，哥仨被渔霸欺负，一怒之下，烧了渔行，逃到了黄海。三兄弟风里来浪里去，一起捕鱼抓蟹。有一次，他们遇到了一场百年不遇的风暴，导致船只损毁。三兄弟抱着一根断了的桅杆，顺流漂到一座荒岛上。三兄弟没有皱眉，也没有气馁。他们重整渔具，然后在荒岛上过起了新的生活。

这座岛屿名为鹰游山，于山的北边，有一个凸起的山嘴，嘴头悬崖凌空斜伸出海平面。山嘴的海水清澈透明，水面光滑如镜。传说，这是天池入海的出口，所以得名天池嘴。天池嘴的深处，有一头活了数千年的巨龟。这巨龟受日月之精华，再加上沐浴天池的神水，渐渐成了精。龟精会兴风作浪，布雷施电，神通广大。龟精是黄海的一方霸主，作恶多端，附近的水族都对它忌惮三分，来往的船只都要上香。3名渔民到来，既不焚香，也不供奉，龟精大发雷霆，发狠要杀了这3个渔民。

午夜时分，龟精来到浅滩，用尽全身的力量，对着渔夫的茅屋就是一顿猛吹。"呼"的一声，茅屋被掀上了天空，四下纷纷扬扬。这3个渔民吓了一跳，还没等他们反应过来，老乌龟就带着滔天巨浪冲了过来。一看海浪从天而降，三人齐呼"不好"，他们手牵着手，迅速避过海浪，奔上了半山腰。龟精没有丝毫的松懈，依旧掀起狂风巨浪，向着三人席卷而来。但这股诡异的风浪，却与普通的风暴潮截然不同。这股魔风就像是千万把锋利的刀子，带着排山倒海的气势，势不可挡；这股巨浪就像是一条翻腾的巨龙，又像是一头饥饿的猛虎。换成旁人，面对这样的阵法，绝对会神魂俱灭，七魄出窍，再无生还的可能。岂知这三人都不是泛泛之辈，他们来到半山腰，齐心协力，抬起一块巨石，挡在身前。巨石就像一堵铜墙铁壁，任凭龟精如何努力，都无法撼动分毫。龟精见妖风不起作用，怒吼一声，一招不中，再来一招。龟精跃出水面，对着巨石就是一道闪电，一霎间，黑夜中电闪雷鸣，火光冲天，雷声轰鸣，大地颤抖，巨石却是纹丝不动。原来三人用力过猛，将巨石压在了山石之上。

现在，这座山峰上还有两个被雷电劈过的石碑。后来，人们将它们奉为镇山之石。

这头老龟忙活了一晚上，已经是筋疲力尽了，它拿这3个渔夫无可奈何。眼看着天快亮了，它只好转身返回天池嘴老巢。这边半山上，哥仨见龟精要溜，哪能容得，他们天神般跃下山来，直向龟精扑去。龟精慌了神，正要转身，却被老大江伏波飞撒的滚钩将头给钩住了，这滚钩怪得很，头越动，钩得越深，越是挣扎，钩在头上的钩子就越多。老二杨镇潮，老三武海闯也不紧不慢，二人钢腿踏住龟盖，双手抱起二三百斤的大海石，只管向龟精的头上砸去，直至老龟精口中一丝游气也没有了，这才罢手。三人看到了这座岛屿优越的地理位置和丰富的捕鱼资源，大喜过望。于是他们来到连云港南城，邀请了以前的渔民，将他们带到了这里。等他们回来，看到龟精已经变成了一座石头山。于是，他们就在这里安顿了下来，让他们的子孙永远生活在这里。

现在，人们将龟精化成的石山称为"西山"（小龟山）（图7.9），那龟精的头化成的小山，人们仍叫它"龟头"，凡是到过连岛的人，当你走到风门口（庙前湾西北的一个山嘴）看那西山全貌，恰像一只巨龟趴在大海之中。

图 7.9　小龟山

（二）镇海寺建寺趣闻

清代乾隆时期，连岛上只有九姓十八家渔民，他们都居住在西山，有一日，一位僧人到西山游历，这九姓十八家渔民刚上岛，家里一贫如洗，哪里有钱去给僧人？哪知这僧人不要银子，不要粮食，不要鱼肉，只要那虾糠、风蟹。要知道，这些虾糠和风蟹，都是渔民的丢弃之物。漫滩遍野，一文钱也不值。僧人在海滩上找来了大批的虾糠、风蟹，装满了一船，向南方驶去。来年的春天，僧人率领着一支船队，驶入了小庙所在的山湾，只见大量的砖瓦、木料、石灰、油泥被卸了下来。那和尚第一年还在化那虾糠、风蟹，怎么会有这么多钱建寺庙？这就说来话长了。

明代末期，清军攻入北京，朝中的达官贵人，有很多都投靠了清军，闻风而降。苏京，字子恒，是明廷都察院右都察御史，人称苏大人，因为他是崇祯皇帝的心腹，在朝中也得罪了不少人，知道自己不会有什么好下场，于是趁着混乱，搜刮了皇宫里的金银珠宝，带着自己的心腹，连夜出了城，几经周折，终于到了连岛，在连岛东边的一个海湾里安顿下来。这海湾水草丰厚、宜人居、宜牧马，苏大人便在此隐藏下来，所以这里被称为"苏马湾"。苏马湾景区在发展初期，在山脚留下了一块被称为"检马石"的石洞。苏大人在连岛上落脚，本来是想避开别人的视线，后来被朝廷发现，他知道反抗无用，只好入京。他的心腹们因群龙无首，只能四散而逃。苏大人所带的金银珠宝，都藏在后山一处山洞里，这山洞虽小，但谁也不知道。清乾隆年间，一位法号为"普受"的僧人，来到连岛上一所小寺庙中修行，由于寺庙狭小，不能居住，于是在后山找了一处石洞，从此这个石洞被称为"老和洞"。普受平日在后山闲逛，一到苏马湾，却意外地找到苏大人的宝库，并在里面找到了宝物。后来这个山洞就被称为"藏金洞"。看到这些宝贝，普受欣喜若狂，想要用这些宝贝来扩大寺院。但那时海匪横行，财宝从连岛运出，实是难上加难。后来，他又想到西山，将虾糠、风蟹放入船中，将宝物藏在船上，这才渡海而行，购买扩寺的材料。

清乾隆二十七年（1762 年）寺庙扩建工程完工，是为"海内外丛林首创"的镇海寺（图 7.10）。寺庙的庙墙上刻有九姓十八家渔人的名单。《嘉庆海州直隶州志》说，"（普受建寺）自积资财，不事募化"，加之庙墙上九姓十八家渔人的名单，据此推测，这一建寺传闻当属史实，有了镇海寺，当地人口顺便将寺庙坐落的山湾称为"庙前湾"了。

图 7.10　镇海寺

（三）龙河传说

相传，在很久很久之前，赣榆地区海头镇的东面没有龙河。一天，一群难民来到了海头村，一个衣衫褴褛的年轻人，身材消瘦，一双眼睛炯炯有神，他在村口建了一间小屋，每天都出海捕鱼，但不需要渔网依然可以钓到很多的鱼，年轻人会把鱼分给村民。就这样，许多天过去了，一天，天上乌云密布，突然下了一场大雨。洪水肆虐，农作物被摧毁，房子被冲垮。他们只能躲在高处，感受到自己的生命受到威胁，惊恐地哭泣。就在这时，一道白光从人群中一闪而逝，少年化为一条蛟龙，腾空而起，那条巨大的蛟龙，将水吸入腹中，洪水逐渐枯竭。

欢天喜地的人们从山丘上下来，就看到那条巨龙一头扎进了海里，它的尾巴却卧在地上，一动不动。后来，这条龙的尾巴就化成了一条河，人们把这条河命名为"龙河"，以示对这条为众人牺牲的龙的敬意。海头村也因此变得更大，才有了现在的海头镇。而这条龙河，则是由巨龙化成的，至今河水依旧清澈甘甜。

（四）龙王庙传说

龙河在赣榆境内，从前，有一条青龙住在这条河中，每当下雨的时候，他就会喷出水雾，在河中跳跃。每当有人触怒了他，他就会转身，把整个村子都吞没。从那以后，龙河的水位上涨，从龙河的上游望下去，会有一股浓浓的雾气弥漫开来。为了不触怒这条龙，龙河两岸的村民决定给这条龙修一座庙宇，但是这条河边方圆数十里都是平地，哪里有什么石头？一众村民为此焦急万分。然后，有一位仙人托梦告诉村子里的一位长者，说在村子的某个地方，有一个洞，只要放下绳索，就可以把石头拉出来，村民依言而行。

于是，人们用洞里的石头建造了一座龙王庙（图7.11）。在雕塑凤娘娘像时，负责塑像的匠师实在是没有办法想象出合适的形象。恰巧有一日，他在街上看见一位年轻貌美的女子，肩上背着一包面袋，他觉得这个女子的形象很合适，便将她拉进龙王庙，将凤娘娘塑成了她的模样。这座庙宇建成不久，这个女子就去世了，据说她真的成了仙。这就是龙王庙村名字的由来。

图7.11　龙王庙

（五）龙珠井传奇

据说，很久以前，人们在耕作，忽然间，天上的乌云从西边吹到了东方，云层中隐隐有星星点点的光芒。老一辈的人都说，这是西海龙王和东海龙王为争夺地盘在战斗，已经打了很多年。50年后，两位龙王再次开战，果然，没过多久，东海海面上风起云涌，隐约可以看到两条巨龙在海面上搏斗，足足持续了49天，两位龙王都是精疲力竭。西海龙王回到自己的住处。

两位龙王很快就意识到了自己的失误，东海和西海的龙王，纷纷前来赔礼道歉。东海的海水是咸的，所以，西海龙王就把两只眼睛交给了岸边的居民，然后这两只眼睛就被安置在了下木套那个地方。很快，两个水井就出现在了龙眼所在的位置。听说儿童落入水中不会溺毙。而且无论四季，井水都是清澈的，永远不会枯竭。直到今天，人只要喝上一口井水，就会觉得神清气爽，因为这两口水井是龙眼所化。所以，后世的人都称呼水井为"龙珠井"。

（六）文笔峰的神话故事

高公岛南边有个小山湾，三面青山如画屏，人们叫它"锦绣山"。平地上直立着一柱大青石，活像一支毛笔，人们叫它"文笔峰"。文笔峰北边，有块大山崖，石阶一层压一层，活像一摞厚厚的书，人们叫它"万卷书"。万卷书旁边，还有一块大青石，两峰中间似乎可以搁笔，人们叫它"笔架石"。老辈人说，这些都是吴承恩的遗物。怎么吴承恩的画屏、毛笔、书和笔架会变成石头呢？

据"柳河万卷书"（柳河村的一块大石头，上面有石刻文字）记载，相传明代万历年间，吴承恩在云台山三元宫里，花了3年工夫写成了《西游记》，接着，又写成了另一部神话小说《禹鼎志》。一天，他备了几样酒菜，带着笔、砚、书案和这两部书稿，来到水帘洞，要在这里将这两部书再润色一番。因为两部作品都已写成，如同卸下千斤重担，浑身舒畅极了，他一边呷着小酒，一边考虑怎样修改。这时，有个老猴带着一群小猴，跑到水帘洞前。猴子们一个个跳树攀枝，采花摘果；抛石子，扔果壳；砌宝塔，刨沙窝；赶蜻蜓，追飞蛾；捉虱子，搔脑勺。挨的挨，磨的磨，压的压，拖的拖，玩得好不欢乐！吴承恩越看越高兴，大腿一拍，连声叫好，提起笔来，把众猴嬉耍的情景活灵活现地加进了《西游记》第一回。他一边喝酒，一边把《西游记》改完，他也酩酊大醉，不知不觉趴在书案上睡着了。

在外面玩耍的几个小猴，看见喝酒的老头趴在书案上不动了，就好奇地跳进洞里，轻轻地抬起吴承恩的手臂，把两本书稿都偷出来交给老猴看。老猴打开《西游记》一看，哈哈大笑，众猴子都围来争着看。老猴讲："太好了，这老头把咱大王说成美猴王、齐天大圣，众妖魔都怕他，连王母娘娘都办他不得，咱们脸上都有光彩呵！"小猴一听高兴得又蹦又跳直翻跟头。老猴叫大家别闹，再看看这本《禹鼎志》。众猴凑过来一看，这也是一本神话故事。老猴讲："不行！我们要让天下人都知道咱美猴王，要让这《西游记》独传天下，我看不如把《禹鼎志》给扔掉！"有个小猴子说："扔了他不会重写吗？干脆，连他的笔、砚一起偷出来扔掉！"众猴齐声说这个主意好！

为了使吴承恩永远找不到他的笔、砚、书稿，老猴带着群猴跑啊，跑啊，一气翻越了49个山头，来到高公岛的大海边。老猴一声令下，众猴把手里的东西往山下一抛，画屏落在海滩上，化作一座"锦绣山"；毛笔插在山湾里，化作一座"文笔峰"（图7.12）；《禹鼎志》搁在半山腰，化作巨石"万卷书"；笔架滚在山沟里，化作一块"笔架石"。《禹鼎志》变成了石头，只有个书样子了，谁也没看过，就失传了。吴承恩的砚台呢？只因拿砚台的小猴贪玩偷懒，刚出水帘洞不远，就把它扔在花果山山腰的"八戒石"旁，变成了一块"仙砚石"。

图 7.12　文笔峰

（七）连云港 "老窑" 地名由来传说

云台山坐落在江苏北部，是全省最高的一座山峰。屹立在黄海之滨，对岸是连岛山，两山之间有个小港，可以停靠船员，人们就以两座山名的头一个字取名为连云港。但是，很早以前，当地人把这小港称为"老窑"，究其来历，这里还有一个神奇的传说。

东海龙王敖广的小女儿白龙公主，久居水晶宫，倍感无趣。听说人间有座花果山福地，犹如仙境，她就私自偷出龙宫，化作一条小白龙跃出水面，看到山清水秀的景色和奇花异草，她就高兴得摇头摆尾、翻滚跳跃。霎时，海面上飓风骤起，恶浪如山，海水咆哮，暴雨倾盆，刮得船翻人亡，浮尸满海。山上的大树东倒西歪，小树被连根拔起、飘上天空，山上的民房被风雨摧毁，变成一片废墟，到处闻听凄凉的哭声，急得山神束手无策，急忙上天奏请玉皇大帝派清风大仙下界，镇锁孽龙。

小白龙来到花果山，饿了吃仙桃，渴了饮泉水，大小山头游玩一遍，窜入水帘洞里洗个澡，顿觉心旷神怡，饱览了人间仙境。正欲返回时，清风大仙骑白鹿，乘清风，驾祥云飘然而来，挡住了小白龙归路。小白龙见势不妙，吐出一团白气，隐形逃遁。清风大仙放出一道金光，跟踪追拿，又对坐骑白鹿耳语几句，白鹿会意化作小僧而去。

小白龙被金光追得满山乱窜，无处躲藏，从南云台窜到北云台，想从鹰游门处入海，不料此处烈火熊熊、浓烟滚滚，小白龙双眼被熏蒙了，看不清东南西北，只好伏地就擒，头在海边西山坡，尾巴还在山顶上，虽有白气护身，但被大仙的金光团团围住。

143

　　清风大仙怒指小白龙说："孽畜，你残害生灵，可知罪？"小白龙哪能料到清风大仙派白鹿小僧在此掘土烧窑熏阻它，后悔莫及，连连点头哀求道："大仙饶命，我只因羡慕花果山美景，出于好奇，玩得尽兴忘形，残害生灵本非我意。"清风大仙说："念你幼稚，放你一条生路，但你一要虔诚向善，二要改邪归正，三要重犯定斩不饶，若能做到，立即放你回龙宫。"小白龙一一答应。清风大仙收回金光，小白龙逃回龙宫。

　　后来当地人就用这个窑烧炭营生。一年是新窑，二年称旧窑，年代变了，本地人就把连云港称为"老窑"，不过后来，政府便把"老窑"改为"连云港"了。

第八章　渔业生产：连云港渔文化的实践演变

第一节　渔具的时代变化

原始社会，先民傍水而居，以鱼为食。早在旧石器时代，人类就利用天然的树枝及鹿角、猪齿、石头等制成的原始渔具在河流、湖泊中捕食鱼类。后来，先民学会了用植物纤维编制渔网，渔获量得到大幅提升，渔具的发展开启了渔业捕捞的新纪元。

东夷人最早使用石镞、骨镖和麋鹿角抓鱼，后来发明了网罟，形成最初的渔具。渔具从西周开始逐渐细化，主要表现为名目和种类的增加。《诗经》中提到的渔具有网、钓、罛、罭、汕、筍、罶、罩、潜、梁等十余种，这些距今两三千年的渔具名称，几乎一直延续到现在。到了汉代，渔业兴盛，渔具也有了各种变体，除了传统的徒手捕鱼、网捕鱼、钓鱼、罩捕鱼外，还有鱼鹰捕鱼等多种方法。东晋时出现了一种由竹子编制成的定置渔具，称为"沪"。渔民将"沪"插进泥滩中，等待随潮而至的鱼虾。后来，"沪"在地名中被保留下来，成为上海的简称。晚唐诗人陆龟蒙《渔具诗十五首》的小序中详细记载了唐代渔具，其中许多渔具的名称沿用了《诗经》中的叫法，可见渔具的历史之久。到明代时，渔具种类更加多样，明《渔书》中列举的渔网名目有千秋网、护网、桁网、牵风网、散劫网、泊网等，杂具有钓、罩、筍、锸等。

随着时代发展与科技进步，渔具由小型、简单发展到大型、复杂，材料也被合成纤维及塑料等取代。自20世纪50年代起，世界范围内的渔具已渐趋现代化。根据《渔具分类、命名及代号》国家标准（GB/T 5147—2003），渔具按捕捞原理、渔具结构特征和作业方式分为12类，分别为刺网、围网、拖网、地拉网、张网、敷网、抄网、掩罩、陷阱、钓具、耙刺和笼壶。在连云港，这些渔具都存在并发展着。

一、网具的发展

网具是指以网衣为主体构成的渔具，包括刺网、围网、拖网、地拉网、张网、敷网、抄网、掩罩、陷阱这九大类。网具是渔民捕捞所需的重要工具，从连云港古文化遗址中出土的网坠就可以看出连云港古代渔网的多样性。网坠按不同的材质可以分为泥质网坠、瓷质网坠、铅质网坠等，且在形状、大小上各有不同（图8.1～图8.3）。网坠缝合在渔网的下缘，快速拖动渔网时可使渔网在水中充分张开，使得渔获量得到显著提升。

图 8.1　泥质网坠　　　　　图 8.2　瓷质网坠　　　　　图 8.3　铅质网坠

（一）传统的网具

最初的网具是一根长竹子，在竹子尽头装一顶三角形的小网兜，称"捞网"。在海洋渔业资源丰富的古代，利用简单的工具就可以轻而易举地捕捞到各种喜欢在礁石边上生活和繁殖的鱼类。捞网的使用方法简单直接——渔民站在礁石边，将带有三角网兜的长竹竿放入海中，然后沿着礁石边缘，从下往上"掏"。另一种岸边作业的网具是罾。与手动的捞网不同，罾是相对固定的。选择一个鱼类聚集且水底较平缓的岸边海域，将罾铺设在水中，等待鱼类游到网的上方，及时提起网具，过几分钟便可以捕获许多杂鱼。

罾，是我国一种用木棍或竹竿做支架的传统网具，已有数千年的历史。在以前的海州湾沿岸，渔民几乎每家都有几副甚至十几副的罾。罾有两种，个头小的叫小罾，用"挑"的方法；另一种个头大的叫大罾，用"扳"的方法。小罾结构简单，制作容易。它的网呈正方形，边长120～150厘米，从网的边缘到中央，网眼依次逐渐变小、变深，便于将虾集中到网中间。支撑网的是两根分别有两米多长的竹片，在竹片中间用绳子固定，这样在四角上撑上网就成了完整的网具。但还要有一根两米长的竹竿，以便将小罾挑上放下。小罾里也需要放一些诱饵，渔民一般用的是用开水搅成的面糊，而内河捕虾的诱饵多为发酵过的鸡、猪的骨头。小罾的使用非常灵活，一个人可以同时照看好几个，所以渔民一年四季都可以用它来捕鱼虾，一部分自家食用，另一部分售卖出去以增加家庭收入。与小罾相比，大罾的体量就大了许多，所以大罾只能采用"扳"的方式，即利用一个固定的支撑点将网具提起来。大罾是海州湾渔民常见的捕鱼工具，在内河地区也可见到。

一个完整的罾由3部分组成：一面正方形的网叫"罾衣"；4根各一丈多长

的竹竿把罾衣四角撑开，这4根竹竿叫"罾爪"；一根两丈多长的大竹竿叫"罾杆"，也称"罾扑水"。罾衣靠近边缘的网眼较大，越往中间网眼越小，网的深度也越大。以前的罾衣都用棉或麻线织成，用猪血浸染，泡半天再上蒸笼蒸。这样做是为了防止网具霉烂，后来随着尼龙线的普及，棉麻的网具也就淡出了人们的视线。罾衣边长短的有八尺，长的能达到三丈二，其间有一丈二、一丈六、二丈四等不同规格，而且边的长度一定是双数。四根罾爪上端的交汇处渔民俗称"喜鹊窝"。罾杆一端扣在喜鹊窝处，一端则插在岸上。罾杆与喜鹊窝相交处系一根粗绳，叫"扳绳"。扳罾时，人们拉动绳子，扳杆将力量传给罾杆，罾杆就把罾网提了起来，这种用杠杆原理传递力量的办法，给渔民带来了极大的便利，在一定程度上促进了渔民生产生活的进步。扳罾不仅需要力气同时还需要技巧，风太大时难以作业，如果硬扳，罾很容易被风刮坏。同时，在扳罾的速度上也有要求，不能太慢，扳慢了鱼会跑。扳罾时还需要准备一根竹竿，竹竿前端绑上带有漏洞的长舀子和一个鱼篓，长舀子用来舀鱼，鱼篓用来放鱼。渔民一般用大罾来捕鲈鱼等大鱼（图8.4）。

图8.4　罾

近年来，海边出现了一种电气化的大罾，扳罾的人在室里就能控制，一按电钮，电机立刻转起来，大罾还会根据人的指挥升起或是下落。可见，生产工具的智能化不仅提高了生产的效率，而且给渔民提供了极大的便利。

简单的岸边作业逐渐形成了一种渔文化。首先，人们在岸边捕捞作业呈现出一道早期海洋社会的美丽风景，具有一定的审美价值。其次，这种沿着海岸活动的生活方式，体现了靠山吃山，靠水吃水，人与自然和谐相处的文化理念。最后，捞网与罾这两种简单工具的广泛使用，充分彰显了早期渔民的聪明才智。

随着渔船和渔网的发展，捕捞逐渐从近岸向浅水延伸。宋代时，浙江出现大莆网。渔民用两只单锚把锥形网固定在浅海中，网口对着急流，利用潮水，冲鱼入网，此种网成为渔民在东海捕捞大黄鱼的重要渔具。当时还出现了刺网，这是一种长带状的网，布设在鱼群活跃的水域，刺挂或缠绕鱼类。《南宋文录录》中的《马嘉》一文将刺网称为"帘"，"帘为疏目，广袤数十寻，两舟引张之，缒以铁，下垂水底"，这种渔网至今仍在使用。

刺网是由若干块网片连接成的长带形网具。将刺网铺设于水域中，等待鱼群刺入网目或被网衣缠绕，随后加以捕捞。其长度可根据水域条件、渔船大小等因素确定，短则几十米，长的可达数千米。刺网类渔具的优点在于结构简单，容易操作，作业成本低，而且不受渔场环境限制、机动性强，长度可以根据水域条件、渔船大小等确定，作业范围广。刺网能捕捞上、中、下各层比较集中或分散的鱼群、甲壳类和头足类等，渔获个体一般较大而且整齐、质量好，有利于渔业资源的繁殖保护。但缺点在于摘除刺挂在网上的渔获物较费工时，渔具损耗率较高。

张网是海州湾渔场传统捕捞渔具中最重要的一种，一直使用到20世纪70年代末，现在还有少量存在。张网是一种定置式渔具，将两根网桩打入海底作为"根"，系上渔网便可进行捕捞。它可以在海域中定置几个月甚至几年，适用于近岸两面流向为主的浅水区域。其使用过程十分繁杂，且需要耗费较大精力。

张网主要由渔网、网纲、"大根"、网坛等部分组成。以前的渔网由棉、麻线织成。一口网由7～8节组成，按网眼从大至小的顺序，分别将各部分称为网头、松闲、密闲、四百、三百、十升、十升嘴以及网梢。渔网以手工编织而成，织网的工具主要有竹片刻制的网梭、网乓，根据网眼大小使用不同的网梭，网乓为控制网眼大小的工具（图8.5）。织成的网片要用桄关拉紧网扣，称"杠网"。然后再一节一节地拼接，最后将边口对接，整条大网则呈长条喇叭形。拼接完的大网要用桐油涂刷防腐，晾干后再用煮熟的猪血料水（俗称"红水"）浸染。猪血与水的比例一般为100斤猪血加130斤水。将网晒干后卷成捆，大火蒸上一个小时即可。渔网上扎的绳索为网纲，上下口两道绳索称"双纲"，左右两边称"小节"。网口四角扎的绳圈称"网耳"，为了结实起见，网耳都为双圈。"大根"是套在网桩上连接渔网和网桩之间的"根"，有芦柴缆"大根"和稻草缆加钢缆芯"大根"两种，但现在这两种"大根"都被塑料缆"大根"取代了。张开大网还需用网坛，一口网有两只网坛，陶土制，每只网坛直径约40厘米。网坛要用绳索结成套拢住，俗称"络坛"。络坛不仅需要力气、技巧，还需要细心，有的人下了一辈子的海，也不会络坛。因为网坛绳索又粗又硬，必须棍撬、槌敲，捆绑不能有一丝一毫松动，还不能损坏网坛。张开大网前期的准备工作还有一项，即制作网桩。网桩多由洋槐木制成，长度一般在两三米左右。

张网的使用方法是网坛在强海流的冲击下被带入底层，网衣同时下沉，便于鱼虾进入渔网。海流弱时网坛上浮，网口抬升，使得鱼虾无法逃脱。渔民下海时还得带上网片包裹的石块，石块被系在网衣底部，石块数量会根据海流的强弱来决定，当海流较强时，增加石块数量会让网更稳固。

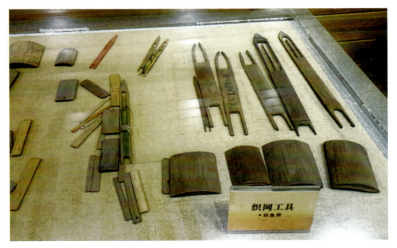

图 8.5　织网工具

将张网固定在海域中，鱼类在潮流涨退的压迫下便可进入网囊。张网网具较大，且可以被重复使用。在鱼类资源丰富的海域布置数十乃至数百顶张网，可以大大提高渔获量。张网渔业是分布面广、作业单位多、能耗省、成本低、渔获量稳定、操作简便的产业，但对经济鱼类资源过度捕捞，尤其是对鱼类幼体的损害，使得张网的发展受到限制。

（二）现代的网具

现代化的捕捞不再局限于岸边作业和浅水海域作业，而是向更深远的海域进行探索，单人捕捞、单船作业的形式逐渐向多人合作、多船协作的集团化方向发展。1905 年春，江浙渔业公司首先成立；1908 年广东和山东的渔业公司也先后成立[15]。这些渔业公司纷纷从国外购进现代化的渔轮以扩大捕捞规模，获得更多经济效益。由于传统网具不适用于这种大规模捕捞形式，有的因简单实用得以保留，有的则渐渐被淘汰。

辽阔的海州湾有着广阔的水域，生长着不同的鱼虾。鱼虾生长环境不同，于是有了不同的捕捞方法。针对深水、远处捕鱼的困难，人们发明了粘丝网。粘丝网又叫丝网，制作起来比较简单，即用细的尼龙丝织成的大眼网，长度有几十米甚至上百米，宽度一般在一米左右。网的上纲扣有小浮漂，以便将网浮起，网的下纲扣上一些小铅砣或装有石头的编织袋，网放到水里就呈垂直状，类似山上粘鸟的网。一旦游动的鱼撞上网，小的可以从网眼跑掉，大的则难以逃脱。它越挣扎，网就越会粘住鱼鳍、鱼尾。若是遇到鱼群，粘丝网的威力就更大了。

下丝网需要两个人，一个人撑船，一个人下网，如果没有船，大木桶、皮筏子也可以。把网一字排开放到水里之后，就无须再管了，只管第二天划船去收网。丝网一般在水库或是流速较慢的大型河流中使用，小河沟里不行，因为水浅、河窄，网没有回旋的余地；海里也不行，因为风大、浪急，网经不起摔打。

为了适应现代化的生产方式，新的网具也随之问世。渔民主要采用的捕捞方式有以下几种：

拖网，俗称"大拖风""海底拖"。网具呈圆锥形，由端口的巨型金属板控制网口大小。由于拖网网眼细密，在水中随着船体的拖曳，会将沿途所有东西卷入其中，杀伤力巨大，大小鱼通吃，因此民间有"海扫帚"的比喻。这种网具适用于大规模捕捞，主要捕捞鱼类有带鱼、小黄鱼、鲳鱼、海鳗、虾、蟹等。最大的缺点在于拖曳过程中可能会对底层生态造成影响。

围网是一种通过围捕或结合围张、围拖等方式将鱼群包围起来，迫使鱼群集中于取鱼部，从而达到捕捞目的的网具。按作业方式，围网可分为单船围网、双船围网和多船围网3种。在连云港，围网多用于母子船作业，适合带一只舢板的大功率渔船。围网的网具为无囊网，由主网衣、缘网组成，网具底部装有铁环，用钢丝将铁环穿连。作业时，由舢板带位，主船快速放网形成一个圈，然后收环捕鱼。围网作业捕捞的对象主要是集群性的中、上层鱼类（如鲐鱼、沙丁鱼等），作业时间为春、秋汛，地点主要是海州湾渔场。

箔是一种在水势平缓的湖泊、河荡之中捕捉鱼、虾、蟹的渔具，属于陷阱一类的网具。箔的制作工艺较为简单——将竹箔或芦柴用细绳拴成篱笆状，密集地插在水中即可。组成箔的竹箔或芦柴每片长约一丈，高五尺左右。做箔非常简单，下箔则需要一定技巧。下箔的地点很讲究，水浅了，没有鱼、虾、蟹；水深了，箔则不好生根，鱼、虾、蟹容易逃走，人取捕获物也不方便。下箔还要根据水流方向和鱼群活动习性来判断。箔不能太密，每隔一段距离要留一个口子，俗称"鱼路"。在鱼路上安装鱼笼，鱼进了箔便无路可逃。20世纪60—70年代初，那时近海的鱼、虾、蟹比较多，当地的渔民包括盐民几乎每家都有一些柴箔。后来随着海堤的修建，阻绝了一些鱼、虾、蟹的洄游，箔逐渐从海边消失，而多用于内河及水库了。

除了这些传统网具，还存在一些近些年才兴起的新型网具。地笼是一条长长的网筒，两头无出口，每边用一尺多长的四方形钢筋等距离将网筒撑起。然后在钢筋之间的网上，按箔的原理，留一个小口，里面的口小，外边的口大，鱼虾一旦进入，便不可逃出。地笼的发明与对虾养殖有关，为了防止沙光鱼吞食对虾，造成损失，渔民发明了地笼。将几条地笼放到虾塘，第二天取出来，如果是对虾就放回去，是沙光鱼就把鱼取出来。地笼不仅制作、使用简单，而且捕捞效率高。因此，地笼的使用很快从虾塘养殖户传播到了广大渔民中。但由于地笼采用的是箔的原理，不管是什么鱼类钻进了地笼都逃不出来，这就会对近海渔业资源带来毁灭性的破坏，所以渔政部门对地笼的使用是禁止的。

网衣是网具的重要组成部分，网衣的材质在一定程度上影响着捕捞作业。古代人使用粗布加上麻作为原料，通过捆卷的方法制成网衣。虽然这种网衣易腐烂、韧性差，但是其捕鱼效率已经大大提高。网衣的发展经历了麻网（萱麻网）、线网（棉线网）和尼龙网时代。20 世纪 50 年代合作化初期，麻网被广泛使用，但这种材质的网衣从硬麻到制成成品网具，工序繁琐、费时费力。于是，60 年代后渔民开始用棉线织网。虽然用棉线织网可以省力，但线网泡在海水里容易腐烂，从而网具的重复利用率降低，相应地增加了成本。所以，到了 70 年代以后普遍使用聚酰胺纤维织成的尼龙网从事渔业生产，并延续至今。这种网具耐磨、耐腐且制作工艺简单，不仅大人可以制作，而且小孩也可以参与进来。这对当时的许多家庭来说，是一个摆脱贫穷的重要副业，织渔网曾经是沿海渔村处处可见的场景。手工织一张好渔网并非易事，需要长期实践才能掌握其中的要领（图 8.6、图 8.7）。

图 8.6　20 世纪 70 年代的"渔嫂"在织渔网　　图 8.7　20 世纪 70 年代的渔家儿女在织渔网

网衣的制作方法多样，包括打结法、绞拈法和经编法。打结法是传统的网衣制作方法，用经线和梭子里的纬线套结成网，可以做成拉网、围网、撒网、旋网、定置网和网箱等，其结节是网绳直径的 4 倍，凸出于网衣平面。连云港的渔民发明了各种各样的绳结。这些绳结花样繁多，可以适用于不同的场景，充分彰显了渔民们的智慧（图 8.8）。但以这种方式结成的网，其结节在起网时易碰撞鱼和船舷，既伤鱼又磨损网具，另外，化纤材料多为有弹性的，容易引起结节松弛、网目不均匀等问题。绞拈法则是将两组纱线由机器同时绞拈，在交接点处相互穿心交结成网的制网方法，用这种方法织成的网衣，网面平整、摩擦较小，但由于绞拈机效率较低，故绞拈法只适合编织网目较大的网衣。经编法是通过经编机将纱线编织成网的制网方法，经编机速度快（600 转/分钟），编结的网门辐阔，规格变换方便，效率远高于前两种制作方法，经编网平整、耐磨、重量轻、结构稳定，可广泛应用于海上捕鱼、淡水捕鱼和养殖以及其他各种特殊用途。

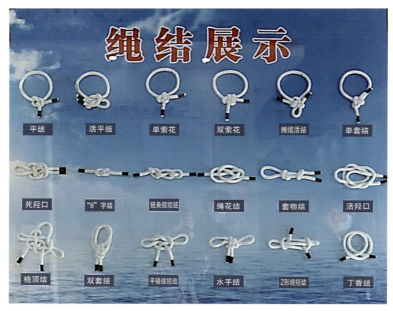

图 8.8　绳结展示

在生产实践中，连云港连岛的渔民制作出了以下 3 种渔网，根据构造不同，它们分别具有不同的用途（图 8.9～图 8.11）：

图 8.9　连云港连岛渔民用于捕捞小型鱼类的渔网

图 8.10　连云港连岛渔民小型鱼类和毛虾兼可捕捞的渔网

图 8.11　连云港连岛渔民用于捕捞毛虾的渔网

这 3 种渔网的网衣都呈"锥"型，但网眼大小不同。图 8.9 所示渔网的网眼较大，故专门用于捕捞小型鱼类；图 8.11 所示渔网的网眼小而密，适合捕捞体型小的毛虾。为了方便携带，连云港连岛渔民还发明了既可以捕捞小型鱼类又可以捕捞毛虾的网具，其网眼大小如图 8.10 所示，介于图 8.9 和图 8.11 所示渔网之间。这 3 种网具在网口部分也有所不同。图 8.9 所示渔网用来捕捞小型鱼类，一人将网提起较为费力，所以此种网具网口的两边分别有两股绳，方便两人合力提起渔网。图 8.10 和图 8.11 所示渔网的网口都是一角有一条绳，最后汇聚成一股，便于一人将渔网提起。海州湾特别适合毛虾繁殖，毛虾一般在当地深水越冬，翌年 2 月底或 3 月初向近岸游动，一年繁殖两代。毛虾晒干就是虾皮。在生产条件落后的年代，渔民只能用简单的工具捕捞毛虾。后来捕捞工具有了升级，渔民用两根各长 5 米左右的毛竹，一根长一米多的"撑子"，扎成一个等腰三角形的固定框，就像一个簸箕。捕虾时将"簸箕口"紧贴海底，人推着网向前走，故称"推虾皮"。

二、钓具的发展

钓具是指在钓线上系上钓钩，装上具有诱惑性的饵料，引诱鱼类、甲壳类、头足类等上钩，从而达到捕捞目的的渔具。钓具通常由钓钩、钓饵、钓线等组成，有些还装有浮子、沉子、钓竿或其他附件。钓钩是结缚在钓线上起钩刺作用的部分，可分为倒齿结构和无倒齿结构两类。钓饵的选择常是影响渔获丰歉的关键，钓饵可分为真饵和拟饵两种，真饵按来源不同可分为动物性饵和植物性饵。在海洋钓捕中一般用鱼类、头足类、甲壳类等动物性鱼饵；淡水中则以蚯蚓和昆虫为主。植物性饵用于诱捕淡水鱼类，主要为米、麦、番薯等制品。拟饵由羽毛、布片、橡皮、木材、金属及塑料等制作而成，被伪装成钓捕对象喜爱的动物性饵或足以刺激鱼类捕食反应的其他诱惑物。

在远古时代，先民通过长期的劳作发现，鱼类喜爱啄食漂浮在水面的杂物，利用这一特性，聪明的先民将食物系于藤枝之上，待鱼咬住食物后，再迅速将鱼拉出水面，从而将鱼捕获。此后，先民将此方法薪火相传并不断总结经验，一些专用的捕鱼工具也孕育而生。例如一种叫"鱼卡"的小型工具的出现使捕鱼的成功率大大提升；此外，古人通过观察自然发现，鸟类在捕鱼时，它们的钩形爪子能够很轻松地将鱼拽出水面，从而发明了鱼钩。

世界上最早的鱼钩距今两万三千多年，是用贝壳磨制而成的。在约七千年前的仰韶文化遗址中存在骨制的鱼钩。进入青铜时代后，人们制造出了青铜鱼钩来提高捕鱼效率，以满足人口和捕鱼需求的增长。北宋邵雍写的《渔樵问答》对钓具有过描述："六物者，竿也，纶也，浮也，沉也，钩也，饵也。一不具，则鱼不可得。"这与现代钓具几乎一致。

南宋时期的滚钩之法，接近于现代的延绳钓。它用一根主线结缚若干支线，支线上有锋利的鱼钩，鱼群通过时，就会被密集的鱼钩挂住。《岳阳风土记》提到了这种渔具："江上渔人取巨鱼，以两舟夹江，以一人持纶，钩共一纶，系其两端，度江所宜用，余皆轴之，中至十钩，有大如秤钩，皆相连，每钩相去一二尺，钩尽处各置黑铅一斤，形如锤，以候水势深浅。"这类钓具的使用，使渔获量大为提高，渔具发展至此又有了一次飞跃。

除了上述传统钓具外，连云港拥有许多具有地方特色的钓具，包括筐钩、滚钩、蟹钩等。

筐钩将鱼线、鱼钩收拢在一个筐中，这个筐直径二尺余，高约五寸，筐口上包着麦秆、稻草等物，形成软口筐，这样便于挂钩，防止钩线混乱。筐钩由大线、钩线、鱼钩及锚石组成，大线较粗，长度不限，一般在百米左右。大线上每间隔50厘米左右系上钩线，钩线上系上鱼钩。此种鱼钩是筐钩专用钩，钩尖向内弯曲，钩上有倒刺，俗称"洋槐钩"，鱼儿一旦吞食饵料，极难逃脱。大线每隔一定长度要拴上一块锚石，以便将鱼钩带入底层。后来因锚石太重，使用起来不太方便，大都改用专用的钓钩锚了。筐钩海钓效率极高，20世纪80年代时一次可以钓上几百斤鱼。

滚钩不同于一般鱼钩，用它钓鱼不需要鱼饵，但要求钩尖锋利，只有钩子尖才能钩住鱼。滚钩主要用于深水与浅水交界处或海底水情复杂的底层处大鱼的捕捞。在这两类地方往往有大鱼活动，而且水情复杂的底层处不适合使用提网、拖网等网具，于是滚钩应运而生。滚钩的制作并不复杂，在长棕绳上等距离系上长短不等、带有倒刺的钩子，钩线上方扣上小浮漂即可。将滚钩放置到预定的海面，一头用木棒或石块固定，另一头则放任自流。钩子随海浪涌动，一旦有大鱼上钩，就绝对没有逃脱的可能，因为鱼儿的挣扎只会使它被更多的钩子钩住。所以用滚钩捕上来的鱼，身上的钩子都分布在不同的位置上，有的钩在头上，有的钩在身上，还有的钩在鱼尾上。时间长了，在渔民中便产生了这样一句俗语："能逃千层网，难过一趟钩。"这句俗语形容的就是滚钩捕鱼的厉害性。下滚钩时，一般是满潮放，落潮收。用滚钩捕上来的鱼都是好几斤的大鱼，以鲈鱼、黄鱼、米鱼、踏板鱼等居多。近30年来，近海渔业资源减少，渔民已经不再使用滚钩了。

蟹钩是指专门用来钩螃蟹的渔具。在海州湾沿岸咸水与淡水结合处的河沟滩涂上生活着一种叫"黄掩蟹"的小型蟹子，这种蟹子个头不大，因其两只大螯呈黄色，故而得名。黄掩蟹生命力极强，滩上、水中，到处可见，但它有一个弱点——自卫能力弱，不像梭子蟹那样个头大、甲壳硬。深秋时节，正是黄掩蟹最肥美的时候，根据黄掩蟹喜爱打洞和钻洞的习性，海边渔民发明了钩蟹这种捕捉黄掩蟹的方法。蟹钩制作简单，将一米来长的细钢筋，一头安上手柄或者不安均可，另一头用小锤砸扁，再把扁头锉成两个尖，最后再将扁头弯成钩形，用不了多长时间就可以做好一把蟹钩。用蟹钩捕蟹还需要一定的技术和经验，首先，要辨认蟹洞的真假与新旧，新洞口的泥是新鲜的或洞边留有蟹爪印；其次，钩蟹的手感也非常重要，下钩太轻会钩不到蟹，提钩太重会钩坏蟹壳；最后，钩蟹时还要看天气和风向，阴天时直接下钩就可以钩到，但晴天时就要看风向，如当天刮西南风，下钩时就要将钩贴近洞的西南边。将钩到的蟹放入蟹篓，运气好的话，一个下午就能钩满一篓黄掩蟹。除了使用蟹钩捕获螃蟹外，在海州湾渔区还流行着两种徒手捉蟹的方法：照蟹和踩蟹。照蟹有着悠久的历史，从许多文人雅士的诗篇中便可瞧见一二。例如"鸣榔在何许？蟹火一星幽""萧萧落叶弄秋声，蟹火渔灯两岸明""蟹舍烟光月色昏"……这些诗句描写的都是渔民利用螃蟹趋光的特性捉蟹的情景。古人照蟹时用的是油灯，20世纪60—70年代用手电筒，不过现在用上探照灯也很难找到野生的螃蟹了。相对于照蟹，踩蟹更像是海边男孩子们的游戏。螃蟹到了咸水与淡水结合的地方，一般会躲进裂沟滩里。当潮水退去时，裂沟中存有水一道道裂沟中就有许多螃蟹。然而，只凭肉眼很难发现它们，更多时候要根据经验来判断。首先用脚轻踩，当踩到蟹子的时候，再用手去抓。如果性子急，脚步重，不仅抓不到螃蟹，还会因为搅浑了水，被螃蟹夹伤脚。

三、杂具的发展

杂具是指除了网具和钓具之外的渔具，包括耙刺和笼壶。耙刺是指利用特制的鱼叉、耙齿、钩、铲等工具，以投刺、耙掘或铲刨的方式将鱼类、贝类等捕获的渔具。笼壶是指用钢筋焊接成笼壶形架子，外包网衣或竹篾，以各种螺壳来诱捕有钻穴习性的头足类、甲壳类的渔具。笼壶可以分为倒须型和洞穴型。倒须型是指在入口处装有倒须从而防止渔获物逃逸的笼壶类型。没有倒须的笼壶则是洞穴型笼壶。

在复杂渔具出现之前，最原始的捕鱼方式就是用天然的原材料，如树枝、石块等刺杀、击伤鱼类。尖锐的树杈可以视为鱼叉的雏形。先民的智慧不止于此，浙江钱山漾遗址出土的具有"倒梢"的竹编鱼笱，其入口处有一个漏斗式的竹篾，将它安置在迎着水流的位置，鱼、虾就可以顺着竹篾进入，却出不来。可见这种精巧的渔具在新石器时代就已经被广泛使用了。

从地图上看，海州湾位于中国沿海的中间位置，这个地区属温带海洋性季风气候，降水充沛，海水中含盐量适中，且整个海州湾地形呈喇叭状，周围群山拱卫，湾里风小浪稳，环境、气候特别适合毛虾繁殖。毛虾是晒制虾皮的主要原料，还是我国产量很大的海产品，在渤海、黄海、东海都有产出。每年夏秋时节是捕捞毛虾的旺季，海州湾沿岸捕虾有两种方法："张虾皮"和"推虾皮"。"张虾皮"也就是捕捞毛虾，它是指驾船到海中下网捕捞毛虾。"推虾皮"则是一种极具地方特色的捕捞方式。"推虾皮"的工具极为简单，用两根竹竿撑两个网脚做成骨架，套上网，再用三到四个葫芦做成漂篮，系在骨架上即成。平时网杆和网是分开的，"推虾皮"时，人们要将网扛到海边，先将网杆打开，将网罩上，再将网在离固定位置一米以上的地方撑起并固定好，最后给网杆前端穿上网鞋就可以了。下到海里，人站立推着网往前走，感觉网里有毛虾时就将网扳起，再用舀子将毛虾舀到漂篮里，毛虾经过处理后成为虾皮。因为作业时是推着网向前走的，所以人们将这种捕捞毛虾的方法叫"推虾皮"。

在海州湾沿岸，"推虾皮"的过程中要用到一种从古代沿用至今的近海捕捞工具——高跷。它曾是海州湾渔民家家必备的工具，然而在时代的洪流中，逐渐成为上一代人的回忆。海州湾沿岸多滩涂，退潮后就会有许多小鱼小虾滞留在滩涂上，这便是"推虾皮"的好机会。但海滩上有的地方水浅，有的地方水深，水浅的地方尚可直接用脚踩在海滩上，但在水深的地方进行捕捞便有些困难。于是，渔民借助高跷进行捕捞作业。高跷没有现成可买的，都是渔民自己动手制作的，以前海州湾沿岸的渔民几乎每家都有一副甚至好几副高跷。高跷制作起来也较为简单，一般需要半天时间。首先要找一些鸡蛋粗细、结实耐用的树棍，长度不宜过高，一般在二尺左右，但也有高手能使用长五六尺的高跷。将这些树棍简单地修整成型，然后在树棍顶端打个眼，穿上绳子，从上往下，膝盖到脚的地方，打眼装上脚踏板。脚踏板大概有脚掌那么宽、半脚掌那么长，上面钉上一些布条或帆布袋。最后还要在高跷的最下端安装跷脚，从而增加高跷的表面积，防止在遇到淤泥的时候下陷。将人固定在高跷上用的是裹脚布，这种裹脚布用碎布头缝制而成，有巴掌宽，一米左右长，厚达好几层，密密麻麻的针脚饱含母亲或妻子对家人的关爱。

高跷制作好后，新手一般要在岸上练习一段时间才能下海。进入海里踩高跷行走还需要一定的技巧，下海前先将裹脚布缠好，下到一定深度时，借着网杆和水的浮力，趴在网杆上，踩上高跷绑好绳子，一用力就能够站起来。行走到深水处需要换跷，不能一开始就踩上五六尺的高跷。因为在浅水处太累，而深水处会打不到底，还有被海水呛着的危险。在踩高跷时有几点注意事项：首先，在使用之前要检查高跷是否结实完好，以防止在使用过程中高跷断折；其次，踩高跷过程中要注意力度和使用技巧，以防止人陷入淤泥之中；最后，踩在高跷上要顺风扳网，如果顶风扳网，就会有被网罩住而不能动弹的风险（图8.12）。

图8.12　备跷采海

海州湾沿岸渔民几乎家家"推虾皮"，户户卖虾皮。因为与出海捕捞相比，"推虾皮"风险小，它不需要太多的投入，一张网、一副高跷、一口大锅，便可让一户渔民拥有不错的经济收入。20 世纪 60—70 年代，连云港实行渔业队合作生产，渔民没有生产自主权，只有到了年底才能算算工分，从而分点钱回家过年。家庭日用的油、盐、酱、醋、肥皂、灯油等多依靠在近海"推虾皮"的收入来购买。可见小小的虾皮对渔民的贡献之大。

第二节　渔船的更新迭代

渔船是进行水生动植物捕捞、加工、运输的船舶的统称，也包括从事捕捞生产的一些辅助船只。渔船的种类很多，按作业水域不同，可分为海洋渔船和淡水渔船；按作业海域不同，可分为深海远洋渔船、近海渔船及沿岸渔船；按材质和结构不同，可分为木质渔船、钢质渔船、玻璃钢渔船、钢丝网水泥渔船和混合结构渔船。渔船是渔文化的物质载体之一，为适应生产发展，人们对渔船不断改进，融入新的技术制造出越来越先进的渔船。连云港渔船的发展同全国一样，经历了独木舟、木帆船、机船和钢质渔船等不同时期。

一、独木舟时期

在远古时期，人们依河而居，河网发达地区的人们想要获得更多的食物来源以及扩大交流范围，水上交通工具必不可少。渔船是渔业的基本生产工具，近代各地出土的文物和历代编修的史志记载表明，我国远在新石器时代前就出现了"舟"（船），不过远古时代的"舟"，都是采用比较粗长的树木雕凿而成的独木舟。追溯历史可以从很多古书中觅到，早在几千年前人们在生产与生活中就有"舟楫之便""以船为车""以楫为马"等记载，这说明人类早就开始使用木舟（木船）了。从当时社会背景分析，早期的木舟是内陆江河湖泊渔猎、航运和载人的一种必需工具。后来在实践过程中，人们开始把舟的首尾做成尖形，在舟上做一个横梁，这样既可以减小阻力又可以增强稳固性。

二、木帆船时期

（一）发展历史

随着社会的发展，原始狭小的独木舟逐渐向宽敞的拼板船演变。即船体逐渐使用拼木合成技术，再加上简陋的风帆和橹，就成了木帆船的雏形，开始进入木帆船时代。这个时代非常漫长，从先秦到明清，数千年里渔民都使用这种木帆船进行海上捕捞作业。在这段时间里，木帆船的船体、风帆和木橹变得越来越大，但风帆和人摇动力这两个要素没有发生根本性变化。

商周时期在造船技术方面的成就是木板船以及风帆的出现。最初的木板船就是在独木舟的两侧加上船板，并且根据筏的做法用绳索将两艘或两艘以上的船并在一起，称"舫"。后来人们用木板或者木梁放在船上，用钉子钉牢，将船只连为一体。这样，船只的宽度增加，提高了船只的稳定性与装载量。风帆的出现是商周时期在造船技术方面的重大突破。史料中关于风帆的记载语焉不详，然而，在1976年浙江甲村出土的青铜钺上有一幅图，画的是一排人在划船，在这些人的头上有羽冠，有的学者认为这是一种最原始的风帆。

自秦汉以后，我国的造船技术愈加成熟，木帆船成为水上航行中最主要的交通工具。橹、船尾舵、水密舱壁、风帆、指南针以及对船舶的强度、水密性的保障措施是造船技术高度发展的标志。橹是秦汉时期船舶推进工具的一项伟大发明，《释名·释船》说："船尾曰柂，在旁曰橹。橹，膂也。用膂力然后舟行也。"船最早的推进工具是木桨，通过划行使船舶前进，而橹则需要用手摇。橹由橹柄、橹板、二壮构成。在橹板上装一个带球顶的铁钉作为支点（此铁钉名为"橹支纽"）。在橹的中间有一块硬木块叫"橹垫"，使用时将橹垫置于支点上。摇橹时，以橹支纽为支点，这样做既省力又能产生较大的推进力，是推进工具中具有高效率的船舶附属物。随着造船技术的发展，风帆技术也得到改进。首先，帆的数量增加。多桅多帆的船舶出现，三国时就已经有了七帆船。其次，帆的材质有了变化。最初的帆是用植物叶编织而成的，唐宋时期，布帆出现，帆幕上用竹条横向安置，这种硬帆的设计可以随风力的大小随意增减帆的面积，这是中国古代的船舶可以远洋航行的重要因素之一。最后，帆分为大帆与小帆，且开始分布在船舷之外，这样做是为了获取最大的风力。

新中国成立至20世纪50年代中期，我国海洋渔业处于复兴时期，渔民仍延续使用木帆渔船捕鱼，其中以中小对船、大对船、大捕鱼船和拖乌贼船等捕捞渔船居多。随着海洋捕捞的发展，新建大捕鱼船、大对船和中小对船，重点是发展大捕鱼船，当时大捕鱼船已经成为捕捞的骨干力量和捕捞渔船的发展方向，这一时期即称木帆船捕捞时期。

（二）发展特点

连云港的木帆船历史悠久、大小不一，从近海作业到远航捕捞，木帆船在连云港渔业发展中起到了不可忽视的作用，也是连云港渔文化的重要组成部分。民国时期及民国时期以前，连云港赣榆地区的渔船大多用于近海作业，以小型渔船居多，吨位在20吨以上的渔船较为少见。这一时期的木帆船，一部分随潮水出入，用于捕捞靠近海岸的鱼类，吨位在7～10吨，俗称"矮沪子船"；另一部分作为辅助性渔船，绑缚在大船上，用来方便人员上下、搬运货物，较小的称"小划子"，较大的称"舢板"。据统计数据，清光绪二十一年（1895年），赣榆地区有渔船近400艘，其中青口60余艘，范口140余艘，临洪和沙头两口共100余艘，内河 40 余艘，朱蓬口 30 余艘[16]。新中国成立初期，赣榆地区从事海洋捕捞的渔船多为木帆船，主要在渤海湾进行定置（大网）作业，春季会到吕四渔场一带从事马鲛鱼、鳓鱼、鲐鱼的流网作业，小型渔船主要在海州湾开展作业。

在手工业发达的年代，传统木质渔船由不同的木匠师傅制造，因此渔船等级的划分标准难以协调统一。通过长期的生产实践，海州湾渔民用 5 种不同的计量单位来衡量船的等级。第一种是以桅杆的条（根）数为计量单位，桅杆数越多，则表示船的载重量越大，远航能力越强。第二种是以担为计量单位，每担一百斤，如五百担的船能载重五万斤。第三种是以装粮食数量为计算单位，单位为石，十斗为一石，每斗三十斤。第四种是以装载豆饼（黄豆压榨出油后的粕）的块数为计量单位，豆饼每块（片）固定五十斤，如三千饼的船或五千饼的船。第五种是以航行区域或鱼的品种来确定渔船等级，如"远洋船"和捕大黄鱼的"黄花船"。

按照大小、功能，海州湾的传统木质渔船有 3 种类型：第一种是体形较小、以人力摇橹行船的"小划子"；第二种是体形中等，以桨（俗称"棹"）、橹为主要行船动力的"舢板"；第三种是体形较大、以风力为主要行船动力的"风船"。

"小划子"是一种小型木船，以人力摇橹的方式前行。从功能上划分，"小划子"主要有两种类型：一种体量较大、不依赖大船就可以独自从事近海捕捞作业；另一种则体量较小，带在大船上用于下网、运载人与货，或者在近海养殖时充当交通工具。第一种"小划子"制作较为复杂，有 2～3 个船舱，渔民还可以用它在近海过夜。第二种"小划子"比较简单，因多放在"黄花船"上，故又称"黄花舢板"。每次出海，一般根据船的大小及渔网数量来决定所携带"黄花舢板"的数量。一般的"黄花船"可以携带四五条，多的可以放六七条（图 8.13）。

图 8.13　"小方划子"

"舢板"与"小划子"最大的区别在于"小划子"体形更小，便于携带在渔船上，主要为近海捕捞及大船人员上下、搬运货物时所用，而"舢板"主要是中小型木船，至少需要 3 个人，一把橹、两把桨，稍远一点的则要两把橹和三把桨。相对于"小划子"，"舢舨"使用时用人多且又显得笨拙，而与"风船"相比，"舢舨"船体又显得小了，出不了远海，因而"舢舨"在木船中最先被淘汰（图 8.14）。

图 8.14 "舢舨"

"风船"是一种大中型木船，主要以风力为行船动力。"风船"是海州湾渔场捕捞作业的主流船只，其中以两条桅杆的风船居多。有三条桅杆、四条桅杆的"风船"，还有五条桅杆的"风船"，桅杆数量越多，则"风船"越大。这类船大多以"下南海"（东海）捕捞黄花鱼为主，又称"黄花船"。旧时，海州湾沿岸常见的渔船是两条桅杆的，俗称"两条桅"；三条桅杆的渔船就称得上是大船，可以出远海了；如果说哪家有一艘五条桅杆的"黄花船"，那就是富甲一方的大户了（图 8.15）。

一条出海捕捞的渔船，想要出行顺利，船员分工就必须明确。在连云港，每条出海的渔船上都

图 8.15 四桅"黄花船"

会有一个船老大。船老大是渔船上的主心骨、当家人，他需要在驾船和生产方面

样样精通，因为全船渔业生产的成败全看船老大的本事，船老大的技术、经验缺一不可，而经验只有依靠在海上多年的摸索、积累才能形成。当出现大风大浪等恶劣气候环境或突发状况时，船老大的技术和经验就是保障渔船安全的关键。大篷缭的地位仅次于船老大，是"风船"上操控风帆的守大缭人。船的速度受风帆的影响，而操控风帆是一个技术活。特别是在有大风大浪之时，大篷缭的操控是否得当，甚至直接关乎渔船的安危。大船头是渔业生产中的重要角色。因他在海上作业时，主要工作区域在船头，故而得名。大船头一般由身强力壮、眼尖手快的人来担任，因为开网等工作都要由大船头带领船员来完成。

三、机船时期

蒸汽机的广泛使用，使中国的渔船进入机船时代，这在海洋捕捞中体现得尤为突出。清末，中国近代实业家张謇主张实业救国，奏请设立渔业公司，并购买渔轮"福海号"进行拖网捕捞，这标志着中国渔业开始近代化。清末官员、诗人沈同芳参与其中，撰写了《中国渔业历史》。该书提到："新式的渔轮网大船快，电灯佐之，断非粗笨浅隘旧有之捕鱼船所可较量。"具有蒸汽动力的"福海号"作业规模颇为可观，"日夜换班，约每日3网，每网8小时，每20小时多可得鱼七八千斤"。

1949年以后，渔民开始在渔船上安装内燃机作为动力，使得渔船吨位和主机功率不断加大，到了后来，渔船上建起了驾驶台，配有机械舵和罗盘，有的还装有定位仪，渔船进入了真正的机船时代。最初，连云港的小型机船是在摇橹"小划子"的基础上改进而来的，并且进行了船头样式的改进，不再使用"潮排"船头，而改成了"大鼻头"船头，再到现在的尖头、铲头。20世纪60年代在"风船"基础上改进的机动渔船，俗称"座舱机"，也可以使用蓬桅，故又称"机帆船"。

20世纪50年代中期至60年代后期是连云港由木帆渔船向机帆渔船发展的时期。当时改装试验成功的机帆渔船，主要把原来的木帆大捕和大对渔船的船体规格逐步增大，但仍保持原船型，称"大捕型机帆船"。20世纪50年代后期，连云港首个对机船在连岛投入使用，但因60年代经济发展困难，渔业机械化难以得到推广，那时连云港沿海的机动船少之又少（图8.16）。

20世纪60年代初，渔船上的风帆逐渐被拆除，完全靠机器做动力，配有立式绞纲起网机，后舱（机舱）鳌壳抬高至两层，仍在船尾置舵舱来驾驶，称"改良大捕型机帆船"。到60年代后期，捕捞渔船基本上实现了机器动力。时至20世纪70年代，海州湾的机动渔船如雨后春笋般迅猛发展。新建的大机船和由"风船"改建的"座舱机"（"座舱机"泛指不带舵楼，机器安装在船舱内的机动船，不少都是由"风船"改建的）遍布整个海州湾。此时，水泥机船也应运而生。水泥机船造价低、建造周期短、船体稳定性好，在近海作业中具有极大的优势。

图 8.16　小型机动船

20 世纪 70 年代中期，大型木质渔轮投入使用，渔业生产步伐大大加快，连云港渔民北上渤海湾捕对虾，南下舟山渔场打带鱼，生产上由传统的张大网作业发展到围网、拖网作业，渔业经济年年攀升，渔民生活日益好转。到了 20 世纪 70 年代末和 80 年代初，"小挂桨"的蓬勃发展彻底淘汰了风帆、摇橹及划棹等落后方式。"小挂桨"是一种以柴油机、螺旋桨为行船动力的小型机动船，是改革开放、包产到户时代背景下的产物。随着 12 匹马力柴油机的逐渐普及，很多渔民将传统的以橹、篙、帆为主要动力的小型渔船，改成了以柴油机为动力的机船（为了防止柴油机出故障，船上还留有橹脐和橹，以备不时之需）。在海洋渔业资源较为丰富的时代，由于这种船机动灵活、投入成本低，仅在近海捕捞就可以有较大收获，所以发展非常迅速，几乎每个渔民家庭都有一只"小挂桨"。可以说"小挂桨"的发展是一次渔船革命，它的产生、普及，彻底淘汰了风帆、划桨及摇橹等动力方式。

四、钢质渔船时期

20 世纪 90 年代后，渔船开始进入钢质渔船时期，一方面是因为科学技术的发展，另一方面也是为了适应远洋捕捞的需要。这种船船体长、马力大、抗风能力强，更适合渔民常年深远海作业。

尽管木质渔船有数千年的历史，给渔民带来了极大便利，但因木质渔船存在局限性，注定不能适应现代化的生产需要。与钢质的渔船相比，木质渔船有很多不足之处。第一，木质渔船会因为木材的吸水性而随时间变沉重。渔船刚制造完成下水时，由于木材干燥，会出现重心不稳的现象，在使用一段时间后，渔船上的航行木材吸水，渔船自身重量大幅度增加，由于其不可塑性增加了水阻力，能耗也相应增加，使船舶稳定性变差。第二，木质渔船存在很大的隐患。木质渔船一般都用整块木材制作，其强度远远低于钢等其他材质，抗风、抗浪能力差。有些渔民会进行跨海区的捕捞作业，渔船抗风浪能力差会增大其安全风险。而且船上渔获物的增加以及海浪冲击到船甲板上很容易造成渔船重心不稳甚至侧翻。第三，木质渔船很容易被海水腐蚀及被海洋生物附着，这样会影响船只稳定性和安全性，增加功耗，而且渔船需要定期进行维护和喷漆，成本大幅提高。

钢质渔船由于采用钢结构制造，相比木质渔船强度更大且更耐用。钢材料可塑性好，只要船舶外观和结构设计合理，航行阻力就较小，功耗也相应较小。钢质渔船相比木质渔船抗风性和抗浪性更好，动力更强，航速更快，可以去更远的海区生产作业，能够增加可观的经济效益且不容易有重心不稳和倾覆等安全隐患。钢质渔船经过特殊处理可以抗海水腐蚀和减少海洋生物的附着，降低功耗，降低维护成本。此外，船舶使用年限也比木质渔船长（图 8.17）。

图 8.17　赣榆造船厂的钢质渔轮制造现场

1972 年，扬帆集团的舟山船厂试制成功我国自行设计制造的第一艘 851 型 450 千瓦钢质渔轮，掀起了钢质渔船建设的浪潮，海州湾渔业生产也快步进入钢质渔船时代。江苏省较早启动了万艘渔船更新改造工程，按照"政府引导、渔民自愿、各方支持"及"小改大、木改钢"原则，投入 10 亿元财政资金，逐步将万艘海洋捕捞渔船更新为 5 000 艘左右"安全、节能、经济、环保、舒适"的标准化钢质渔船。到了 20 世纪 90 年代，钢质渔轮已经全面取代木质渔轮，连岛渔民的海洋渔业生产深入到日本海、韩国济州岛等地区。这些渔轮都配有雷达、电台、定位仪、探鱼仪、对讲机等先进设备，连岛当地政府和部分下辖村的村委会也安装了电台，能够全天候掌握海上渔业生产动态（图 8.18）。

图 8.18　停靠在赣榆码头的钢质渔轮

五、源远流长的造船技艺

若说造船技艺，还属赣榆地区木质渔船手工制造技艺独具匠心，因为它已经走过了两千多年的风雨，算得上是一门古老的手工艺。赣榆地区制造木船的历史可以追溯到秦代。据《史记·秦始皇本纪》和《史记·淮南衡山列传》记载，秦始皇希望长生不老，命徐福率领船队和童男童女数千人入海求仙。徐福在赣榆地区造船并率领庞大船队两次泛海东渡，最后成功抵达日本列岛。至今赣榆地区仍留有徐福造船的遗址、遗迹和传说故事，在徐福纪念馆里，还陈列着一艘按当年徐福乘坐的手工木船等比例制作的木船模型。此外，赣榆地区的石羊河畔坐落着一个看起来普普通通的村庄——吴公村。当年徐福东渡时在此地制造楼船，那些制造木船的匠人被称为"圬工"。"圬工"原本是对瓦工的旧称，指从事砌砖、盖瓦等工作的工匠，这里被用来专指造船的工匠。当地村民是这些"圬工"的后裔，于是吴公村的村名由"圬工"一词同音演变而来。吴公村曾出土大量的造船木头。然而遗憾的是，村里传承了造船手艺的老船匠纷纷离世，并没有留下与造船有关的资料和物品，村里也没有保存造船的遗址和实物。

与过去纯手工打造渔船不同，虽然当今渔船的制造技术和材料不断升级，但是渔船的制造工序和方式基本没有改变。渔民将造船的过程称为"排船"，这是因为建造一艘大船，需要将解好的木块，一块块地用石灰、桐油和麻丝排起来。这个"排"，相当于"捻"的意思。所以，"排船"有时候也叫"捻船"。赣榆地区木质渔船制造的传统工艺流程如下：首先是画出大样、样板图，根据样板图选用较硬的木头；其次在海滩上选择合适的地段，在每月的大潮时用泥土把四边围上，将材料运进去，并用石块铺垫若干个硬墩，放上主龙骨，再制成船各个部位的肋骨模型；最后按模型尺寸要求制作真正的肋骨和站柱。

对于"排船"，首要的就是选料。为打造船的主要支干——龙骨，要选上等的洋槐木作为主料，一棵洋槐树的生长时间一般在三四十年左右。船的外包板则选用楠木，后来因为材料稀缺和森林保护的原因，逐渐改用东北落叶松。选好木材后就是切割、打磨、拼装。在船的整体结构组装完成后，捻工要把船上的每条缝、每一个钉眼包括内外都捻上用桐油浸泡过的麻丝，然后再用桐油与石灰制成的油灰封牢。晾晒5~6天后再用桐油涂刷2~3次，防止木材开裂。最后在船面上竖起桅杆，用白布涂上桐油做桅篷，这样一艘木质渔船就制造完成了。待涨大潮时将泥坝挖开，船就可以出海了（图8.19）。

图8.19　木质渔船制造

在整个的"排船"过程中，关键的就是"捻船"部分，即挑选优质麻丝，用石灰和桐油和成泥浆，把麻丝镶嵌在船板的缝隙中，镶嵌时要不停地用锤子敲打，直至全封闭为止。"捻船"是一个十分考验工匠实力的工序，通常需要多年经验的积累才能上手。一般一二十个捻工同在一条木缝上操作，用斧头敲打平头凿子，将麻丝塞进每条木缝里。为了使全船每一条缝受力均衡，众人在一名捻工领唱下齐声喊捻船号子，用统一的节奏敲打。"乓乓乓、乓乓乓、乓乓乓乓、乓乓乓乓……"由慢到快，由快到慢，场面如同唱戏打鼓一般，十分壮观，因而捻工又被称为"打排爷"（图8.20）。斧凿的铿锵声、船体的共鸣声节奏鲜明，站在周围数百米都可以听到。为了讨得一个好彩头，船工还会在造船场地的周边插上摇钱树（图8.21），寓意节节高，一方面期望将来渔船能获得好的收益，另一方面希望船厂能有更多的渔船订单。经过精雕细琢捻好的船，在海里漂流20年都不会有任何问题，但也需要每年保养一次。而且那些长期漂泊在海上的船被废弃后，其中上好的木头还可以用来打造家具和工艺品。由此也产生了另一个行业——"老船木"。

木质渔船的船头制造也经历了一个演进过程——从最初使用较多的"潮排"

图 8.20 "排船"中使用的工具

图 8.21 木船制造现场的摇钱树

头到现在的尖头、铲头，"潮排"头是连云港木质渔船特有的一种船头构造（图

8.22）。由于海州湾沿岸具有特殊的地质地貌，渔船停靠时只能将船头紧靠在岸边，于是渔民都在船头干活。为了方便渔民上下船搬运货物，只能将船头改造成宽大的形状。而且这种构造可以增加船的装载量，比如同样大小的船，"潮排"头构造的船有 15 吨的装载量，而尖头构造的船只有 10 吨的装载量。但这种船头的缺点是不能抵抗较大风浪，较宽的船头会增大船的阻力，不利于航行。尖头则是一种较为常见的船头结构，与山东省一带渔船的船头结构相似。这种尖头渔船劈水能力强，遇风大流急的情况也能行驶得稳而快，只是在装载量上略有不足。为了弥补"潮排"头与尖头两种船头结构的不足，海州湾渔民又发明了宽度介于两者之间的一种船头——铲头。铲头结构是近年来木质渔船主要采用的船头结构，它结合了"潮排"头与尖头两种船头结构的优点，既增加了装载量，又有效减小了船的阻力，大大改善了渔民的生产与生活方式。

图 8.22　赣榆地区木制渔船的"潮排"头结构

　　沧海桑田，潮起潮落。随着时代的发展，木质渔船制造行业也经历着兴衰变革。改革开放初期，海头镇从日本首次引进紫菜，随着紫菜养殖户的增加，渔船的需求量也随之增加，渔船主要用于近海收紫菜。在最高峰时，当地船工一年能"排"30 余艘船。后来随着国家造船许可证制度的推行，以及全面加强海洋渔业资源保护，尤其是 2005 年后，国家加大了渔船木改钢的推行力度，木船制造业一落千丈。到了 2014 年，木质渔船的制造基本停止了。过去一艘长 13 米的木船，40 天左右可以完工，造价 10 万元；现在人工价格上涨，一艘木船的造价上涨到了 30 万元，但也低于一艘铁船的造价。如今，只需 20 多天就可以完成一艘木质渔船的制作（图 8.23～图 8.26）。

图 8.23　20 世纪 60 年代的造船场景

图 8.24　20 世纪 70 年代的造船场景

图 8.25　20 世纪 90 年代的造船场景

图 8.26　21 世纪的造船厂

第三节　渔业生产的创新发展

连云港是全国著名的海洋渔业生产基地，其渔业生产具有悠久的发展史。随着当前生态化可持续发展的渔业新发展目标的提出，连云港也在积极开拓渔业发展新方式。

一、多样化的渔业捕捞

（一）桁杆拖虾作业

拖虾作业是一种传统作业方式，多用来捕小虾类。桁杆拖网网口的水平扩张主要靠桁杆的支撑来实现，此网上有桁杆（钢管），下面装有陶瓷质鼓形滚轮做沉具，在拖曳过程中有惊虾的作用，使得虾弹跳入网。在连云港拖虾作业运用广泛，主要渔获物有哈氏仿对虾、鹰爪虾、虾蛄及其他杂鱼等。桁杆拖网以德国的拖网以及我国江苏省和浙江省沿海的双囊桁杆拖网比较典型，桁杆长度约为渔船长度的 80％。桁杆为钢管，直径 150 毫米左右。网具总长度约 15 米，网口高度为 12 米，网囊的网目尺寸为 20～30 毫米。其作业方式为放网时渔船右舷受风，先放囊袋，再将桁杆吊至舷外，然后陆续放出浮标绳、浮标、叉纲、引扬纲，待桁杆、叉纲离开船舷时，船右舵转向并松放曳纲。曳纲长度一般为水深的 10～15 倍。曳纲放完，船转至桁杆拖网方向，并把拖网系在船尾，调整拖向、拖速。通常应顺风或偏顺风拖曳。白天每网次拖曳 2 小时，夜间 3 小时，相对拖速大致为 11.5 节。起网亦在右舷进行，步骤与放网相反（图 8.27）。

图 8.27　桁杆拖虾渔船作业场景

在连云港，桁杆拖虾主要被运用于捕捞毛虾。毛虾资源是连云港近海特色渔业资源，也是当地渔民主要的季节性捕捞品种。毛虾具有繁殖力强、世代更新快的特点，也是海州湾渔民数百年来主要的季节性捕捞品种。2020年，农业农村部批准连云港作为全国首个毛虾专项特许捕捞试点，允许渔民在拿到捕捞许可证后利用伏休期中的一个月时间，在连云港海州湾部分海域进行毛虾捕捞。全市从事毛虾捕捞渔船近百艘，相关从业渔民超万人，制作出来的虾皮驰名国内外，年产值约3亿元。在毛虾产品中，以灌云开山岛周边海域出产的毛虾品质最好，不但个头大，而且营养极为丰富，素有"钙库"之称。渔民把刚刚捕获的毛虾，装车运往毛虾加工厂，从捕捞到加工毛虾，两个小时就出成品，经过加工的毛虾就成为各地市场的抢手货。

（二）笼壶作业

在连云港深海捕捞中，一个个腰鼓形、圆筒形或截锥形的渔笼常能引人注目，那便是被运用在深海渔业捕捞中的笼壶。笼壶作业的主要渔获物包括蟹类、头足类等。很多鱼类喜欢寻求笼壶来作为它们的栖息和觅食场所，因此，寻求蔽藏处以及洄游、觅食的鱼类通常可能被大量捕获。笼壶类渔具不仅结构简单、操作方便、分布广泛，而且具有渔具成本低、操作安全、渔获物鲜活等优点。尤其在底拖网作业、延绳钓等作业方式难以开展的地形起伏较大的海域，笼壶类渔具是最适合的捕捞工具（图 8.28）。

笼壶类渔具的作业原理是根据捕捞对象习性，设置洞穴状物体或笼具，引诱捕捞对象入内而将其捕获。笼壶类渔具不同于主动式渔具，是一种被动式的渔具，该类渔具允许捕捞对象进入，但能阻止进入的捕捞对象逃逸。主要原因是笼壶内设有一些小房室，这些小房室能在捕捞对象进入后关闭；或渔民在笼壶内制

图 8.28　笼壶作业使用的工具

作了一个通道使捕捞对象难以逃脱。笼壶作业方式因对象而异，有的将笼壶结缚于桩上，敷设在捕捞对象活动的水域，利用潮流作用，诱陷捕捞对象而将其捕获；有的利用捕捞对象的钻穴习性、走触探究行为，引诱捕捞对象入笼；有的在笼壶内装饵，吸引捕捞对象入笼；有的利用捕捞对象在繁殖季节觅求产卵附着物、寻找配偶等行为，诱导它们在笼壶内集结。

（三）刺网作业

连云港渔民对刺网作业这一作业方式有较高的熟练度。刺网作业使用的渔具种类繁多，渔民通过灵活运用这一捕捞手段，能够极大地提高作业效率、促进渔获质量提升。刺网作业主要以捕捞小黄鱼、蟹类、鲳鱼、龙头鱼为主。刺网法是一个捕捉接近海床的鱼类的方法，其原理是从渔船放下一道渔网，横放于海域中，依靠沉浮力使网衣垂直张开，直达海床，当鱼、虾尝试穿越网孔时，易为网眼所困，从而达到捕捞目的。刺网作业的方式可分为定置刺网作业、漂流刺网作业、包围刺网作业、拖曳刺网作业。连云港已注册的渔船多为漂流刺网渔船。漂流刺网是随风、流漂移作业的刺网，简称流刺网或流网。它不受水深等渔场条件的限制，可以自由流动作业，且作业范围广，并可根据捕捞对象的活动水层，自由调节网具作业水层，在表层、中层、底层均可作业，渔获率相对较高。因此，漂流刺网作业是刺网渔具中数量最多、使用范围最广的一种作业方式（图 8.29）。

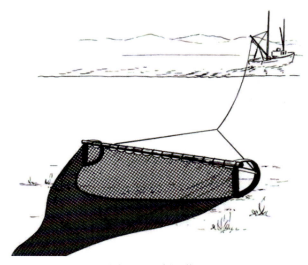

图 8.29　刺网作业

（四）灯光围网作业

在漆黑的夜晚，有时你会发现连云港海面上却闪烁着点点星光，连接在一起，仿佛是天上星河置于水面，其实那是连云港渔民驾驶灯光围网渔船正在作业的场景。

灯光围网渔船又称"灯泡船"，该作业方式的主要渔获物包括鲐鲹、带鱼、鲔鱼、头足类等具有稳定集群性的水生动物。灯光围网捕鱼的工具主要由灯船、网船、灯艇组成，其作业原理是根据一些中上层鱼类具有趋光性的特点，在夜间利用集鱼灯光，把分散的鱼类诱来集合成群，从而达到捕捞的目的（图 8.30）。

图 8.30　开展灯光围网作业的渔船

灯光围网作业的技术门槛较高，需要在短时间内包围鱼群，其作业方式是在发现零星的鱼群后，放出长带形网或较长的网衣，网衣在水中垂直张开，形成网壁，阻拦鱼群的退路，然后收绞封锁底口，逐渐缩小包围面积，使鱼群集中到网囊中，最后将鱼捕获。作业过程中，水上灯在水面起到集鱼的作用，水下灯通过电缆放入水中，能够改变深度、亮度，两者相结合就能在灯船把鱼诱集后，让网船迅速下网捕捞。在夜晚，这些亮起来的灯如同一颗颗明珠，点亮了一片海上星图。连云港渔民一般在黄海作业渔场进行灯光围网作业。进入新时期，灯光围网渔船不断更新换代，目前政府为这些渔船配备安装了中国北斗卫星导航系统并配发北斗卫星电话"e线通"，这些先进技术和装备给出远海捕鱼的渔民提供了重要的安全保障。

（五）弹涂鱼特色作业捕捞

跳跳鱼学名弹涂鱼，是连云港滩涂上的常见鱼类，其味道鲜美，深受当地民众喜爱。弹涂鱼是可以在陆地爬行、跳跃的两栖鱼类，一旦有风吹草动会立马钻进洞里，因此捕捞弹涂鱼必须具备一定的技巧，而赣榆渔民针对这种灵活的小型鱼类，发明了独特的捕捞方式。其中，使用较为广泛的是笼壶捕捞作业。渔民编制好笼壶后，等到退潮将这些笼具逐一放置在弹涂鱼的洞穴上方，再用淤泥将笼具固定好，待洞穴中的弹涂鱼从正孔口出来进入笼具后依次将笼具回收，如此反复来捕捉弹涂鱼。

除了笼壶捕捞以外，赣榆渔民还采用"钓"的方式捕获弹涂鱼。渔民选择五米长的钓竿，六米长的渔线，在十米开外对着仅有5厘米长的弹涂鱼，只用几秒便可完成捕捞。这一捕捞方式直接而迅速，但要想掌握这一技巧，往往需要数年的努力练习。因此，钓弹涂鱼的捕捞方式只有少数渔民能够掌握（图8.31）。

图 8.31　渔民正在钓弹涂鱼

还有一些赣榆渔民直接徒手捕捉，他们踩踏板进入滩涂区域，一脚跪在踏板上，一脚蹬地，以此增加移动速度。徒手捕捉是渔民在找到弹涂鱼的洞穴后，直接用手沿孔道捉取弹涂鱼的方式，这种方式对手速要求很高，手速一旦慢了弹涂鱼一滑就跑了（图8.32）。

图 8.32　渔民在徒手捕捉弹涂鱼

说到在滩涂抓鱼，就要谈到连云港赣榆渔民发明的特有工具了。我们知道在滩涂上行走是很容易陷进去的，渔民在挖牡蛎、采海苔时就会为滩涂所困，而连云港渔民很聪明，发明了一种叫踏板的工具，这一工具有一米多长，前端有"舢板"一样的造型，微微翘起，后端则呈踏板状。在滩涂上作业时，一只脚踩在踏板后端，一只脚踩在滩涂上，当有要陷进滩涂的趋势时，人便可以借助踏板脱离滩涂并自由活动。

二、现代化的海水养殖

（一）滩涂底播养殖

滩涂底播养殖是沿海地区海水养殖的常见方式之一，主要是在潮间带滩涂，经平整及清理杂石杂物和有害生物后，在合适的海域按一定密度投放一定规格的海产品苗种，使之在海底自然生长、不断增殖的一种粗放式海水养殖方式。养殖的产品主要有蛏蛭、魁蚶、杂色蛤、四角蛤、青蛤等。滩涂底播养殖作为一种健康的养殖方式，它受自然环境因素变化影响较小，能够充分利用海水的自净能力，具有可持续发展的优点。同时，低密度、不给饵的底播养殖方式还能保障海洋生物在自然环境中健康生长（图8.33）。

连云港海岸线曲折，滩涂资源分布广阔，养殖场所具有水温低、温差较小的特点，且不存在温度、盐度跃层，非常适合经济贝类的养殖。1983年以后，连云港开展蛏、蚶、牡蛎的引进试养殖，当地沿海渔民采取滩涂养护、围养增殖，使浅海滩涂养护、贝类围养有所发展。1991年，赣榆县（现赣榆区）首先采取潮间带海域分片承包到户的措施，极大地促进了渔民围养、护养贝类的积极性，

图 8.33　滩涂底播养殖区

使得全市浅海滩涂的贝类增养殖业得到迅速发展。

（二）深水抗风浪网箱养殖

连云港为实现绿色、生态渔业养殖，积极拓展渔业养殖空间，引进了先进的深水养殖技术，其中深水抗风浪网箱养殖正在不断发展。深水抗风浪网箱养殖是指在较深的开阔性海域将深水网箱沉降到一定深度进行养殖的一种养殖方式。它是一个系统的养殖工程，不仅包括深水网箱及其配套设施，还包括深水网箱养殖水域的选取和养殖技术的创新。利用水网箱养殖的鱼类主要有鲈鱼、鲷鱼、鲲鱼、六线鱼等。如今，为突破我国离岸深水海域网箱养殖技术的瓶颈，新时期以来，我国在引进与借鉴的基础上研制出了适合我国海域条件的深水抗风浪网箱及配套养殖设施，研究出了适宜我国各海域经济鱼类的深水抗风浪网箱养殖技术，并建立健全了网箱养殖模式。

网箱养殖是我国海水养殖的主要生产方式之一，年养殖产量约占全国海水鱼类养殖总产量的 40％。深水抗风浪网箱养殖主要由框架系统、网囊、固定系统和配套设施组成，它利用固定平台的相互作用及箱体的自身结构特点把箱体降到水下一定的深度，而后进行海产品养殖。从结构形式上来看，深海抗风浪网箱主要分为重力式抗风浪网箱、升降式抗风浪网箱、大型围栏式抗风浪网箱、坐底式抗风浪网箱和深远海养殖平台式抗风浪网箱等；从形状上又可分为方形抗风浪网箱、圆形抗风浪网箱、球形抗风浪网箱、蝶形抗风浪网箱和船形抗风浪网箱等。1997 年，江苏省连云港市连云区进行海水网箱养殖鲈鱼试验，并获得成功，这标志着海水网箱养殖在连云港具有发展潜力。2002 年，连云港分别购入挪威瑞发公司和中国船舶科研中心各一组深水抗风浪网箱，规格为周长 50 米、深 10 米，并将这些网箱设置在车牛山附近海域，投放黑鲷苗 13 万尾、鲈鱼苗 16 万尾，这填补了江苏省深水抗风浪网箱养殖的空白（图 8.34）。海水网箱养殖近年来不断发展，但是由于连云港海域海藻、藤壶等附着情况严重，给网箱养殖渔民带来不小的经济损失。为解决这一困扰，连云港渔业技术指导站引进铜质网衣的网箱，铜质网衣的网箱水体利用率高，养殖的鱼类密度高且病发率低，它能以较低的管理费用产生更高的经济效益。此外，它还能省去网衣更换所需的费用，并可回收进行循环使用，有利于海洋环境保护。

图 8.34　深水抗风浪网箱养殖

（三）紫菜玻璃钢插杆式养殖

连云港地区海域资源丰富，拥有适宜紫菜生长的独特自然环境。连云港紫菜也因味道鲜美、营养丰富，在国内外享有极高的声誉，荣获国家地理标志产品商标，紫菜养殖、紫菜加工已经成为连云港海水养殖的特色产业和新的经济增长点。在连云港，紫菜养殖在以前更多是毛竹插杆式，但这种方式对海洋生态环境影响较大，高公岛率先采用紫菜玻璃钢插杆式养殖方式，并获得成功。这种方式能够进一步提升紫菜养殖质量，同时对海洋生态环境较为友好，目前已得到全面推广。紫菜玻璃钢插杆式养殖利用新型玻璃钢材质的插杆代替传统毛竹竿，根据海水深度自由调节插杆长度，前后用绳子加固，借助插杆的力量，在一根根插杆之间铺开紫菜生长网，使紫菜牢牢吸附在网面上，以此进行紫菜养殖。紫菜种植一般在 9 月底，以在北方冷空气南下时做好采苗准备为宜。其实在 7 月或 8 月的时候，渔民就已经开始准备种植紫菜了，先是育苗，将贝壳洗净，把紫菜的孢子撒在贝壳上使其发育长成苗然后将贝壳上的小苗移植到网帘上生长，网帘用 PVC 等合成材料结成，网眼直径一尺左右，网帘高 2 米，宽 9 米，一亩紫菜有 12 片网帘；用新型玻璃钢材质的插杆做网架，使得网帘上的紫菜在海中生长，前后要 5 个月的时间。就这样，海面上曾经密密麻麻、随波逐流的毛竹竿早已不见踪影，取而代之的是一根根玻璃钢插杆疏密有致地直立于海面之上，一眼望去如同森林般壮观（图 8.35）。

图 8.35　紫菜玻璃钢插杆式养殖

进入海洋产业发展新阶段后，我国沿海地区近海养殖的区域生态环境恶化，紫菜养殖面积不断缩小，这使得紫菜养殖离岸化成为必然。曾经的毛竹插杆式紫菜养殖只能在近海开展，由于自身条件限制无法向深海区域拓展。现今推广的新型玻璃钢插杆的长度可以根据水深自由调节，克服了在较深海域进行插杆式养殖的难题，使紫菜养殖由近海向远海区推进，从而拓展了紫菜养殖的发展空间。玻璃钢插杆具有抗风、抗腐性强、耐老化、耐高温的特点，使用年限可超过 10 年，远强于毛竹竿。玻璃钢插杆在筑牢紫菜生长网、保障紫菜养殖健康发展的同时，既可以节省养殖劳动成本，还能有效避免紫菜养殖产生大量废弃毛竹对海洋生态环境造成的污染，减少海上生产的隐患，从而更好地保护海洋生态环境。连云港高标准、高规格推进紫菜玻璃钢插杆式养殖示范区项目建设，实现了紫菜养殖业健康、绿色、可持续发展。

（四）工厂化海水养殖

近年来，连云港积极开拓海洋渔业养殖发展空间，以多种新型养殖技术并行来增产增收，大力推动工厂化养殖健康、科学发展。目前，连云港工厂化海水养殖主要根据水产品自身特点布置工厂设施、营造特定环境条件，以此进行规模化、标准化、生态化养殖。

1997 年，江苏省连云港市赣榆县（现赣榆区）九里试验场进行牙鲆鱼工厂化养殖试验并获得成功。2003 年，赣榆县（现赣榆区）宋庄镇育苗场依靠工厂化育苗设施进行河豚、半滑舌鳎、大菱鲆等海洋珍品鱼类养殖试验并获得成功，其中运用"温室大棚＋深井海水"的工厂化养殖新模式使大菱鲆成为连云港沿海地区工厂化海水养殖的热门品种。2004 年，连云港积极推广赣榆县（现赣榆区）海洋渔业技术指导站的工厂化育苗设施综合利用技术，这极大地促进了全市海水鱼类工厂化养殖业的发展。2015 年，赣榆区（原赣榆县）榆城集团进行刺参工厂化养殖试验并获得成功，这填补了江苏省无刺参工厂化人工育苗的空白。赣榆当地工厂化海水养殖面积已经突破 30 万平方米，已建成省级渔业园区 4 个，市级现代渔业园区 4 个，工厂化水产品养殖企业达 145 家，养殖品种有鲍鱼、海参、半滑舌鳎、大菱鲆、河豚等 20 多种，赣榆成为全省规模最大的工厂化海水养殖基地。目前，赣榆区（原赣榆县）正在推进的水产品繁育和现代化养殖示范中心项目被列为全市海洋经济重大项目，循环水工厂化养殖示范车间就是其中的重要组成部分。该项目用地规模达 1 850 亩，共建设循环水工厂化养殖示范车间 131 栋，一期工程占地约 1 200 亩。2021 年年底已完成 4 400 平方米的循环水工厂化养殖示范车间建设，投资约 5 000 万元。该示范区有序引导养殖户入驻，进行集中化养殖，并统一进行污水处理，通过引进清洁水源、生态养殖、尾水处理，实现了养殖尾水达标排放，以点带面，成功打造了沿海养殖示范化样板（图 8.36）。

图 8.36　赣榆工厂化海水养殖

（五）标准化池塘养殖

连云港池塘养殖技术覆盖面广，为促进渔业养殖绿色循环发展，目前正加快推进池塘标准化改造升级。连云港标准化池塘养殖的水产品品种主要有梭鱼、梭子蟹、对虾、大黄鱼、河豚等，其养殖方式为选取特定区域搭建池塘，调节水质环境形成稳定的生态系统，进行标准化养殖（图 8.37）。

1. 梭鱼等品种的标准化池塘养殖

梭鱼是自然生长在海州湾渔场海、淡水交界河口处的常见品种，在对虾养殖塘纳潮时，梭鱼苗随潮水进入对虾塘，梭鱼就成了对虾塘中混养的品种之一，对虾塘也是连云港最早的海水池塘综合生态养殖系统。海水池塘综合养殖模式是指

图 8.37　赣榆标准化池塘养殖区

将不同养殖品种按一定比例放在同一池塘中进行混合养殖的一种养殖模式。1993年，对虾发生病害后，我国对虾养殖业深受打击，梭鱼成为对虾塘中主要混养品种。1997年，赣榆县（现赣榆区）进行河豚苗培育试验并获得成功，育有河豚苗 40 万尾，填补了江苏省人工河豚育苗的空白。2004—2005 年，赣榆县（现赣榆区）宋庄镇利用虾塘进行河豚套养试验，试养面积 6.1 公顷，亩产量约为 40千克，试验获得初步成功。至 2005 年，赣榆县（现赣榆区）河豚养殖产量高达15 吨。但是由于池塘养殖河豚的越冬问题一直没有得到解决，因此池塘养殖河豚没有被广泛应用。1998 年，赣榆县（现赣榆区）沿海乡（镇）进行了大黄鱼池塘养殖试验，但由于该品种在连云港的池塘中不能自然越冬，因此连云港采用标准化池塘养殖的方式进行大黄鱼养殖未能发展起来。

2. 梭子蟹的标准化池塘养殖

　　赣榆梭子蟹甲壳的中央有 3 个凸起，因此又称"赣榆三疣梭子蟹"。赣榆梭子蟹肉质鲜嫩肥美，具有较高的营养价值和经济价值，享誉全国。在"十一五"期间，赣榆当地通过与中国海洋大学、江苏海洋大学进行校企合作，成功繁育出梭子蟹苗种，解决了梭子蟹养殖的苗种问题。赣榆梭子蟹作为江苏名牌产品，目前有"海头牌""海泉牌""九里牌""涛园牌"4 个品牌，消费者对此青睐有加。2022 年，《念活"三字诀"　擦亮"赣榆梭子蟹"金字招牌》成功入选《国家知识产权局商标品牌建设优秀案例》，这意味着赣榆梭子蟹是走出地方、走向全国的优质特色海产品（图 8.38）。

　　赣榆滩涂底质适合养殖梭子蟹，养殖区域主要集中在赣榆海洋经济开发区、宋庄镇、海头镇、石桥镇、柘汪镇、青口镇、青口盐场海水池塘。赣榆被列为《江苏省优势特色水产品区域布局规划（2008—2015 年）》梭子蟹养殖的重点发展区域，目前滩涂养殖池塘已实现标准化生产，标准化养殖示范区也在逐步扩大。梭子蟹养殖池塘以沙为池底较适宜，水深在 2 米左右，进水口池底向排水口

图 8.38　赣榆三疣梭子蟹

有一定的倾斜度以保持进、排水通畅。初步布置好池塘后，在池底铺一层 10 厘米的粗沙来避免梭子蟹自残。在保证水质条件良好的情况下，可以利用充氧机进行充氧，同时根据环境勤换水以保证梭子蟹有良好的生长环境。赣榆蓝蛤等贝类资源丰富，这为梭子蟹生长提供了充足的饵料，优质高蛋白的饵料为生产优质赣榆梭子蟹提供了坚实的物质基础。

三、科学化的淡水养殖

（一）设施渔业养殖

　　设施渔业养殖是一种集约化的养殖模式，与传统粗放型养殖模式相比具有环保、节能、高产的优势。设施渔业养殖是通过科学的管理和先进的养殖设施与设备，实现水产养殖优质、高产、高效的一种新的生产方式，符合现代渔业发展要求。连云港设施渔业的机械化、自动化程度较高，配有大量专业人员，能够及时运用新的养殖技术，符合我国渔业发展路径和地方渔业发展规划，具有广阔的市场前景。其中跑道式养殖，也被称为池塘内循环流水养殖，是设施渔业养殖的一种重要方式。所谓跑道其实是建造在池塘中的养殖单元，在一侧安装推水、增氧装置，推动跑道内池水 24 小时循环流动，让养殖对象在水流推力的作用下"跑步健身"。与此同时，养殖对象的排泄物和食物残渣不断被推送到跑道集污区，从而可保持跑道内水体清洁。这种集中养殖、集中吸污、集中处理的模式，不但能实现养殖尾水零排放，而且能提高水产品的品质，是一种绿色循环发展的渔业养殖方式（图 8.39）。

　　连云港坚持学习借鉴，不断探索设施渔业发展新路径，以养殖环境精准调控、生产作业高效节能为目标，探索"循环水槽＋益生菌＋生物浮床"的水产养殖新模式，促进了淡水渔业养殖绿色环保、可持续发展。

图 8.39　连云港跑道式养殖区

（二）稻渔综合种养

稻渔综合种养是指利用稻田水面进行水产品养殖，获得水稻和水产品的一种生态种养模式。稻渔综合种养依托水稻和水产品两大资源优势，充分利用不同物种间资源互补的循环生态学机理，实现一水两用、一田双收，是一种生态循环的绿色农、渔业发展模式。稻渔综合种养模式中稻和渔是一个相互依存、有机循环的生物链，稻田内可以养鲤鱼、草鱼、鲢鱼、鲫鱼、虾、泥鳅等水产品。养殖的水产品能为水稻秧苗活泥增氧而不破坏水稻的根系，排泄物也能为稻田补充养分。田间的秸秆和稻茬也为鱼虾提供了丰富的饵料。这种模式使整个稻渔综合种养系统中的各个资源都能得到充分利用，生态效益和经济效益明显提升（图 8.40）。

图 8.40　灌云县稻渔综合种养

1988 年，江苏省连云港市东海县在张湾乡进行了 13.33 公顷的稻田养鱼试验并获得成功，亩产 7.75 千克，这启发了连云港发展稻渔综合种养模式。如今，为深入落实渔业绿色发展，连云港各区（县）结合实际情况，积极开展稻渔综合种养的推广工作，在保障稻田产出稳定的前提条件下，利用稻田资源合理开展水产养殖活动，取得了优异的经济效益。自 2017 年集中推广稻渔综合种养以来，连云港由单一稻虾共作发展为稻鱼共作、稻蟹共作、稻鳅共作、藕虾共作等多种模式齐头并进，逐步实现了"一水两用、一田双收"的稻渔综合种养。现在，连云港先后获批国家级稻渔综合种养示范区 1 个，省级稻渔综合种养示范县 2 个，省级稻渔农业特色小镇 1 个。

（三）大水面养殖

大水面养殖是指利用水库、湖泊、滩涂、河沟等区域养殖水产品的养殖模式，除一般粗放型的增养殖模式，还包括围网养殖、网箱养殖等集约化的养殖模式，养殖品种大部分为滤食性鱼类如花鲢、白鲢、银鱼等，也有利用网箱投料养殖吃食性鱼类如鲤鱼、鲫鱼的。大水面养殖一般采用轮放的方式，依靠水体中的营养物质增殖，捕捞时取大留小，不清塘。大水面养殖是江苏省内陆淡水渔业的主要养殖模式，它具有成本低、管理便利的特点，能够产生较好的经济效益。连云港境内水库、江河纵横交错，拥有丰富的淡水养殖资源，这也使得连云港能够较早进行大水面养殖（图 8.41）。

图 8.41　东海县大水面养殖

20 世纪 80 年代，连云港主要进行围网养殖和河沟拦养。1989 年，江苏省连云港市东海县引进高密度人工驯化网箱养殖鲤鱼技术，在石梁河水库进行网箱养殖试验，获得成功，并在全市进行推广。1997 年，连云港又在有较多河沟的区域进行河沟网箱养殖试验并获得成功。此后，连云港积极推广水库淡水网箱养殖。经过多年的实践，连云港水库淡水网箱养殖逐步向大水面生态渔业发展。2021 年，连云港加快水库传统渔业向水库生态渔业转型，率先进行石梁河水库大水面养殖的规范工作。经过规范化建设后，连云港石梁河水库规划了 9 000 多亩养殖区域用于网箱养殖，养殖水面面积低于水库面积的 10％，其余水面进行大水面生态养殖。

 渔文化小故事

娘娘龛子

过去的渔船大多是木质的，动力主要是风帆，因为"帆"是"翻"的同音字，所以有帆的船改叫"风船"。每条"风船"后艄的舵楼内，都供奉着"娘娘龛子"，神龛是用木头做的，涂着绛红色的油漆，尺寸也没有特别的要求，比较讲究的人家，会在龛上绘上描金。"娘娘龛子"常年摆贡，贡品多为糕点之类的食物，龛上摆放有香炉和镇灯箱子，镇灯箱子里面放有指南针。

出海的时候，香炉和指南针都是必不可少的，从海上出发，一直到一次航行结束，都要不断上香。过去没有钟表，以烧香的炷数计时间，以海针定方向。神龛上贴有红对联，上联"子午分南北"，下联"卯酉定东西"，横批"显灵佑民"。有些船只上的渔民甚至还会制作一面娘娘旗，上面绣着"天上圣母"四个大字，也有人写"天后圣母急急如律令"，遇到危险时，渔民可以在桅杆上扯起娘娘旗，用以镇风压浪。

关于龛内所贡何神，渔民说法不一，有的说是天后娘娘，有的说是观音娘娘，还有的渔民则称所贡神灵为海神娘娘。根据调查情况看，以天后娘娘居多，当渔民在海上遇到风浪，则要到"娘娘龛子"前烧纸，口中念道"娘娘显圣，保佑小民平安"。新中国成立后还有渔民在船的后舱摆"娘娘龛子"。

第九章 亲近体验：连云港渔文化的创新实践

第一节 渔文化与休闲渔业

一、渔文化中的休闲传统

渔家乐、垂钓、开渔节等各种各样的休闲渔业形式在沿海各地蓬勃发展，渔文化中的休闲传统更多体现在娱乐、观光、展示等旅游一体化上。从休闲娱乐来看，垂钓无论是海钓还是水库钓等，都体现出一种垂钓文化。垂钓文化起源于古代先民的渔猎生存斗争，并从最初的生产活动中分离出来，成为充满趣味的挑战以及格调高雅的娱乐活动。不少古籍中蕴藏着丰富的垂钓文化元素，柳宗元的"独钓寒江雪"等就表现出历代文人墨客都对垂钓情有独钟。除了垂钓以外，划船撒网、赶海捕鱼、采贝挖蟹等其他形式的休闲娱乐活动也得到了快速发展。

渔村文化是渔文化的重要缩影，蕴含着浓厚的历史文化和时代特色。很多渔村都较为完好地保留了古渔村的风土人情，并随着市场经济的发展，同现代文化不断融合形成了迎合时代的新渔村文化（图9.1）。

图9.1 连云港赣榆的海前村接入互联网打造新渔村文化

渔家乐就是利用新渔村文化发展起来的一种休闲渔业，很多渔民和渔村利用当地风光、民俗民风、渔业生产等特色资源，吸引游客直接参与各种丰富多彩的渔业生产活动，如撒网、采贝、紫菜养殖等，游客与渔民同吃同住，亲身体验渔民的生活，也有建设渔人码头的，带动了渔港经济区发展（图9.2）。此外，以"渔"为主题的或者与这一主题相关的自然景观、遗址遗迹、文化景观等也蕴含着丰富的渔文化，包括沙滩、海蚀景观、岛礁、水上乐园、城隍庙、龙王庙、海滨度假区等，融合了多元的历史、民族和地方特色。

图9.2　游客在向连岛渔民学习如何编渔网

　　渔文化也有着展示、观赏的功能，即对水生生物和渔业生产的展示。因为渔文化本身具备观赏价值，能够把相关的表演、科普教育、观赏娱乐等融为一体，形成一种休闲渔业开发形式，包括花鸟鱼市场中的观赏鱼售卖，具有科学性、知识性和趣味性的水族馆和海洋馆等，都是对渔文化中休闲价值的开发与利用（图9.3）。

图9.3　夏令营的小朋友们游览海底世界

渔文化中最为传统又极具休闲属性的就是渔业节庆，渔业节庆也构成了休闲渔业中具有较高参与性和观赏性的群体民俗体验活动。作为一种突出地方人文特色的文化形态，渔业节庆具有很强的地域特色和民族特色，是在长期的历史发展中受当地的地理环境、社会经济条件、生产与生活方式等影响而逐步形成的反映民俗的庆典活动，包括开渔节、祭海节、渔业庙会等。在这些活动中，除了有各种仪式和庆祝活动外，还增加了游客参与性强的娱乐性活动，涵盖民俗旅游、文化展示、餐饮美食、体育竞技等。这些现代的渔业节庆在发扬渔文化的同时，也在不断提高当地知名度。

二、渔文化是休闲渔业的真髓

在长期的渔业生产实践中创造出的璀璨渔文化，以文化形态给渔业发展注入了生机与活力，对推动渔业转型升级以及实现文化振兴与经济增长起着至关重要的作用。

渔文化在数千年的生产实践中，内涵不断地得到延伸与发展，呈现出螺旋上升的演进趋势，亘古绵延。渔文化包括渔业的渊源和发展，与渔业活动有关的文化遗址，不同时代传承下来并不断发展的各种渔业生产的渔具、渔船和捕捞方法，各地渔场和渔村的生活习性、风俗习惯，反映渔民生产、生活的典故、传说、故事、渔谚语、渔民画、渔歌以及各类渔业资源的加工、烹饪技艺、工艺美术、景观景物等。它是物质文化与非物质文化的有机结合，是历史演绎的沉淀积累。

在技术进步日新月异和消费环境不断优化的今天，渔文化为休闲渔业奠定了深厚的文化底蕴，为休闲渔业的发展提供了内容支撑和发展思路。休闲渔业以渔文化包含的自然资源、景观资源、人文资源、文化资源、产业资源为基础，设计满足人们休闲娱乐需求、美学观赏需求、文化体验需求等需求的休闲活动，得以实现良好的发展。渔村是休闲渔业旅游功能的重要载体，渔村是渔文化的集中体现。渔村往往具有深厚的历史底蕴和文化底蕴，不仅具有充满地域特色的民居，而且背后的文化内涵是不可复制的。通过切身实地沉浸于渔文化兴起的环境里，感受渔文化渗透到的每一个角落，才能更深切地体会到文化带给人的精神慰藉。休闲垂钓是休闲渔业的一种重要形式，而垂钓则是渔文化的重要组成部分。从古代渔猎生产到现代社会的休闲垂钓，垂钓包含了钓鱼技术的进步以及历代文人雅士垂钓时的高雅情操，实现了休闲渔业的渔业功能，能够让人在大自然的秀美风景下感受和传承渔文化。渔文化的展览场所如渔文化博物馆、渔村博物馆、渔俗馆等，以渔业生产活动有关的元素以及渔风渔俗等，集中展示了渔文化，实现了休闲渔业的科普教育功能。渔业节庆活动对游客具有强大的吸引力，作为一种独特的文化形态，具有很强的地域特色及民族特色，文化传承性较强，在满足游客休闲需求的同时也发扬了传统渔文化。渔文化是休闲渔业的资源基础，大量形式各异的渔文化资源都在为休闲渔业的发展提供生命力。

渔文化贯穿休闲渔业的始终，是休闲渔业发展的真髓。依托文化能够延伸出源源不断的创意，渔文化可以说是休闲渔业的创意之源。无论是休闲体验、娱乐体验还是科普体验，归根到底都属于对文化的感知与体验。通过利用渔文化，将文化元素融入休闲渔业开发，给予游客特殊的人文体验，给休闲渔业注入了蓬勃的生机与活力。只有从文化层面才能给予人最真实的精神慰藉，只有具有渔文化内涵的休闲活动才具有真正的生命力，只有具有渔文化之魂的休闲渔业才能真正满足人的精神追求。

第二节　休闲渔业的基本内涵

一、休闲渔业的概念

当前时代，随着人们生活水平的提高，人们的消费也开始升级，对精神满足的消费占比提升，对具有休闲功能的消费项目提出更高要求。休闲渔业是当前我国乃至全世界沿海城市大力发展与扶持的产业，它不仅是拉动经济增长的重要增长极，也是满足人们休闲娱乐需求的重要板块。

（一）何为休闲渔业

不同国家或地区对休闲渔业的称谓存在细微差别，日本称之为"海业"，并将其限定在海洋中；美国称之为"娱乐渔业"或"运动渔业"；我国台湾地区最初也称休闲渔业为"娱乐渔业"。在界定休闲渔业的内涵上，学术界观点众多，学者各自从不同角度对休闲渔业进行内涵界定，其中具有代表性的观点有以下5个：

①从产业融合的角度看，休闲渔业是集渔业、游钓、旅游、观光为一体的产业，是第一产业和第三产业的有机结合[17]。

②从资源配置的角度看，休闲渔业可以被看作渔业资源与旅游资源的优化配置过程[18]。

③休闲渔业是渔业发展的新领域，是集渔业、科学普及、旅游观光、健身娱乐休闲为一体，是一种通过对渔业资源、环境资源和人力资源的优化配置和合理利用，把现代渔业和休闲、旅游、观光及海洋及渔业知识文化的传授有机地结合起来，实现一二三产业的相互结合和转移，从而创造出更大的经济效益和社会效益的活动[19]。

④休闲渔业是利用渔港、渔村设备、渔业活动空间、渔业生产的场所与产品，以及渔业的经营活动、生态、渔业活动空间、自然环境与渔村人文资源，经过规划设计，以发挥渔业及渔港、渔村之休闲功能，并提升渔民收益，促进渔业

发展的新型产业模式[20]。

⑤休闲渔业是利用各种形式的渔业资源（渔村、渔业生产资源、渔法、渔具、水产品及其制品、渔业自然生物及人文资源等），通过资源优化配置，主动将渔业与休闲娱乐、观赏旅游、生态建设、文化传承、科学普及以及餐饮美食等有机结合，向社会提供满足人们休闲需求的产品和服务，实现一二三产业融合和发展的一种渔业产业形态[21]。

综合以上观点，休闲渔业是通过对渔业资源、环境资源、人力资源进行优化配置和合理利用，将渔业与文化传承、休闲娱乐、运动健身、旅游观光、教育科普、餐饮购物及生态建设等多种产业形式进行有机结合，实现人们休闲需求的一种融合了一二三产业的新型产业形态。休闲渔业不仅能够推动产业转型升级，为渔民致富开辟新的路径，拉动经济增长，而且能依托环境与资源发展渔业，也是对渔文化的一种继承与发扬（图9.4）。

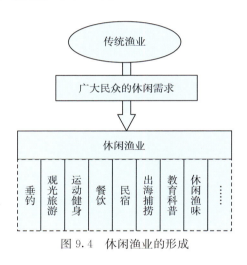

图9.4　休闲渔业的形成

（二）休闲渔业的外延

全球休闲渔业的发展模式主要由两大板块组成，板块中不同的要素配对组合，构成了异彩纷呈的休闲渔业。这两大板块分别为休闲渔业资源和休闲渔业功能。

休闲渔业资源指休闲渔业赖以发展的资源，是休闲渔业得以发展的基础。可将休闲渔业资源分为自然资源、景观资源、人文资源、文化资源、产业资源。自然资源包括鱼、虾、贝等生物资源及浪花、潮汐、日出等海况、气象资源；景观资源中的自然景观有海滩、珊瑚礁岩、海岸洞穴、海岸线等，人工景观有渔村传统建筑、鱼塘、盐田等；人文资源则包括渔业传统技艺，如造船、织网、贝雕、传统渔味制作等方面的传统技艺；文化资源则包括渔业传说故事、渔俗信仰、渔歌、渔舞、民俗活动、手工艺品、历史遗迹等；产业资源则是以渔业生产功能的基础延伸出来的产业链，包括传统捕捞、水产养殖、设备加工、仓储配送、食品加工等环节。休闲渔业功能可分为娱乐功能、教育功能、观赏功能等。两个板块中不同要素进行排列组合与延伸，形成很多种休闲渔业的发展模式（图9.5）。

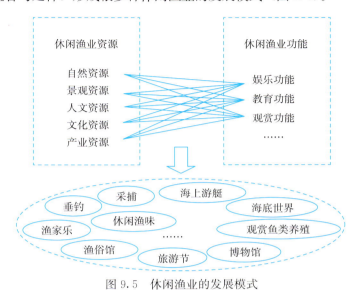

图 9.5　休闲渔业的发展模式

二、休闲渔业的发展历程

（一）国际休闲渔业的兴起与发展

19 世纪初美国东部大西洋沿岸，休闲渔业渐显端倪。20 世纪 60 年代，休闲渔业在拉丁美洲的加勒比海地区诞生。在随后的 20 年里，休闲渔业在全球经济发展较好的沿海地区盛行起来，如中国台湾以及日本、美国、加拿大、欧洲。渔业与休闲、体育等功能逐渐结合起来，并进一步与旅游、观光、餐饮等经营活动进行有机结合，逐步形成了休闲渔业。在这样的多产业形态融合发展的过程中，渔业的产业内容得到延伸，渔业发展的空间得到扩展，渔民增收的道路更加宽阔，休闲渔业已成为许多发达国家的一项重要产业。

美国休闲渔业发展历史悠久，最初是以垂钓俱乐部的形式为主发展的。据美国内务部鱼类及野生动物管理局的调查数据，美国居民参与各类休闲渔业活动的总人数约占美国总人口的 20％左右。美国居民在休闲渔业活动方面的消费给全社会带来了很大的经济效益，增加了工作机会和政府税收。

日本在 1975 年之后，随着国民收入的增长，利用渔港周围的沿海地区进行休闲娱乐的人数逐年增加。1993 年，游钓的人数已有近 3 730 万人，占当时日本全国总人口的 30%；从事游钓导游业的人数达 2.4 万人，其中 90% 是与渔业相关的兼职人员。

（二）国内休闲渔业的兴起与发展

"休闲渔业"一词最早出现于 20 世纪 80 年代的中国台湾。当时台湾地区政府为了摆脱渔业困境，结合建设富丽渔村的计划，发展娱乐性渔业，充分利用当地资源，利用现有渔港，改造小型动力渔船为休闲渔船，开展海上全面性的游憩活动。从 1998 年起开放 99 处海港用于发展休闲渔业，从事休闲渔业的渔船超过700 艘，帮助台湾的渔业"起死回生"[22]。广东、福建、浙江这 3 个省份也开始发展休闲渔业。1999 年 12 月，农业部发布《关于调整渔业产业结构的指导性意见》我国休闲渔业的发展开始步入快车道。广东、江苏、河北这 3 个省份的临海地区先后建设上万家以水产养殖为基础的休闲渔业基地；福建、山东、天津这 3个省份先后建起以海上游览和海上捕鱼、观赏为基础的休闲渔业基地；各地兴办的渔家乐成为休闲渔业的主要模式。2013 年，根据《农业部办公厅关于开展全国休闲渔业示范基地创建工作的通知》，农业部开展"全国休闲渔业示范基地"评选，对休闲渔业的良好发展起到积极的促进作用。

发展休闲渔业是适应新发展形势的需要，不仅有利于我国渔业产业结构的升级，丰富我国现代渔业的内涵，而且通过对资源的综合利用，能够创造出更大的经济效益与社会效益。《"十四五"全国渔业发展规划》提出："发展休闲渔业。依托池塘、河流、湖库、海域等资源，对传统渔业生产场所进行生态化、景观化、休闲化改造，发展观光渔业、渔事体验、休闲垂钓、科普教育、文化健康等产业（图 9.6）。加强对休闲垂钓行为等监管，促进相关产业规范发展。加大渔业民俗节庆、渔事活动、遗迹遗产等推介力度，满足市场休闲消费需求。"当前时期，休闲渔业作为生产、生活及生态保护的新型产业形态，其发展具有积极的经济、社会与生态意义。

图 9.6　拦海大堤

第三节　连云港休闲渔业的探索发展

一、加快推进渔业中一二三产业融合发展

连云港市依托赣榆、连云等地休闲渔业示范村建设，围绕休闲渔业示范区、休闲渔业品牌建设，以连岛、秦山岛、羊山岛和国家级海洋牧场示范区为载体，正在积极发展海上垂钓、出海体验、渔家乐、美食节等休闲产品，建设网箱养殖休闲垂钓中心，大力发展沿海特色休闲渔业。依托赣榆海鲜电商产业园等，集中打造集电商营销、冷链物流、仓储加工、网络运营、展示培训等多元功能于一体，全产业链集聚的现代化海鲜电商产业园（图9.7）。此外，连云港还建设高品质沿海休闲旅游基础设施，加强渔港避风锚地建设，大力发展集餐饮、娱乐、购物、休闲、旅游为一体的码头游客服务中心，促进海洋渔业中一二三产业融合发展（图9.8）。

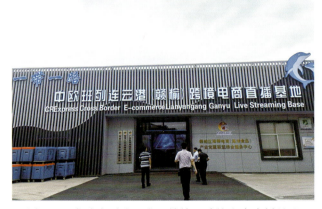

图 9.7　中欧班列连云港（赣榆）跨境电商直播基地

图 9.8　连云港的码头游客服务中心

二、加快推动渔港经济区建设

渔港经济区是海洋经济发展的重要支撑，对于促进海洋渔业向综合休闲渔业转型升级、打造高质量发展新增长极具有重要的现实意义。赣榆区正在率先开展国家级渔港经济区创建工作，渔港经济区核心区域规划面积为 27 700 亩，以海头国家中心渔港为主轴，南侧突出产业贸易，重点打造苏鲁国家级农产品产地市场、电商产业园、海洋食品产业园；北侧突出文旅渔业，重点打造旅游度假区、设施渔业集中区、机电智慧园区，形成"一主轴两片区"发展格局。除了赣榆区外，连云区的连岛、灌云县的燕尾港等渔港也正在积极推进渔港经济区建设，规划建设海州湾全域渔港经济区，以"活力渔港　魅力海湾"为愿景，重点实施海州湾旅游度假区等一批重大项目，建设度假酒店、美食小镇等特色滨海区域，设计特色文创产品，将连云港海州湾渔港经济区率先规划建设为具有核心地位的现代渔港经济区，打造东部沿海高水平特色渔港经济区集群。同时，通过科技赋能不断提升渔港经济区管理水平，提升对渔船进出港和作业过程监控的自动化、信息化水平，变被动"监督"为主动"监控"。连云港支持"七港联动"智慧渔港管理体系建设，打造为渔船就近、就便提供紧急避风、物资补给、渔船维修等高质量服务的专业化服务型渔港群。

三、连云港开渔节的探索实践

对于世代以捕鱼为生的连云港渔民来说，千百年来，追着鱼虾，撑着波澜，在风雨中学会了与海共生。在被誉为"江苏北戴河"的赣榆区海头镇，当地的渔民至今仍保留着过去传统的祭祀习俗。每逢八九月的开海节，舞龙舞狮、花船表演、祭海大典、千帆出海等民俗会一一上演，同时也有文艺晚会在这里隆重举行（图 9.9）。

图 9.9　江苏首届渔民文化节在连云港举办

举办开渔节的目的就是通过这样的一个集中活动，把渔民的传统习俗进行整合引导，给渔民一个祈求风调雨顺、人船平安、丰收在望的平台。同时也充分体现了渔民和船员对海龙王的尊重和崇拜，反映了渔民和船员对今后平安、丰收的渴望以及对未来幸福生活的憧憬（图9.10）。

图9.10　连云港渔民在开渔节上的表演

特别是在开船时海锣声响起，上千艘渔船应声而出，场面相当壮观，非常值得亲临现场（图9.11）。

图9.11　连云港开海节上的千帆出海

此外，每年在连云港石梁河水库都会举办起鱼节活动。在起鱼现场，起鱼手将长约100米、高约5米的巨大拦网用拖轮放入水中，在起鱼手一下一下拉动收紧张网的过程中，数不清的生态鱼在网内跃起，肥美鲜活的大鱼被合围的渔网捕捞上岸（图 9.12）。

图 9.12　连云港石梁河水库的起鱼节

 渔文化小故事

飞来石　（鹰游山的由来）

　　云台山浮出水面后，东海的龙王便派遣一条八带鱼到连岛镇守海口。这条八带鱼，也叫章鱼，体长十多米，有八条腿，这八条腿就像八条毒蛇在蠕动。这条八带鱼靠着自己的力量，为非作歹。别说死了很多的小鱼小虾，就连路过的船只，都被它给撞翻了。众人对它恨之入骨，却又无可奈何。附近岛屿上的一只老鹰，每天目睹八带鱼作恶，下定决心要把它铲除。眼看着八带鱼就要将一艘渔船掀翻，老鹰再也忍不住了，它张开翅膀，朝八带鱼冲了过去。八带鱼连忙迎战，英勇的老鹰与八带鱼缠斗了七七四十九天，最后把八爪鱼的五条腿都给咬烂了，一只眼睛也被老鹰给弄瞎了。

　　八带鱼不是老鹰的对手，急匆匆地跑到龙宫里，把这件事告诉了龙王，说老鹰召集军队，要攻破龙宫，准备把龙王生擒活捉。龙王闻言大怒，立刻派出了几千只虾兵蟹将，趁着夜色，把这座岛屿团团围住。

　　老鹰和八带鱼斗得筋疲力尽，正在自己的巢穴中休息，岂知虾兵蟹将当夜就来捉它，它还没来得及还手，就被捆了起来。老鹰被判死刑，次日正午三刻就要被执行死刑。老鹰不甘心，破口大骂，挣脱束缚着它的绳索，张开双翼，向外飞去。龙王勃然大怒，把雷公叫了过来。雷公一连劈下两道闪电，把老鹰的双翼都劈断了。老鹰无法继续飞行，便在云台山附近的海边降落。但是，老鹰并没有害怕，他不许八带鱼伤害人类，便屹立在峭壁上，面对着海面，瞪圆双眼，随时准备用嘴巴把这个恶棍啄死。

很多年以后，这只鹰变成了一块"飞来石"。海边建了一个港口，就是连云港。为了表示对这位英勇的老鹰的敬意，居民将其居住的岛屿命名为鹰游山，东部的海口为鹰游门，现在鹰游山已经改为东西连岛。

第十章　舌尖美食：连云港渔文化的历久弥新

连云港是一个依山面海的美丽城市，我国八大渔场之一的海州湾渔场和江苏最大的人工水库——石梁河水库就在连云港境内。连云港有着丰富的渔业资源，海州湾渔场和石梁河水库也成为当地民众获取优质营养的重要来源。随着生产方式的不断演变，以渔业资源为材料的烹饪美食愈发历久弥新，再加上社会风俗、民族传统与文化的影响，形成了如今连云港渔文化中精彩纷呈的饮食文化。

第一节　独具特色的渔民饮食文化

向海而生的渔民一年多次出海且绝大多数的时间都居住在渔船上，特殊的生活方式造就了连云港渔民独特的饮食文化。连云港的渔民为求海上丰收、出海安全，在海上吃饭时，吃的食物、吃饭时说的话甚至吃饭的动作都有诸多讲究。连云港渔民的独特饮食历经千百年形成了独具特色的渔民饮食文化和传统，体现了连云港渔民畏海、敬海、爱海之情。

一、渔民出海饮食文化

依海而生的渔民一年中的大部分时间都在海上，渔民在海上吃饭的规矩与在陆地上不同，做饭、吃饭的动作与位置都有着严格的规定。渔民出海的渔船都是两头翘起的，船上离开水面的部分称"虚舱"，船头的虚舱放有两个太平锚以保平安，所以一般情况下渔民不可以靠近，否则就是对龙王不敬，会吓走鱼和虾。渔民通常会在船尾的虚舱里活动，又因为虚舱浮在水面上，不会影响龙王，所以渔民会在船尾的虚舱放置锅具和粮草，渔民也称其为"火舱"[16]。火舱的空间并不宽敞，渔民所带淡水、粮草都有限，所以在船上吃饭和做饭的准则就是简单方便，最常见的做法就是饭和菜在一锅烧熟，俗称"一锅熟"，现在我们常吃的鲜鱼锅贴就是一锅熟的改良做法。另外，在船上吃鱼也多用刚捕捞上的大鱼，因为大鱼收拾起来比小鱼更加方便，并且用最简单的"氽汤下"做法，鱼肉、鱼汤都非常鲜美，所以备受渔民喜欢。

为求出海安全以及祈求丰收，连云港渔民都会在春汛出海前举行敬神仪式，由船主或船老大主持，在船头供奉猪头三牲、跪拜祈祷，求神保佑。而渔民最重视的便是每年出海的第一顿饭。第一顿饭吃饭前，必先将整鱼拿到船头，烧香磕头祭祀龙王和海神，完成祭祀后才能将鱼下锅。这条鱼下锅时必须是完好无损的，不能去鳞和破肚，吃鱼时也要从头部向尾部吃，代表此次出海"有头有尾"，从而出海能够安全回家。第一顿饭吃鱼时也不能将鱼吃尽，要留一碗放进下一次吃鱼的锅中，每一次出海都要在鱼锅中留有第一顿饭祭祀时的成分，祈求此次出海能丰收，顿顿吃不完，顿顿有剩余，即"年年有鱼（余）"。每年第一次出海，第一次吃鱼时鱼菜的位置对于出航也非常重要，一旦确定了位置，整个航程都不能再变动，位置变动则寓意鱼跑了[23]。在船上吃鱼时，通常都要吃全鱼，并且一面吃完了不能够翻鱼身，嘴里也不能说"翻鱼身"，而是要从上面已吃尽的鱼刺空隙中拨出下侧整块的鱼肉食用。对于渔民来说，常年在海上漂泊，"翻鱼身"就像"翻船"一样不吉利。和鱼菜一样，渔民整个航程吃饭的位置也是固定的。船老大会在吃出航第一顿饭时，蹲在背靠桅杆的位置，其余人以船老大为中心蹲一圈吃饭，确定了吃饭的位置后，整个航程每次吃饭的位置都不得再变动。船老大和船员蹲在固定位置吃饭，为何要蹲着不能坐着呢？有迷信的说法是为了不惊动龙王爷，而实际上蹲着吃饭更便于起身应付海上的突发情况。老话说"鱼头朝敬尊贵"，船老大是渔船上的主心骨、当家人，全船渔业生产的成败全看船老大的本事。渔船出海会遇到大风大浪和恶劣环境，船老大丰富的技术和经验是保证渔船安全的关键。所以，每次船上吃鱼时，鱼头必须要放在船老大面前，鱼尾放在挡橹处，捕鱼手吃鱼的中段（图10.1）。

图10.1　春汛出海前祭网

连云港渔民将吃饭的碗和调羹视为船，筷子则是撑船的篙子。只要在船上，必须将碗口朝上，将调羹背朝下放在桌上或盘上，碗口向下和调羹背向上都被视为不祥，反映了渔民祈求平安的心愿。在吃饭前，要先放好筷子，再放其他的物

197

品，因为船离开了篙子就相当于人没有腿，寸步难行。古人称筷子为"箸"，与"住"和"驻"同音，渔民最忌讳渔船长期停"驻"，这预示着不顺。明清时期将"箸"改为"快儿"[24]，渔民更希望在渔船上一切从"快"，船在水中顺风顺水行得快，快快收网，快快发财。在船上吃饭时，如果有人将筷子伸过了头，夹别人面前的鱼菜，船老大会非常生气地将这个人的筷子扔进海里，这样的筷子叫"过河筷子"，是渔船上的大忌。被扔掉的筷子就是人的替身，只有筷子被扔了，人才能逢凶化吉。连云港渔民认为大海是龙王的地界，如果将吃剩的鱼骨、刷锅洗碗的脏水倒入大海，就会遭到龙王的报复。所以，要把吃剩的饭菜以及船上人员的生活废水，都倒进龙水桶（即汩水桶）里，等回到陆地再倒掉。这体现了人与自然和谐相处及可持续发展的理念。

渔民认为祸从口出，所以格外注意在船上吃饭时的言语，对谐音字忌讳较多。渔民最忌讳这几个音：成、打、卡、快、完、翻、死，这几个音必须用其他音来代替。"成"谐音"沉"，由此会联想到"沉船"，因而"盛饭"叫"起饭"或"装饭"，"打饭"也遭忌讳，因为"打"在方言中有"碎"的意思。"卡"是船底朝上的意思，"快"是"块"的谐音，因为船是由一块块木板拼成的，"块"预示船成板，因此在船上吃饭用的筷子被称为"篙子"，吃完饭以后，筷子不能横放在碗口上，因为这是船只搁浅的兆头，而要将筷子搁在饭桌上，如果能把筷子往前一扔，并且使得筷子能在饭桌上向前滑行一段距离更好，预示此次外出捕捞顺风顺流，一切顺利。"完"有"没有"的意思，同样犯忌讳，饭吃完了要说"吃饱了"或"吃足了"，不能说"吃完了"。"翻"是船上最忌讳的，"机帆船"要说"机船"、风帆船用的船帆统统称"篷"，两面烤的饼翻开烤叫"调一戗"。"死"字是禁语之一，鱼死了要说"鱼条了"。船上还忌讳说"撒手"和"喔嚯嚯"，这是人落水无力回天的表现。避讳这些不吉利的字眼，也体现出了渔民们敬畏自然，祈盼出海安全的心愿。

二、渔民日常饮食文化

不同的地区，因物产与风俗的不同，会形成不同的饮食习惯。连云港地区的渔民生活在海边，以五谷杂粮为主食，配菜多是鱼、虾、蟹等海产品，但虾和蟹在日常饮食中并不如鱼得渔民的欢心。渔民认为鱼养人，可以空腹吃，但空腹吃虾、蟹则会伤身。所以，鱼是连云港渔民日常饮食中不可缺少的食物。

渔民在海上航行时，吃鱼就突出一个"简单快捷"，但在日常生活中，渔民则都是做鱼高手，做鱼的方式也多种多样：蒸、烤、腌及做鱼干和鱼片等。其中，连云港地区渔民最常用也最有特色的烹饪方式是熬鱼和炕鱼。熬鱼在连云港地区又叫"氽汤下"，要用新鲜的鱼，吃鱼的原汁原味。通常选用个头大、肉饱满、无异味的鱼，例如黄鱼、鲈鱼等。只需将新鲜的鱼收拾干净，剁成大段，待锅烧热，放入底油和葱、姜、辣椒炝锅后，将鱼放入锅内简单煸炒后倒入足量开水、大火烹熟。传统的做法是只放入少量的盐调味，就能吃到鱼本身的鲜味。炕是连云港土话，做法类似于煎，原料是鱼干尤其是小鱼干。在很多渔民看来，鱼干比鲜鱼还要好吃，更能体现鱼的本味。在过去，加工和运输海鲜的手段都有限，捕获的鱼无法全部及时售卖或食用，渔民就会将剩余的制作成鱼干。各种大鱼、小鱼、鱿鱼和大乌贼等都是做鱼干的好原料，大鱼做成的鱼干通常会作为下酒菜或蒸食，而小鱼干则会炕着吃。将小鱼干洗净后放入有少量底油的油锅中，慢慢煎，煎到鱼骨酥脆即可。渔民喜欢将炕熟的鱼干放入热馒头中夹着吃，连鱼骨都不浪费。和鱼干做法类似的还有虾干，这里的虾干并不是小虾晒成的虾皮，而是用罗氏虾或竹节虾晒成的大虾干（图 10.2）。这种大虾干肉质紧实弹牙，味道鲜美，同时有着极高的营养价值，受到人们的喜爱。

图 10.2　晾晒而成的大虾干

连云港渔民口口相传两大海味——加吉鱼、马鲛鱼。其中，加吉鱼是最受渔民喜爱的一种鱼，不仅因为加吉鱼肉质鲜嫩、味道鲜美，更是因为加吉鱼这个吉利的好名字：吃了加吉鱼，吉上加吉。加吉鱼属鲷科，学名黑鲷，平时栖息于浅海，多活动于前三岛（车牛山岛、达念山岛、平山岛）一带。加吉鱼营养丰富，不仅富含蛋白质、钙、钾、硒等营养元素，还有补胃养脾、消食等功效。加吉鱼肉质嫩似豆腐，头部尤为鲜美，因加吉鱼的腹鳞呈三角形，尖利易卡喉咙，又称其为"骨梗鲫"[25]。加吉鱼每年冬末春初从南方海域结群北游，清明节前后是在连云港海域捕捞加吉鱼的黄金时节。连云港渔民每逢节日、婚嫁、寿宴、招待客人时，宴席上必有加吉鱼，且多用红色加吉鱼，寓意吉祥如意。加吉鱼不仅味道鲜美、寓意吉祥，并且还有丰富的营养，体弱的人会食用加吉鱼汤补身体。妇女生孩子之后也会喝加吉鱼汤，月子里也必须喝几顿加吉鱼汤，如果月子里没有喝到加吉鱼汤，那会是产妇极大的遗憾，连云港沿海有句谚语：月子里没喝加吉汤——亏透心了[23]。

另外一个受到渔民喜爱的是马鲛鱼，马鲛鱼是鲅鱼科的一种鱼，每年 4—10 月在连云港外海能够捕获到马鲛鱼，盛渔期是 5—6 月。马鲛鱼胆固醇含量低，却富含蛋白质、维生素 A、钙等营养元素，还有补气、提神、抗衰老的作用，肝还是制造鱼肝油的原料[26]。连云港海边有"山中鹧鸪獐，海里马鲛鲳"的谚语用来形容马鲛鱼的鲜美。马鲛鱼个头大、肉肥厚，所以渔民通常会将马鲛鱼肉做成马鲛鱼丸，将鱼洗净后，取下鱼骨，将鱼肉放入碗中，放上葱、姜等调味品，然后顺着一个方向搅拌，使肉馅"上劲"，"上劲"会使肉丸更加劲道弹牙，搅拌的同时还要放入适量的水和蛋液，放入的量就要根据经验了，有经验的制作者能做出既弹牙又鲜嫩的马鲛鱼丸（图10.3）。做好的鱼丸可以直接下水煮熟，也可过油炸，两种做法的丸子各有风味。马鲛鱼丸和虾丸搭配就是一道家常菜——烩双丸，这道菜通常只用盐调味，在烹制的时候配上一些青菜、木耳、胡萝卜片、笋片等，不仅营养丰富、口味鲜美，五彩斑斓的配菜加上白嫩的鱼丸和虾丸更是让人垂涎三尺。除了鱼丸，取下鱼肉剩下的马鲛鱼骨头和鱼皮可以一起红烧，这又是一道美味鱼菜。马鲛鱼还可以用熏或煎的做法烹饪，也非常受欢迎。海边有着"鲳鱼嘴，马鲛尾"的说法，也就是马鲛鱼最佳的食用部位是尾部，尾部的鱼肉肉质更加细腻，将马鲛鱼尾部的鱼肉切成厚鱼片，放入油锅中炸或香煎，吃起来满口留香。

图 10.3　手工打造的马鲛鱼丸

旧时，渔民家庭的主食通常为杂粮，随着生活条件越来越好，现在渔民的日常主食多为米、面等。但在大年三十的晚上，渔民一定会以大米饭为主食，并且留下一碗，等到大年初一的早晨，将这碗米饭加水烫成稀粥，这锅粥又叫"烫烫粥"，谐音为"趟趟足"，寓意今年出海丰收。现在，还有些家庭会在粥中加些糖或枣，称为"趟趟甜"，寓意今年家庭生活甜美。但是这"烫烫粥"并不是大年初一早上的主食，因为连云港有"大年初一早，家家吃元宝"的风俗，所以连云港地区的渔民除了喝"烫烫粥"，还要吃汤圆和饺子。汤圆和饺子都是浮在水中的，所以渔民格外偏爱这两样食物，认为这两样食物是吉祥之物。但是不能称"下饺子""下汤圆"，这并不吉利，所以渔民将饺子叫做"弯弯顺"，将汤圆称为"元宝"，寓意一年顺顺利利，发大财。

三、渔民消遣饮食文化

连云港依山傍海，自然资源丰富，渔村的环境也十分优美，渔民在不出海时也过着和陆地居民一样的生活，除了一日三餐，渔民也拥有自己的消遣饮食。其中，与渔民关系最紧密的就属茶、酒、烟了。

酒是人类生活中的主要饮品之一，也是人类最古老的食物之一，酒不仅是一种食物，也代表一种精神文化。连云港地处苏北，粮食丰富，所以盛产酒，有浓香醇厚的白酒，也有葡萄酒、山楂酒等果酒，品种多样。其中，有着三千年历史的汤沟大曲是最受连云港本地人喜爱的酒之一，酒香浓郁，让人回味无穷。所以，连云港的酒文化也非常盛行。渔民独特的生活造就了他们豪爽、朴实、无惧风雨的性格，渔民一生都与酒为伴，这是各地渔民生活习惯的共性之一，酒不仅能够振奋精神，还能够御寒祛湿，渔民在海上出海时，酒是必不可少的伙伴。在海上，长期盯着海面的鱼情变化，难免会疲劳，所以此时需要酒来缓解疲劳。另外，渔民长期在海上漂泊，远离家人，很多渔民会借酒以慰乡愁。但为了保证安全，在海上是不能多喝酒的，船老大都会监督船员，以免过量喝酒。更多时候，酒作为药品在船上被使用，如用白酒杀菌、消炎，酒配大蒜来治疗闹肚子等病症。在陆地生活时，渔民则更离不开酒。一天劳动结束后，就会倒上二两小酒，配着下酒小菜，以消除一天的疲劳；和同村好友小聚活动也必须配上美酒，酒越喝感情越深厚；遇到庆典仪式，酒更是必不可少的。俗话说"无酒不成席"，在开渔仪式上，祭酒活动更是仪式的第一步。渔民会在祭台上摆上六大碗酒，将酒洒入大海以感谢龙王和海神，表达渔民对大海的感恩和对平安与丰收的祈祷。

　　和酒一样，烟也是渔民消遣生活中的重要物品。对长期漂泊在海上的渔民来说，烟甚至成为辅助捕鱼作业的必需品，渔民甚至自嘲"宁可三天不吃饭，不可一时无烟抽"。渔民如此依赖烟，除了烟草能够使人兴奋并让人产生依赖性外，主要与渔民的生活、工作环境及精神状态有关。渔民长期在海上作业，渔船的环境设备都较为简陋，渔民劳动强度大、活动空间狭窄，一旦碰到鱼群，全船人都要连续高强度作业捕鱼。另外，渔民在海上的情绪也会有很大波动，特别是海上的天气变幻莫测遭遇大风浪时，而在捕鱼时也会有收获量多的兴奋和收获量少的焦虑等。所以，渔民在海上的生活和工作都比陆地要更加艰难，加之没有其他娱乐项目，很多渔民就会用抽烟、喝酒打发时间。渔民通常抽卷烟，而老渔民则喜欢旱烟，会用不同样式的烟袋和烟荷包，有的是家人精心制作，为渔民们祈求平安的，有的则是纯色的，简洁稳重。在船上，烟也是渔民心中的"计时器"，撒下渔网后，船员们就会点起烟来，期盼着这一网的收成，等到三支烟过后，就能收网了。烟还是渔民的"药"，烟草燃起形成的烟雾能够驱蚊虫，烟袋油可以治疗虫咬，烟灰还可以止血杀菌。烟也是渔民的"伙伴"，在茫茫大海上漂泊，难免会感到孤寂，这种时候渔民就会点起烟，在烟雾中遐想，在漫漫长夜掌舵驾船时，烧到手指的烟也会唤醒船老大，继续寻找鱼群。

　　与烟、酒的热辣不同，茶是温润的，一壶茶是渔民最好的休闲饮品，足以体现渔民对茶的热爱。连云港渔民在盖房时，会在房屋地基的正中心挖个小洞，放入大米和茶叶"镇宅"；新船落成下坞前的"冠戴"仪式上，茶叶也是必须要摆的四样贡品之一；甚至在渔民去世的棺材上也要摆放盐和茶叶，有的还会用茶叶做"填口"（放入死者嘴中的物品），足可见茶叶对渔民的重要程度。茶叶的好处有很多，不仅能除湿气、防痛风，还能排毒防癌症。渔民长时间在海上作业，菜品多是海鲜，很难吃到绿叶蔬菜，导致渔民普遍缺乏相关营养元素，而茶叶里所含的微量元素则可以作为补充。另外，渔民长期在海上漂泊，精神压力较大，茶叶也有提神解乏的作用，喝茶能够治病强身。连云港云台山地区盛产的云雾茶就备受本地渔民的喜爱，这种茶价格便宜又耐泡，渔民会买一些碎茶叶或茶叶末带上船。旧时生活条件不是很好，带茶叶上船是很少有的事情，所以渔民就会炒一些蚕豆皮或槐花配着茶叶末一起喝。为了在船上能够喝到温热的茶，人们发明了"茶焙子"用来保温，"茶焙子"外面是木头和草或竹子，里面放上棉花保暖，茶壶放在里面，能够保温数个小时。

第二节　让人流连忘返的鱼味佳肴

连云港地区捕获的鱼类除了淡水鱼类外，还有物种丰富的海洋鱼类。鱼类食物是一种营养丰富且有益健康的食物，鱼肉含有大量的不饱和脂肪酸、蛋白质、维生素和多种矿物质，同时鱼所含脂肪低，是人类获取优质营养的最佳来源之一。鱼类自古以来就是人类重要的食物来源，连云港是渔业大市，有着悠久的捕鱼与食鱼历史，形成了灿烂的食鱼文化。

一、餐桌上千变万化的鱼

俗话说"靠山吃山，靠海吃海"，这句话用来形容住在海边的连云港人再合适不过。不论是正规宴席，还是家常三餐，你总能看见鱼的身影，而烹调手法则是各不相同：蒸、煮、炖、炒、烤、煎、焗、焖等灵活搭配。不同的鱼用不同的烹饪手法也有不同的风味，但最重要的还是鱼要鲜。海鲜，贵在一个"鲜"字，早上的菜市场就已有人陆续来挑选新鲜的鱼了，各个摊位都有不同品种活蹦乱跳的鱼。根据鱼的品种和大小，可以根据口味选择最合适的烹饪方式。

（一）原汁原味的清蒸鱼

在连云港，能够买到当天捕捞的活蹦乱跳的鱼，这样新鲜的鱼用清蒸的烹饪方法能够最大限度保存营养，而清蒸鱼也是连云港家庭常见的一道菜肴。清蒸鱼不仅味道鲜美，还能够提供钙和大量蛋白质，且营养也容易被消化吸收。做清蒸鱼的鱼类非常丰富：石斑鱼、鲈鱼、黄鱼、鳗鱼等都非常适合。其中石斑鱼因味道鲜美且营养价值高而备受喜爱，清蒸的做法既能最大程度保留石斑鱼的营养成分，而且清蒸后的鱼肉会有蟹肉的香味。清蒸石斑鱼做法简单，处理干净的石斑鱼擦干水后，在背脊两侧各划一刀，在鱼身上抹少许盐腌制5分钟左右。然后在鱼身上和肚中放入适量葱、姜、蒜，将鱼放入烧开的热水锅中，蒸5～10分钟。

从锅中拿出后，去除蒸鱼时放入的葱、姜、蒜，将整鱼移入另一个盘子，淋少许蒸鱼豉油，在鱼身上撒少许葱丝，浇上烧热的油就做好了（图 10.4）。

图 10.4　清蒸石斑鱼

　　大部分的鱼都会在被收拾好之后整条清蒸，而清蒸鳗鱼的做法则略有不同。鳗鱼身形似蛇，但无鳞，每年的夏秋是鳗鱼在连云港大量上市的时节。葱烧、酱烧、晒干等都是烹饪鳗鱼的常见方法，而清蒸鳗鱼能够最大限度保存鳗鱼鲜嫩肥软的口感，所以比较受到连云港人的欢迎（图 10.5）。处理鳗鱼时，用白醋搓洗鳗鱼身体，有助于去除身体表面的黏液，然后再洗净鱼肚内部。做清蒸鳗鱼可以将鳗鱼切成六七厘米长的数个厚段，也可以将鳗鱼背鳍朝上，在背上切深度为鱼身一半的花刀，花刀间隔约两厘米左右。如果是鳗鱼段，可以先在油锅中放入葱丝、姜末炸香，然后放入鳗鱼段翻炒，再将鳗鱼段放入蒸盘中，加入盐、料酒，最后在表面抹上一层猪油。蒸熟后，猪油会融化进鳗鱼中，融合锅气，鳗鱼鲜美醇香，鱼肉肥而不腻。如果是整条鳗鱼清蒸，步骤则相对简单，只需在蒸盘底、鱼身上和鱼肚中放入葱、姜，放入料酒、盐腌制 10～20 分钟后，换干净的蒸盘入开水蒸锅蒸 10 分钟左右，取出，倒掉盘中的汁水，拿掉盘中的葱、姜后，撒上

图 10.5　清蒸鳗鱼

少量葱花和红椒，最后淋上蒸鱼豉油和热油即可。其他鱼清蒸的方法，与清蒸鳗鱼类似，都能够吃到最原汁原味的鱼，是普通家庭餐桌上的常见做法。

（二）浓郁鲜香的红烧鱼

红烧也是连云港本地常见的烹饪鱼的做法，红烧鱼味道咸鲜微甜，味浓汁厚，深受连云港人民的喜爱。红烧鱼的原料非常丰富，常见的有黄鱼、鲅鱼、带鱼、踏板鱼、鲈鱼等，其中鲈鱼是每个连云港家庭最喜爱的海水鱼之一，红烧鲈鱼也是连岛十大特色菜之一，红烧鲈鱼汤泡饭，更是令人回味无穷（图 10.6）。每年深秋是鲈鱼大量上市的时节，最鲜嫩的鲈鱼最适合红烧。野生鲈鱼所含脂肪较少，有经验的厨师则会在红烧鲈鱼时加入些许五花肉，这样的做法不仅能帮助去腥，还能使鲈鱼更加鲜香诱人。在处理好的鲈鱼身上划上"一字花刀"，用葱丝、姜丝、料酒、盐等腌渍去腥，30 分钟后用厨房纸巾将鱼身及体内的水分吸干，这是使鱼皮不破的重要步骤，烧鲈鱼的重点在于煎鱼，鱼皮不破是这道菜品成功的重要判定标准之一。热锅热油下入鲈鱼，煎约 1 分钟，轻轻晃动锅，鱼可以自然滑动时，就可以翻面了，将鱼的两面煎至金黄色后放入五花肉片煸炒，炒出香气后放入酱油等调料，最后放入适量开水，全程大火至汤汁收浓，就可以出锅了。出锅后要将鱼先移入盘中，再将过滤后的汤汁勾芡收浓，淋入香油，淋在鱼身上，就可以上桌享用了。

图 10.6　红烧鲈鱼

另一种在连云港人餐桌上常见的是红烧带鱼，带鱼在我国沿海各省份均可见到，主要分为南、北两大类，连云港人更认可在本地渔场捕捞的带鱼，并称其为"本海带鱼"。"本海带鱼"肉质肥厚鲜美，刺多为整刺，其中的钙含量非常丰富，非常适合老人与孩子食用。处理带鱼时，不要将带鱼表面的那层银白色物质洗掉，那是一种很有营养的油脂脂肪，所以要尽量保留，而带鱼肚中的黑膜则有较重的腥味，一定要洗去。红烧带鱼与红烧其他鱼的区别是需要先将带鱼斩成段，将带鱼段裹上面粉后放入油锅中炸制，待带鱼段炸制定型后，再进行烧制，这样做出的红烧带鱼不易碎（图10.7）。用红烧带鱼的汤汁泡米饭或是蘸馒头都是极好的，冷了的带鱼汤凝固成的鱼冻也是很多人的最爱。

图10.7　红烧带鱼

除了海鱼，石梁河水库野生的石梁河大鱼也是连云港甚至是江苏省的地标美食。石梁河水库是江苏省最大的人工水库，多年的环境治理换回了水库的清澈碧水，野生大鱼也越来越多。野生大鱼通常是大头花鲢鱼，吃水库的浮游生物生长，通常每条有10斤左右，因为野生鱼的运动量大，所以其肉质更加紧致，鱼肉也呈透明状，十分诱人。石梁河大鱼通常采用红烧的做法，红烧石梁河大鱼是当地办宴席的首选头牌菜，菜品酱色偏红，象征着"红红火火、年年有余"，烧制后的大鱼入口鱼香回味悠长，让人念念不忘（图10.8）。

图10.8　红烧石梁河大鱼

（三）鲜美的鱼汤

在连云港，鱼是一年四季都不会断的，除了用不同的烹饪手法做成美味菜肴，也可以用鱼来熬制鲜美的鱼汤，鱼汤讲究的是最大限度地留下鱼本身的鲜美。鱼汤的原料非常丰富，黄鱼、鲈鱼、加吉鱼等都能熬成美味的鱼汤，但是沙光鱼则是本地最好的鱼汤原料，连云港民间有"正月沙光熬鲜汤，……十月沙光赛羊汤"的俗语。沙光鱼是连云港最有名的特产之一，属虾虎鱼科，学名"矛尾复虾虎鱼"，又名推浪鱼，肉质细嫩，味道鲜美，已被列入《中国名菜谱》。《食物本草》记载，沙光鱼"暖中益气，食之主壮阳道，健筋骨，利血脉"，沙光鱼营养丰富，受到大家的喜爱[27]。连云港地处南北方交界，气候与地理环境都非常适合喜温惧寒的沙光鱼生长，栖息于连云港近岸、河道、池塘的沙光鱼，肉白肤薄，肉质细嫩，口感极好，尤其以金黄色且色泽鲜亮的沙光鱼为精品，而深海的沙光鱼呈浅黄色，口感略次[28]。

沙光鱼汤做起来十分简单，选用半大的沙光鱼，太大的肉质偏老，太小的不够鲜美（图 10.9）。将鱼去除内脏清洗干净后备用，起锅烧热油，放入沙光鱼略微煎制 12 分钟（也有人会在此时放入葱、姜和料酒去腥，但有人认为这样鱼汤会变味），加入足量开水，此时鱼汤会呈现奶白色，大火烧开后换小火熬煮 20 分钟左右，鱼汤会更浓、更白，鱼肉也会变得软烂。关火后根据自己的口味，加入少许食盐、胡椒、葱花等，也可以放入豆腐，则是"翡翠白玉汤"。沙光鱼汤做法不难，但关键在于如何熬出雪白的鱼汤，主要在于煎鱼和加开水这两个步骤，煎鱼之前可用姜片擦拭锅底，避免鱼皮粘锅；加水一定要加入足量开水，中途不可再开盖加水，如果用冷水，鱼身就会收缩，难以释放鱼肉本身的蛋白质，炖出的鱼汤就难以达到奶白色的效果。但并非所有的鱼都适合做鱼汤，像鳗鱼、鲫鱼等腥味重又碎刺多的鱼，就更适合用其他手法烹饪。连云港人不光喜欢喝鱼汤，还

图 10.9　沙光鱼汤

喜欢用鱼汤下面条、面疙瘩、馄饨等，既好吃又方便。鱼汤还有一定的药用价值，鱼汤中有丰富的蛋白质，有健脾养胃、提高免疫力和降血压的功效。

（四）各式各样的做法

连云港人还喜欢用生熏、烹、炸、烤等方法烹饪美味的鱼。黄鱼也是连云港常见的食用鱼类之一，分为大黄鱼和小黄鱼，两种黄鱼的烹饪手法也不同。大黄鱼刺少肉多，用各种烹饪方法都非常鲜美，在连云港老海州名气最大的四道海鲜大菜中就有一道松花黄鱼，也称松鼠黄鱼（图 10.10）。大黄鱼的鱼鳔是非常珍

贵的食材，可以做成"八珍"之一的鱼肚，以前也有老人会将其熬成鱼胶，作为黏合剂用于家具制作。小黄鱼则与大黄鱼不同，虽然味道鲜美但鱼刺更多，如果清蒸或熬鱼汤，则吃起来会很麻烦，所以通常会采用煎炸的方式烹饪小黄鱼，连云港的特色小吃生熏黄鱼就用的是新鲜小黄鱼。将新鲜小黄鱼清洗并处理干净后放入盘中，用料酒和生抽腌制去腥入味，30 分钟后将鱼表面和内部的水用厨房纸巾吸干，入油锅用小火炸到酥脆。炸好的小黄鱼撒上一些盐和胡椒，就成了一道酥脆鲜香的菜肴，连鱼骨都能直接吃下。生熏黄鱼是将炸好的小黄鱼放凉后放入调好的汤汁，放入冰箱腌制 4 小时以上，熏制的小黄鱼色形俱佳并伴有熏香味，清香鲜嫩。黄鱼的身价在鱼中算是偏高的，普通黄鱼的价格是带鱼等鱼类的两倍还多，大黄鱼的价格就更高了，所以更多人会选择同样"味道正"但价格低廉的黄鲫鱼，本地人称"黄鲫子"。每年春季，连云港的赣榆地区就有大量黄鲫鱼上市，此时的黄鲫鱼肉质最为肥嫩，黄鲫鱼和小黄鱼看起来很像，但黄鲫鱼的肉质细腻，鱼刺更软，易于烹饪且价格低廉，所以非常受当地人民喜爱。黄鲫鱼做法多样，多数当地人会用"烹"的做法处理新鲜的黄鲫鱼，其中蒜薹烹黄鲫鱼是本地一道十分受欢迎的菜肴。将新鲜的黄鲫鱼清洗并处理干净，用盐腌渍去腥，用鸡蛋或面粉调制成稀糊，将腌制好的鱼洗净后放入稀糊中挂糊，放入油锅炸至金黄，捞出后放一段时间未食用完毕可再次复炸。铁锅中留下少量底油，放入蒜薹煸炒出香味后放入炸好的黄鲫鱼，再加入酱油、醋、糖、盐等调料，加入适量清水烧开即可。

图 10.10　松鼠黄鱼

二、连云港食鱼文化

鱼在连云港人的餐桌上占据了重要的地位，不仅是老百姓日常饮食中的佐饭佳肴，也是宴席上的必备菜品，可谓是"无鱼不成席"。鱼是一道意义独特的菜肴，因为"鱼"与"余"谐音，寓意"富贵有余"。同时，鱼有极强的繁殖能力，迎合了传统观念中对于多子多福、人丁兴旺的祈盼。另外，相传汉代时有鲤鱼跃龙门的故事，寄托了人们渴望进步和美好前途的希望。过年时，连云港本地人会选择金鱼和鲤鱼作为礼物，金鱼象征着有金有玉，而鲤鱼不仅音同"礼鱼"，还有着祝福来年"鱼跃龙门"的好寓意。过年不仅送鱼，还一定要吃鱼，在年夜饭的宴席上，鱼一定是最后一道菜，并且要留下鱼头，寓意"年年有余"。有些地方，吃鱼要留头留尾，表达新年"有头有尾"的祈愿，并且一侧鱼肉吃完后，不得把鱼翻过来吃，不然新的一年里会有翻车、翻船的灾祸，可以从鱼骨的间隙取另一侧的肉食用。在连云港本地的宴席中，十分讲究上菜顺序，鱼通常是宴席最后一道菜，寓意"最后有余，余而不尽"。鱼最重要的是新鲜，所以在连云港办宴席，鱼菜中的鱼必须保证新鲜，通常是现杀现做，如果是买来的鱼，也要先在水中养着，烹饪前再宰杀。在摆放鱼菜时，也有许多要注意的地方，鱼头对着贵宾或长辈，表示尊重，将鱼肚对着文人，夸赞文人满腹文章。鱼端上桌后，就不可以再随意调整位置。在有些地区，吃鱼之前，鱼头所对之人和鱼尾所对之人要对饮一杯酒，再由鱼头所对的贵宾先动筷吃鱼，其他人才可以动筷。

连云港本地人在吃鱼方面有许多讲究。虽然海边的渔产丰富，但却不是所有鱼都能够端上宴席的。如果宴席上出现了鲳鱼，那本地人一定会非常不满，觉得没有受到尊重。鲳鱼肉厚刺少，味道极佳，并且具有益气养血、补胃益精、柔筋利骨的功效，是天然营养佳品。但鲳鱼却被本地人称为"婊子鱼"，是因为民间流传着一个关于鲳鱼婚事的故事："鲳鱼姑娘的美貌远近闻名，众多鱼哥儿都上门求亲，鲳鱼选中了魁梧的马鲛鱼，并结了婚。可婚后不到三个月，鲳鱼就因马鲛鱼太黑了而和马鲛鱼分开，与黄鱼在一起了。婚后不到两个月，鲳鱼又觉得黄鱼太傻了，而转身和鲈鱼结婚了。后来，鲳鱼又觉得鲈鱼脾气太差，离开了鲈鱼，鲳鱼妈妈一忧二愁，过了几天就去世了，鲳鱼姑娘在家郁郁寡欢。有一天，有一个时髦帅气的小河豚来找鲳鱼姑娘，没几天，鲳鱼又和河豚成了亲。婚后刚三天，小河豚就因为假冒官亲，把龙宫的红矾当宝丹偷吃了被龙王捉入狱中。鲳鱼大梦初醒，方知被骗，便从此疯疯癫癫，寻死觅活。从此以后，海底的各种鱼儿不仅怕她水性杨花，更嫌她身上还留有河豚的毒素。"所以，虽然鲳鱼味道鲜美，但却不能被端上宴席。和鲳鱼一样不受本地人喜爱的还有鳗鱼，海边人认为鳗鱼"不干净"，因为它什么东西都吃，尤其是红眼睛的鳗鱼，红眼睛被认为是吃腐尸的标志[16]。连云港海边的老百姓日常也不会吃黑鱼，只有身体虚弱或病后正在康复的人才会喝黑鱼汤，但与鲳鱼和鳗鱼不同，不吃黑鱼却是因为传统的孝文化。黑鱼在民间又叫"孝鱼"，因为黑鱼妈妈在生小鱼时，都会失明一段时间无法觅食，所以小黑鱼都会竞相游进黑鱼妈妈的嘴里，充当食物。在连云港本地，有长辈过寿时，小辈就会送黑鱼祝寿，既有"年年有余"的寓意，也表达了对长辈的孝顺。还有小孩不准吃鱼卵的习俗，因为鱼卵在本地被称为鱼子，"子"和"字"谐音，如果吃了鱼子，"字"就被吃进肚子里了，就会影响小孩认字，所以到现在都还有小孩吃鱼卵会变得愚笨、不聪明的说法。

第三节　琳琅满目的海味海鲜

江苏是沿海大省，除了连云港还有南通、盐城两个沿海市，但连云港的海鲜产量却是一枝独秀。主要原因是连云港拥有江苏省唯一的一片基岩质海岸，而只有基岩质海岸才适宜建造深水良港，而且连云港沿海水温适中，沿岸还有 18 条入海河流带来丰富的营养，适宜各类海鲜生物的生长。所以，在连云港，四季都有丰富的海味。连云港人讲究"货吃当时"，春季是童蟹、虾类、带鱼、章鱼肥硕的季节，夏季的大小黄鱼、鳗鱼、马鲛鱼最肥，秋季能吃到最饱满的蛤类和梭子蟹，冬季的鲈鱼、牡蛎、海螺是最肥美的。一年之中不管何时来到连云港，都能吃到八珍玉食的海味。

一、秋深菊黄虾蟹肥

连云港的地标海味有很多，其中连云港紫菜、赣榆梭子蟹、赣榆白虾、东方对虾、开山岛毛虾等都是其中的代表。赣榆梭子蟹是我国地理标志产品中仅有的3 种梭子蟹之一，而连云港特产——东方对虾，更有"虾中之王"的美称。虾和蟹是连云港本地宴席上必不可少的菜肴，是连云港海鲜里的"明星"。

（一）活蹦乱跳的虾

虾分为海水虾和淡水虾两种，海水虾又叫红虾，其中以对虾味道最美，是海产名品。连云港地区盛产东方对虾、周氏新对虾、鹰爪虾、毛虾和脊尾白虾。对虾种类多样，我国沿海有东方对虾、斑节对虾等 20 多种[29]，连云港地区产量较多的东方对虾和周氏新对虾都是名贵虾类。东方对虾，颜色青黑，壳薄肉嫩，晶莹如玉，营养价值高，富含蛋白质、多种维生素和人体必需的微量元素，脂肪含量低，是高蛋白营养水产。东方对虾是产卵生物，分布在 510 米深的泥质海域中和河口海湾，繁殖生长速度快，一年即可成熟，但因现在需求量巨大，仅依靠捕捞已无法满足市场需求。1974 年，连云港就已经开始生产性养殖东方对虾，人工虾的个头不如捕捞的野生对虾，但肉质鲜嫩，也深受欢迎。连云港本地的对虾与南美虾、基围虾等品种不同，所以价格也相差甚远，捕捞的野生对虾一只重约100 克，个头大、肉质紧，所以价格最高，养殖的东方对虾价格次之。东方对虾与其他品种的虾放在一起也很好区分，东方对虾虾体大、色泽鲜亮、体无斑点，且有着长长的虾须。东方对虾名列海产"八珍"之一，对虾个大、肉肥，金壳银须，谁见谁喜欢。本地有"宁尝对虾一口，不吃杂鱼半篓"的说法，足可以看出东方对虾的鲜美。东方对虾的做法多样，不仅能做成各式菜肴，也可以制成各色点心，如琵琶大虾、清炒凤尾虾、水晶虾仁、兰花虾球等。但最受本地人喜爱的还是盐水煮对虾和油焖大虾，这两种做法对原料的新鲜程度要求最高，也最能让人尝到对虾的鲜美。盐水煮大虾最为简单，但最能体现对虾的原汁原味，只需将新鲜的对虾放入开水锅中，放入葱、姜去腥，加盐调味，煮至虾体变色即可。吃对虾时，配上一小碗放有姜末的米醋调料，既能去腥提鲜，还能有杀菌消毒的作用（图 10.11）。油焖大虾的做法也并不复杂，提前准备好由生抽、料酒、老抽、蚝油、醋、糖拌匀的酱汁，处理好对虾后，热锅烧油，爆香葱末、姜末、蒜末，放入对虾，翻炒至对虾两面变红色，倒入酱汁，盖上盖子焖 2 分钟左右，收汁装盘，撒上香葱点缀即可。周氏新对虾也是对虾的一种，但是本地人口中的对虾通常指东方对虾，周氏新对虾通常被称为"羊毛虾"或"条虾"，也是连云港地区产量较高的名贵虾类，虾壳外白里青，虾体透明美观，也称"白条虾"。连云港人喜欢将羊毛虾煮熟晒干成虾米，色呈橘红，形似金钩，用来炒菜、烧汤、包包子均可。也会用羊毛虾制作生炝白条虾，即醉虾，虾肉格外鲜嫩爽口，是宴席中常见的一道菜，但一般老百姓很少做这道菜。

图 10.11　盐水煮对虾

过去渔民捕捞到大量虾后，就会将其中一部分虾制作成虾酱、虾皮、虾油等，方便保存。虽然现在海鲜运输已经非常便利，但这些美食依旧受到当地老百姓的喜爱。虾酱是海州区浦南镇太平村的特产，虾酱就像臭豆腐一样，闻起来臭，吃起来香。虾酱的原料有两种，一种是透明洁白、无骨无刺的小虾，当地人称"蚂蚁虾""马蝇虾"，个头只有针尖一般大，这种虾虽小，但味道格外鲜美。另一种是后腹部呈红色的红毛虾，红毛虾制作出的虾酱呈粉红色。制作虾酱要选用新鲜结实的虾，筛去杂质后，洗净沥干，加入虾重量 30％～35％ 的盐腌渍后将混合物磨成糊状，装入小口大腹的坛子中密封发酵。虾酱是腌制发酵制品，制作原理是利用自身酶的活性，是大分子蛋白质等物质酶解成的较小分子的物质[30]，制作好的虾酱可保存 34 个月，虾酱中除了含有丰富的蛋白质、维生素 A

等营养成分以外，还含有被称为超级维生素 E 的虾青素，虾青素是很强的抗氧化剂，所以适量食用虾酱有益身体健康。虾酱虽然闻着臭，但是吃起来香，并且还能够与许多菜融合，形成味道独特的美味小菜，例如虾酱豆、虾酱汪豆腐、虾酱炒鸡蛋等（图 10.12）。在以前，冬季里海边家家户户都备有虾酱，可以佐粥、拌面条、卷煎饼、做下酒菜等。到现在，虾酱不仅是渔民佐餐的佳肴，也深受城市居民

图 10.12　虾酱豆

的喜爱。冬季必备虾酱，夏季最受欢迎的就是虾皮了。在连云港众多的海产品中，虾皮大概是最大众化的一种了，虾皮的原料毛虾也是我国海产虾类中产量最大。产自连云港赣榆区海头镇的赣榆虾皮是国家地理标志产品，赣榆不仅是我国虾皮的主产地，虾皮的品质也很高，尤其是用开山岛附近出产的毛虾制成的虾皮个头最大。毛虾营养极为丰富，每 100 克毛虾，含有高质量蛋白质 39.3 克，钙 1 760 毫克，是鱼、蛋、奶的几倍到十几倍，素有"钙库"之称。毛虾还含有丰富的磷、钾、碘、镁等微量元素及维生素，肉质松软，易消化。连云港地区有这样的小调："人民生活提高了，天天吃上好东西，香油果子豌豆粉，煎饼还卷咸虾皮。"这体现了老百姓对虾皮的喜爱。其中青椒拌虾皮是本地家家会做的一道家常小菜，做法十分简单，将青椒洗净切碎，虾皮放入水中洗净后加入青椒碎拌匀，然后加入酱油、香油、醋拌匀调味即可，是夏季佐饭或卷煎饼的必备小菜，也是本地宴席中常见的一道冷盘（图 10.13）。

图 10.13　青椒拌虾皮

（二）把酒持螯一生足

在连云港有"蟹过无味"的说法，比虾还要更鲜美的就当属蟹了，吃了梭子蟹，再品尝其他的东西都没有了滋味。位于连云港的海州湾渔场，是中国沿海三疣梭子蟹的主要渔场之一，近年来，近岸也开发了以梭子蟹池塘养殖为主的梭子蟹基地，赣榆梭子蟹也成为国家地理标志产品。赣榆的梭子蟹成长速度快，最大体重可达0.5千克，每年春天是梭子蟹繁殖旺盛的季节，不仅肉质饱满，并且透过蟹壳还能看到满满的蟹油和蟹黄，此时是梭子蟹最美味的时节。蟹油是雄蟹的精子，蟹黄是雌蟹肚中的卵，等梭子蟹产卵排精后，就不适合再食用了，待到初秋时节，螃蟹就又变得饱满鲜嫩了，此时就是梭子蟹一年中第二个肥美的时节。新鲜的梭子蟹最适宜的做法，就是清蒸或水煮，能够品尝到梭子蟹本身的原汁原味（图10.14）。连云港依山傍海，山区的山涧沟中也有山螃蟹，尤其是云台山地区。山螃蟹体型小于大闸蟹，肉质细嫩，营养丰富，蛋白质、钙、磷、铁、维生素A、维生素B_2等营养物质含量高。山螃蟹有清热祛瘀的功效，连云港当地人将山螃蟹视为接骨良药，家有受伤的人都会买山螃蟹治疗跌打损伤。

图10.14　梭子蟹

虾能做成虾酱、虾皮，蟹也有蟹渣、蟹黄这些衍生美食。蟹渣是黄海地区的特产，几乎家家都会做，是当地渔民家中常备的美食。甩了黄的梭子蟹、石闸蟹、"靠山红"都是做蟹渣的原材料，这其中还是梭子蟹最合适，个大肉多，味道也好。将螃蟹洗干净后，剥去蟹壳，摘除蟹上部两侧含有泥沙的部位，然后放入蟹桶或蟹缸中，用木棍使劲"溏"。"溏"其实是本地话也就是"捣"的意思，但"捣"音同"倒"，船倒是不吉利的，所以把"捣蟹渣"称为"溏蟹渣"。将螃蟹"溏"成碎渣和浆糊后，放入适量的盐、白酒、生姜碎，拌匀后，将口密封好即可。农历九月开始到霜降期间，是民众大量腌制蟹渣的时节，等到了冬季，蟹渣正好腌制到最美味的时候，虽然有点咸，但是鲜味也同样诱人，尤其是吃到蟹腿时，咬破壳子，把蟹腿肉往嘴里一吸，满满都是"海的味道"。蟹渣既能生吃也可熟吃，生吃通常是加上蒜末、辣椒拌匀，既去腥又吃到了原汁原味，熟吃则可用蟹渣蒸鸡蛋或炖豆腐，真是鲜美至极。要说海味珍品，还得是螃蟹，而海中黄金则为蟹黄。蟹黄中含有蟹卵、螃蟹体内的卵巢还有消化腺等物质，有着丰富的微量元素、胶原蛋白和多种营养成分。蟹黄味道极其鲜美，不管做什么菜，只要加入蟹黄，就会有加倍的鲜味。连云港地区用蟹黄做的菜肴有很多，家常餐桌上常见的是蟹黄豆腐，而蟹黄煨鱼肚则是连云港具有代表性的特色美食之一。连云港地区家常的蟹黄豆腐以蟹黄、豆腐为原料，取蟹黄、蟹肉与豆腐同锅

图 10.15　蟹黄豆腐

炖，出锅淋入少许香油即可（图 10.15）。蟹黄煨鱼肚是游客来连云港必吃的名菜之一，原材料为两种顶级食材：我国四大海洋珍品之一的鱼肚配上"海中黄金"蟹黄，鱼肚饱吸蟹黄的鲜美，让人唇齿留香。鱼肚又名鱼鳔，在食用前需进行涨发，一般采用油发、水发、盐发等方式[31]，日常做菜中通常使用油发的鱼肚，风味更独特。鱼肚油发后清洗干净，改刀切成合适的大小，放入沸水中汆片刻后捞出。锅中加入高汤，放入鱼肚，加入盐、料酒后煮约 10 分钟后，盛入盘中。再起锅烧油，放入葱花、蒜末爆香，放入蟹黄略微翻炒，加入冬笋丝和香菇丝以及少许醋、盐、料酒，再加入高汤烧煮，煮沸后用湿淀粉勾芡，浇在鱼肚上，淋上葱油即可。蟹黄煨鱼肚色泽黄亮，口感软滑，汤汁浓郁，令人回味无穷（图10.16）。

图 10.16　蟹黄煨鱼肚

很多连云港当地人都在一丝不苟地钻研本地美食，正执着于将传统特色发扬光大，让他们在激烈的市场竞争中找到了自己的立

身之地。在赣榆有一位叫张家娥的当地人，她做的一道特色美食蟹子豆腐，广受欢迎，经常会出锅不到几个小时就卖完了。这道美食是按照老一辈传下来的制作方法，蟹子至少要磨4次，并和鸡蛋一起磨成浆，发酵一两个小时后，再入锅蒸制而成的（图10.17）。

图10.17 蟹子豆腐
（来源于中央电视台财经频道《生财有道》栏目）

二、各色各样的海货

连云港地区自然环境的南北之间与海陆之间的过渡性，形成多种生态环境，生物种类丰富多样，除了常见的鱼类、甲壳类（如虾、蟹）之外，还有大量其他种类生物，如藻类、贝类、软体动物、腔肠动物、棘皮动物等，同样味道鲜美，受到人们的喜爱。

（一）"营养宝库"——紫菜

有一种长在海里的"菜"，连云港地区的年总产值能够达到25亿元，占连云港渔业总产值的12.8%，这种"菜"就是紫菜。紫菜不是菜，而是一种生长在潮间带的可食用海洋藻类，紫菜具有较高的医药价值，有补肾养心、抗衰老、降血脂、抗肿瘤及提高免疫力的功效[32]，所以紫菜又被称为"长寿菜""神仙菜"。连云港地区养殖的主要是条斑紫菜，由于连云港海区独特的水质环境和气候条件，所产的条斑紫菜品质优良、口味鲜美、营养价值高，得到了市场的广泛认可[33]。以紫菜为主料的吃法很多，最常见的是紫菜虾皮汤，只需热锅热油，放入葱花炝锅，倒入开水，将撕碎的紫菜和虾皮放入汤中烧开，打入蛋花，加盐和少许香油即可，也可在汤中放入少许金银花，有清热解毒的功效（图 10.18）。随着社会的发展，人们研发出越来越多的紫菜食用方法，如凉拌紫菜、紫菜饺子、紫菜肉卷等菜肴，也有紫菜夹心脆、拌饭海苔等零食，还有作为配料的紫菜酱。连云港现在不仅是全国最大的条斑紫菜生产、加工基地，还形成了育苗、养殖、加工、贸易等完整的紫菜产业链，"紫菜＋旅游"产业也得到大力发展，除了高公岛紫菜小镇、紫菜博物馆，还有紫菜采摘、紫菜美食节等生产体验休闲活动，紫菜已成为连云港的一块"金字招牌"。

图 10.18　紫菜虾皮汤

（二）有滋有味的贝类

贝类也是深受人们喜爱的一类海产品，连云港地区盛产的食用贝类非常丰富，如花蛤、文蛤、毛蚬、扇贝、泥螺、牡蛎等，在本地人眼中，贝类是海边最常见、最大众的海鲜了。许多本地人都会在退潮的时候，到海边"赶海"，收获最多的海鲜就是贝类了，尤其是花蛤和泥螺，有经验的人拾到一两桶都不算多。花蛤，本地人称"花蚬"，因贝壳的表面有着不规则红、黑、褐色花纹而得名，拾到或买到的花蚬要回家用淡盐水养上几小时，让花蚬吐净泥沙后，食用时口感才好。花

图 10.19　辣炒花蚬

215

蚬的做法很多，最受欢迎的做法还是辣炒，辣炒花蚬也是连岛十大特色菜之一（图10.19）。将吐净泥沙的花蚬洗干净，热锅烧油下入葱、姜、蒜和干辣椒，爆香后放入花蚬大火翻炒至花蚬开口，加入少许酱油、醋调味，翻炒片刻即可出锅。每到夏天，连云港的海鲜一条街和大排档里，辣炒花蚬十分受欢迎，麻辣鲜香的味道，再配上啤酒，吃起来最是过瘾。家常的做法除了辣炒，还有用花蚬煮汤，煮好的花蚬鲜嫩爽口，不需要任何调料就能吃到海鲜的原味，用花蚬汤下面条或熬咸粥都让人食指大动。

如果春秋时节在连云港"赶海"，则能拾到许多泥螺，泥螺呈卵圆形，外有黄褐色的皮，含有丰富的蛋白质、钙、磷、铁及多种维生素等人体所需营养成分。春季的"桃花泥螺"和秋季的"桂花泥螺"质量最佳，颗粒大、肉质丰满、味道鲜美。泥螺栖息于内湾的沙泥质海滩中，滩涂中丰富的底栖硅藻适宜泥螺的生长。泥螺随潮水活动，退潮后的泥螺就留在海滩上，爬行时用泥沙将身体覆盖。有经验的"赶海人"会根据潮水拾到质量好的泥螺，如果涨潮时刮的是西南风，海水中的沙子就可以沉淀下来，泥螺的含沙量就相对较低，而如果退潮时刮东南风，海水则相对浑浊，泥螺体内的沙子多，口感则相对较差。泥螺是当地餐桌上最受喜爱的下酒菜之一，生腌泥螺和爆炒泥螺各有风味。生腌泥螺对泥螺的品质要求高，一定要用新鲜的吐净泥沙的泥螺，放入腌制缸中，将姜、蒜、盐、糖和酒按一定比例调制成汁，倒入缸中（图10.20）。腌好的泥螺，肉质鲜嫩，口味咸鲜，开胃下饭，有独特的风味。爆炒泥螺的做法和辣炒花蚬的做法类似，但要先将泥螺下锅焯水，然后再爆炒即可。吃泥螺也是有技巧的，将泥螺放在两唇之间，用牙和嘴唇抵住螺

图10.20　生腌泥螺

壳，再用力一嗦，美味的螺肉就会被吸入口中。不会吃泥螺的人将壳咬碎了也吃不到里面的螺肉，而会吃泥螺的人将一勺泥螺放入嘴中，也能将螺壳和内脏一起吐出，只吃下精华。

（三）"海中螳螂"——虾婆婆

海州湾渔场盛产一种特色海鲜，长相奇特，像虾又像螳螂，头上有一对强大

的带倒刺的"夹子"，一身甲壳棱角分明，质地坚硬，尾部像扇子但末端却尖锐如刀。有些没见过的人，会因为它丑陋的外表而不敢食用，但它的内里却极其鲜美，本地人称它为"虾婆婆"。俗话说"蟹过无味"，但在连云港人眼中，虾婆婆之味有过之而无不及。虾婆婆学名"口虾蛄"，因其长相奇特，所以各地都有不同的别名，如"皮皮虾""濑尿虾""螳螂虾""虾公"等。虾婆婆为肉食性动物，性情凶猛，且善于游泳，虾婆婆的猛烈打击甚至能够使螃蟹毙命，它们还能刺破食物的外壳，享用内里的肉。生物学家的研究表明，虾婆婆位列动物攻击速度的第二位，弹射时因摩擦产生的高温甚至能让周围的水冒出电火花[34]，正因它活动灵敏，所以肉质紧实饱满，再加上体型较大，所以吃起来十分过瘾。虾婆婆并非都是雌性，而是雌雄异体，而雌虾婆婆的虾黄饱满，所以一般以雌虾婆婆为最佳，尤其是春季的雌虾婆婆，只只都是"顶壳黄"，鲜美无比。挑选虾婆婆也有诀窍，虾婆婆脖子带有一个白色图案形如"王"字的，并且尾部壳中可见黄豆大的暗红色区域的，那便是优质的雌虾婆婆。

　　虾婆婆现已成为一种受大众喜欢的海产品，且身价不菲，连云港本地的宴席中端上这盘菜，足以显示对客人的重视。但是在早年间，虾婆婆却未受到重视，普通民众不喜食用，甚至渔民也嫌虾婆婆吃起来麻烦，将其剁碎后作为饲料使用。但近年来，由于海洋经济鱼类资源逐年减少，虾婆婆才逐渐受到重视，虾婆婆的售价也一路走高，甚至超越了对虾，人们也围绕虾婆婆开发了多种菜品。最能吃到虾婆婆之鲜美的做法，莫过于水煮，水煮虾婆婆是连岛十大特色菜之一。锅中放入足量清水，加入葱、姜、料酒，放入虾婆婆，煮到虾婆婆变为紫红色即可出锅。这种吃法最能体现虾婆婆的原汁原味，虾肉洁白如玉，肉味鲜甜嫩滑，雌虾婆婆的虾黄煮熟后呈硬条状，一整条从头到尾藏在虾肉中，一口下去，虾黄与虾肉融合后味道独特，再配上加入了葱、姜、蒜碎末的醋汁，令人回味无穷（图 10.21）。没有虾黄的虾婆婆是用来做虾婆饼的好原料，虾婆饼是旧时海州地区的一种特色传统小吃，剪去虾婆婆扇形的尾巴后，用擀面杖从其头部向尾部压出虾肉，将虾肉剁碎后加上少量面糊、鸡蛋及葱、姜、蒜的碎末，拌匀后烙成的饼就是酥香可口的虾婆饼。做成的虾

图 10.21　水煮虾婆婆

婆饼还可切成细条，配上韭菜炒，更是鲜美可口。也有的做法是将虾婆婆肉、面糊和鸡蛋拌匀后，倒入特定的模具中煎炸成似藕盒的小圆饼，但是虾婆饼却比类

似藕盒的圆饼多了一份鲜嫩，也更加美味。

（四）口感丰富的"乌贼"

对于乌贼、籽乌、八爪鱼、章鱼这些软体动物，外行人总是很难分辨，但这些看着头部圆圆、长着许多条腿的动物实际上却是不同的生物，各自也有着相应的烹饪方法。连云港海域盛产的软体动物主要是乌贼、日本枪乌贼、长蛸和短蛸这4种。乌贼又称墨鱼，本地人称大乌贼、大乌，身体扁平，有10条触手，并且体内有一个墨囊，在遇到危险时，会喷出墨囊中的墨水来掩护自己逃生。日本枪乌贼，本地人称小乌、籽乌，体型比大乌要小许多，但体内有许多的籽，薄薄的肉壁加上有嚼劲的籽，让人十分有食欲。长蛸和短蛸就是章鱼，又称八带鱼、望潮，有八条触手，与乌贼相比，头部更小，触手更长。长蛸的个头大，各触手长短悬殊，而短蛸个头小，各触手长度基本一致。

根据原料的不同，人们会选用不同的烹饪方法。籽乌和长蛸多用爆炒、熘等方法，又嫩又有嚼劲，常见的菜品是爆炒小八爪。但大乌的个头大，肉质较老，所以通常用红烧、炖等做法烹饪。大乌烧肉是连云港的特色菜，融合了海鲜的鲜美与猪肉的丰腴，色艳红亮，咸鲜味醇，是本地宴席上的一道"硬菜"（图10.22）。大乌烧肉选用个大肉厚的大乌，去头去尾，只留下大乌的中段，鲁菜中常出现的"乌花"，就用的是大乌中段片肉，再切花刀，而在大乌烧肉中则以更朴实的形象出现，猪肉选用肥瘦相间的优质五花肉。起锅倒油，放入葱、姜爆香，将大乌放入锅中略微翻炒后取出，再起油锅，放入葱、姜、蒜爆锅后放入猪肉翻炒，加入黄酒、生抽、老抽、干辣椒翻炒后加水焖煮，肉烧至七八分熟时，加入大乌混合，再盖上锅盖焖煮10分钟左右，汤汁收浓即可出锅。还可以在锅中放

图 10.22　大乌烧肉

入几个大乌蛋一起炖煮，大乌蛋由雌乌贼的缠卵腺产生，是高蛋白、低脂肪、低胆固醇的营养保健佳品，被称为"海中八珍"之一，大乌和大乌蛋在炖煮后吸收了猪肉的油脂，味道鲜香，猪肉中还有些海鲜的鲜味，两者相融，让人回味无穷。

（五）危险却美味的海蜇

在连云港的宴席上，前菜中必有一道凉拌海蜇，这道菜可谓"上得厅堂，下得厨房"，既是连云港地区老百姓日常必不可少的佐饭小菜，在宴席上用它也有面子。海蜇又称水母，广泛分布于我国沿海地区，连云港海域也盛产海蜇。海蜇的身体呈伞形，上面有向外凸出的半圆弧状部分，这部分为海蜇皮，半圆弧状部分的边缘有一圈触手，其下有丝状物，这部分为海蜇头。海蜇分为沙蜇和绵蜇。绵蜇虽然名字中带"绵"，但实际口感更加爽脆，更受大家喜爱。我国是世界上最早食用海蜇的国家，早在晋代，就有食用海蜇的记载，在清代，海蜇是写在宫廷食谱中的佳肴[35]。海蜇不仅口感爽脆，还有着丰富的营养和药用价值，《本草纲目》记载"海蜇咸平，入肝肾二经"，有清热解毒、化痰消积的功效[36]，所以海蜇也被称为"软黄金"。但海蜇也是一种非常危险的动物，触手上的刺胞中含有毒液，一旦碰到海蜇触手，毒液会刺入皮肤，可出现过敏反应和休克，严重者会因此死亡。所以渔民捕获海蜇后，会用海蜇刀去掉海蜇触手，只留下海蜇头和海蜇皮，这两部分是可以用来食用的。处理海蜇时要用食盐加明矾浸渍3次（俗称"三矾"），使鲜海蜇脱水3次，才能排净海蜇的毒素。"三矾"后的海蜇呈浅红或浅黄色，薄厚均匀且有韧性，海蜇头皮硬肉软，爽脆可口。但海蜇本身是没有味道的，吃的时候将海蜇皮切成丝，放入酱油、香油、醋等拌匀即可。连云港本地

图 10.23 老醋海蜇头

人喜欢用板浦醋配上海蜇头，板浦醋味道纯正，能最大限度激发海蜇头的鲜味，而又不会因醋味太重而盖住食材本身的味道，老醋海蜇头这道菜最能吃出海蜇的干脆、清爽（图 10.23）。

渔文化小故事

沙光鱼的传说

江苏省连云港市沿海地区盛产一种极为奇特的鱼——沙光鱼。此鱼外形奇，龙头凤尾，体色玉黄，头部粗看似有四腮，生活习性奇特，喜欢游弋于盐场边缘之际的咸、淡水交界处；鱼肉更是好味道，嫩而富有弹性，做成汤菜浓而不腻，是当地一大名产。

深秋季节，沙光鱼最肥，是捞捕、食用的最佳季节，故有"十月沙光赛羊汤"之说。当地盐区曾流传这样一首民谣："正月沙光熬鲜汤，二月沙光软溜当。三月沙光满墙撩，四月沙光干柴狼。五月脱胎又还阳，十月沙光赛羊汤。"形象地道出了沙光鱼的生长过程。

相传，东海龙宫里曾经出过一位沙将军。更难得的是，这位沙将军武功高强，为东海龙王立下了汗马功劳，但他并不张狂，待人和蔼可亲，因此沙将军在龙宫中的地位极高。龙王对他也不错，让他担任龙宫的护卫统领，保护龙宫。一来二去，沙将军与龙王的小女儿渐渐熟络，小龙女爱沙将军忠厚豪迈，沙将军亦深得小龙女的柔情，久而久之，二人心有灵犀，便海誓山盟，私订终身。小龙女后来又怀了沙将军的儿子，但是天下没有不透风的墙，这一日，快嘴虾婆向龙王报告了此事。龙王听闻后大怒，当即下旨将沙将军押入龙宫审问，沙将军自知无法隐瞒，于是在龙王面前表白，并当场向他提亲。龙王认为，沙将军虽然忠心勇猛，可是他与龙族的门户差距实在太大，再加上他的所作所为，已经触犯了龙宫的律法，一怒之下，龙王下令把沙将军送到宫外，就地处决。就在此时，沙将军的挚友鼋总兵来向龙王请罪，龙王念及沙将军忠勇，便赦免了他的死刑，将他发配到云台山脚下的大沙河。

小龙女在龙宫里的日子并不好过，她被龙王派来的人盯着，哪儿也去不了，再加上她对丈夫的思念，很快就变得很憔悴。小龙女临产的那一天，正好是龙王去南海与他的几个哥哥相聚的日子，龙后十分怜惜自己的女儿，趁机将她秘密送到大沙河。龙女看到自己的丈夫被关在河里，沙将军看着快要生孩子的妻子脸色苍白，忍不住和妻子抱在一起哭了起来。小龙女在大沙河落脚，不久之后，小龙女便产下了许多小沙光鱼，说来也怪，这几条小沙光鱼个个都宽口大腮，颇有沙将军的风范，但性情与母亲一般无二，性情温柔。

另一边，从南海归来的龙王不见自己的女儿，听到周围居民的议论，立刻扑到大沙河上，看到沙将军一家亲昵的样子，气得七窍生烟，一口雷电喷出，把小龙女击倒在地，沙将军和其他几条小沙光鱼也被打进河底。龙女看到自己的父亲这么无情，就出家了，沙将军也成了和尚。只有一些小型的沙光鱼，世世代代地生活在海州湾的咸、淡水交界处，只不过现在的沙光鱼还很惧怕雷电，一碰到雷电就赶紧躲进沙子里，对外公的畏惧，已经深入骨髓。

参考文献

[1] 夏征农. 辞海（第六版）[M]. 上海：上海辞书出版社，2009：2379.

[2] 陶思炎. 中国鱼文化 [M]. 北京：商务印书馆，2019.

[3] 金掌潮，俞家乐，陈星，等. 论淡水渔文化的开发及对产业的促进作用 [J]. 河北渔业，2008（10）：56-58.

[4] 宁波. 试论渔文化、鱼文化与休闲渔业 [J]. 渔业经济研究，2010（2）：25-29.

[5] 李勇. 百年中国渔文化研究特点评述 [J]. 甘肃社会科学，2009（6）：95-98.

[6] 同春芬，刘悦. 论鱼文化与渔文化 [C] // 2012 年中国社会学年会暨第三届中国海洋社会学论坛：海洋社会学与海洋管理论文集. 银川，2012：90-99.

[7] 陶思炎. 论鱼文化的应用 [M]. 嘉善：嘉善县渔文化节组委会 2007 中国·嘉善渔文化节——长三角渔文化汾湖论坛，2007：41.

[8] 陈蓝荪. 社会经济进步中鱼文化的作用与发展 [J]. 中国渔业经济，2005（1）：35-37.

[9] 宁波. 鱼文化的历史演化 [J]. 中国水产，2008（2）：79-80.

[10] 王世卿，王积信，吕品. 赫哲鱼文化 [M]. 哈尔滨：黑龙江教育出版社，2011.

[11] 岳珂. 桯史 [M]. 北京：中华书局，1981.

[12] 张姣阳. 山东荣成渔民号子研究 [D]. 济南：山东大学，2012.

[13] 张瑜. 江苏沿海地区"花船"舞的推广研究 [J]. 大众文艺，2016（8）：56.

[14] 向本涛. 苏州打莲厢舞蹈形态特征分析 [J]. 北京舞蹈学院学报，2013（1）：95-99.

[15] 丛子明，李挺. 中国渔业史 [M]. 北京：中国科学技术出版社，1993：82.

[16] 张大强，等. 海州湾渔民俗 [M]. 北京：中国文史出版社，2016.

[17] 王艳玲，骆乐. 对上海发展休闲渔业的思考 [J]. 北京水产，2003（4）：40-42.

[18] 林岭. 福州市发展休闲渔业的 SWOT 分析与对策 [J]. 闽江学院学报，2004（4）：94-97.

[19] 蔡学廉. 我国休闲渔业的现状与前景 [J]. 渔业现代化，2005（1）：5-6.

[20] 王颖，赵文武. 中国渔文化与休闲渔业 [M]. 北京：中国农业出版社，2019.

[21] 大连安全科学研究院. 全面解析休闲渔业 [EB/OL].（2018-07-23）. http：// www. dlaqjk. cn/Portal/Index/archive/id/373. html.

[22] 孙吉亭，R. J. Morrison，R. J. West. 从世界休闲渔业出现的问题看中国休闲渔业的发展 [J]. 中国渔业经济，2005（1）：50-51.

[23] 张大强. 连云港地区食鱼习俗漫谈 [J]. 神州民俗（通俗版），2013（6）：76-78.

[24] 江苏省太湖渔业生产管理委员会. 太湖渔业史 [M]. 苏州：江苏省太湖渔业生产管理委员会，1986.

[25] 杨秀英，车媛媛.《记海错》中"刀鱼"的鱼名辨析 [J]. 山东教育学院学报，2011，

26（1）：109－112.

［26］杨德康．中东大西洋底层鱼类［M］．上海：上海人民美术出版社，2000.

［27］王守安．连云港沙光鱼［J］．烹调知识，2000（10）：14.

［28］刘姝，余勃，王淑军，等．沙光鱼肌肉营养成分分析及营养学评价［J］．食品科学，2010，31（17）：381－384.

［29］杜福祥，谢帼明．中国名食百科［M］．太原：山西人民出版社，1988.

［30］农业大词典编辑委员会．农业大词典［M］．北京：中国农业出版社，1998.

［31］朱云龙，刘莹莹，胡舰，等．气膨化法涨发鱼肚的工艺参数优化［J］．食品安全质量检测学报，2022，13（14）：4582－4589.

［32］张盼盼，杨锐，吴小凯．江苏省条斑紫菜产业现状调研［J］．宁波大学学报（理工版），2014，27（1）：18－22.

［33］张美如，陆勤勤，许广平．条斑紫菜产业现状及对其健康发展的思考［J］．中国水产，2012（11）：15－19.

［34］陈锤．主要水产经济生物开发技术手册［M］．北京：中国农业出版社，2005.

［35］崔薇薇．营口海蜇：从渔场游向世界［N］．营口日报，2018－09－11（7）.

［36］马永全，于新，黄小红．海蜇的药用与食用价值研究进展［J］．广东农业科学，2009（9）：153－156，165.

后 记

　　渔文化是中华文化的重要组成部分。中华文化作为我们民族在时代变迁与发展中留下的瑰宝，对中华文化的保护与继承是我们义不容辞的重要使命。先民依托水域而生，捕鱼是最原始的生产活动。中国五大水系、三江四河，从南到北跨越 5 000 多千米，不同的地理位置、水域环境、气候条件、居住的群落都影响着渔文化的形成与发展，使渔文化在中华文化中异彩纷呈。连云港位于中国沿海地区中部，处于南北过渡的中间地带，独特的地理位置与适宜的温度环境，在漫长的历史发展过程中形成了独特的连云港渔文化。连云港渔文化不仅在长久的生产发展中发挥了不可替代的作用，而且也影响着连云港人世世代代的精神传承，也是当前我们渔业与文化产业融合发展的指明灯。

　　《中国渔文化研究：基于连云港发展实践》以渔文化为主线，聚焦连云港渔文化的发展历史、组成形态和创新变化。全书共有十章，其中第一章、第二章、第三章为总论性部分，主要介绍了中国渔文化的基础性概念，包括渔文化的内涵与构成、影响因素等，这些是连云港渔文化得以传承和发展的重要基础；第四章的视角转向连云港，阐述了连云港渔文化的精神特征；第五章到第十章分别从渔镇渔港、艺乐传承、地域人文、渔业生产、亲近体验、舌尖美食等方面详细介绍了连云港渔文化的内容，其主线就是遵循"渔"是渔文化产生的根本推动力这一原则，以"渔"的生产活动为中心，逐步呈现连云港渔文化的发展脉络和主要特色，并突出连云港渔文化在传承与发展中的宝贵结晶，使渔文化的阐述既能立足历史，又能面向未来。另外，在不定章节后面插入了相关的渔文化故事，增强了本书的趣味性，让读者在渔文化小故事中感受连云港渔文化的魅力，使连云港渔文化得到更好的传承与发扬。

后　记

　　《中国渔文化研究：基于连云港发展实践》是一项调研分析成果，汇聚了港城人民的生动实践，谱写了渔文化发展的赞歌，形成了当前渔文化保护、传承、发展的连云港经验与启示。本书凝聚了多人的汗水和智慧，路吉坤、于飞、张宏远等同志承担了大纲设计、内容研究和文字编撰工作；江苏海洋大学教师张得银，学生陈一诺、胡舜华、裘涛、万雨乐、刘常、汤昊杰、姜加豪、王蒙蒙、景锋等也对本书的完稿贡献了自己的力量。同时，本书在编撰过程中得到了很多政府部门管理者和高校院所专家学者的大力支持，他们给予了很多宝贵的意见和素材，也得到了中国农业出版社的帮助，在此向各位帮助本书成书的各位专家学者以及为本书的出版给予多方支持的所有人员表示衷心感谢。由于作者水平有限，书中难免存在不足，还请各位专家、学者批评指正，深表谢意。

著　者

2023 年 11 月于连云港

图书在版编目（CIP）数据

中国渔文化研究：基于连云港发展实践／路吉坤，
于飞，张宏远著. -- 北京：中国农业出版社，2024.6.
ISBN 978-7-109-32076-5

Ⅰ. F326.475.33

中国国家版本馆 CIP 数据核字第 2024EM3730 号

中国农业出版社出版

地址：北京市朝阳区麦子店街 18 号楼
邮编：100125
责任编辑：李昕昱　　文字编辑：赵冬博
版式设计：王　怡　责任校对：张雯婷
印刷：北京缤索印刷有限公司
版次：2024 年 6 月第 1 版
印次：2024 年 6 月北京第 1 次印刷
发行：新华书店北京发行所
开本：700mm×1000mm　1/16
印张：14.5
字数：292 千字
定价：128.00 元
